Allégorie initiatique et stratégies
de résistance féminines

Littérature et cinéma francophones en Afrique

Approches littéraires
Collection dirigée par Jérôme Martin

Cette collection réunit des essais et travaux divers dans les domaines des études et de l'histoire littéraires, dont des monographies.

Dernières parutions

Slemnia BENDAOUD, *Albert l'étranger, Camus l'Algérien*, 2021.
François-Patrick POSTAL, *Margaret Atwood, des romans pour deux siècles*, 2021.
Abdesselam EL OUAZZANI, *Dans la peau des terroristes. Pour une théorie du portage*, 2021.
François FOSSIER, *La France dans l'érudition littéraire de l'âge classique*, 2021.
Fabienne GASPARI et Florence MARIE, *L'incarnation artistique : mises en scène littéraires,* 2021
Moulay Youssef SOUSSOU, *Flaubert. Évolution et métamorphoses du style*, 2021.
Bernard LATHUILLE, *La poésie du prosaïque. De Boris Vian à Frédéric Dard*, 2021.
Danielle DUGA, *Baudelaire, eux et nous. Essai de biographie plurielle*, 2021.
Ronald W. TOBIN, *L'aventure racinienne. Un parcours franco-américain,* 2020.
Vanezia Pârlea, *Milan Kundera ou l'insoutenable corporalité de l'être*, 2020.
Dr. Wijdan ALSAYEGH, *La poésie d'Ali Abdullah Khalifa. La perle et la mer*, traduit de l'arabe par Hamid Larbi, 2020.
Jean-Claude BONDOL, *L'écriture réaliste et ses techniques.* Nana *d'Emile Zola,* 2020.
Bernard LATHUILLE, *San-Antonio ou le temps majuscule*, 2019.

Amina Saidou

Allégorie initiatique et stratégies de résistance féminines

Littérature et cinéma francophones en Afrique

L'Harmattan

A mon père Saidou Assane,
ma mère Mariama Seyni,
mes frères et sœurs,
mes trois enfants Zakaria, Roumanatou,
et Abdoul Karim pour tout leur soutien.

5-7, rue de l'École-Polytechnique – 75005 Paris
www.editions-harmattan.fr
ISBN : 978-2-343-25225-4
EAN : 9782343252254

Abréviation des titres des œuvres

Inch'Allah dimanche :	IAD
La Civilisation ma mère ! :	CMM
Celles qui attendent :	CA
Le Ventre de l'Atlantique :	VA
Les Enfants du nouveau monde :	ENM
Les Hommes qui marchent :	HM
Des Mères contre les femmes :	DMCF
Comment cuisiner son mari à l'africaine :	CCMA

Les œuvres et les personnages féminins retenus par région

Films au Maghreb :
- *Inch'Allah dimanche*
- *Mémoire des immigrés*
- *Femmes d'Islam*

Films en Afrique de l'Ouest :
- *Moolaadé*
- *Delwende*
- *Faat Kiné*

Romans au Maghreb :
- *La Civilisation, ma Mère...*
- *Les Hommes qui marchent*
- *L'Interdite*

Romans en Afrique de l'Ouest :
- *Le Ventre de l'Atlantique*
- *Celles qui attendent*

INTRODUCTION

La littérature et le cinéma d'Afrique subsaharienne et du Maghreb accordent de plus en plus de voix à la femme. L'intrigue dans chacune des œuvres retenues pour la présente étude présente des personnages féminins qui sortent du rôle classique dans lequel ils sont jadis représentés avant toute transformation. Si la thématique féminine remonte aux temps immémoriaux dans le domaine de la recherche, de nos jours, la problématique qui l'entoure demeure courante, récurrente et se présente sous diverses formes. Cela offre toujours un espace à défricher en termes d'étude. Dans ce travail, nous envisageons de centrer la réflexion autour du parcours émancipatoire de certains personnages féminins. Selon les portées et particularités géographiques et historiques, la lecture des œuvres retenues révèle le schéma d'un parcours initiatique religieux ou allégorique. Ce parcours féminin se présente avec toutes les étapes fondamentales à l'initiation. De ce schéma dérive le plan de travail. Celui-ci comportera le point de départ, à savoir le processus de conditionnement social de la femme qui entraine son entreprise émancipatoire. L'aboutissement de ce projet pour la femme passe par des épreuves de résistance. Prenant en compte la typologie de son environnement et autres facteurs sociaux, il s'agit de percevoir les sacrifices et efforts fournis pour y parvenir. Aussi, cet engagement permettra d'élucider le positionnement de la femme africaine par rapport aux idéologies, préjugés et stéréotypes qui lui sont destinés.

En clair, cette étude, comme beaucoup d'autres sur la femme, entend d'abord dénoncer les traitements discriminatoires et abusifs sur la femme ; une réalité tangible encore à la veille du vingt et unième siècle. Au-delà de ce facteur commun aux luttes féministes et grâce à l'apport des critiques structuralistes et existentialistes féministes, nous examinerons les particularités et potentialités chez la femme africaine. Pour les existentialistes comme Jean Paul Sartre, le sujet est central à l'évolution humaine. Sartre refuse le conditionnement de l'état d'esprit de l'individu et constitue la négation des structures objectives qui, selon lui, réduisent l'homme à un état de faits et de choses. Il privilégie la philosophie de la conscience individuelle et de la liberté, la liberté du choix individuel du sujet qui postule que l'humanité se réalise à travers le dépassement des structures qui le conditionnent. Simone de

Beauvoir, de la même pensée humaniste que Sartre, est aussi une existentialiste dont nous nous inspirerons.

Alors les structuralistes, à l'instar de Claude Lévi-Strauss, centrent le sens de l'évolution de l'individu sur le rapport des sociétés. Dans *La pensée sauvage*, Lévi-Strauss étudie l'esprit humain et l'organisation sociale. Sa pensée prend pour objet les structures latentes qui conditionnent l'être humain. Dans sa perspective structurale, le sens n'émerge pas au niveau subjectif de la conscience individuelle comme l'entend Sartre, mais plutôt au niveau du système des relations entre signes. Sa philosophie tente de constituer l'homme dans la liberté. Pour le structuraliste, les sociétés ne se conçoivent que les unes par rapport aux autres alors que Sartre privilégie le mouvement de l'histoire où un groupe social peut nier son passé et se projeter vers un futur. Lévi-Strauss veut privilégier une relation de l'un vers l'autre, la diversité des cultures. Ces deux penseurs nous sont utiles en ce sens que les œuvres littéraires et filmiques africaines, plus particulièrement celles de l'Afrique francophone de notre corpus, s'inspirent plus ou moins des mouvements structuralistes du vingtième siècle. Le rapport de l'individu à la société dont parle Lévi-Strauss, souvent imposant, est perceptible dans nos œuvres. Placé hors du conditionnement social, l'individu s'engage dans un combat perpétuel pour sa démarcation. De même, la pensée sartrienne fait écho dans ces œuvres qui peignent des personnages dotés d'ambitions individuelles. Ainsi s'illustrent des personnages féminins de nos œuvres maghrébines et subsahariennes qui, imbus de liberté, cherchent à s'affirmer en se conférant une identité autre que celle que leur attribuent leurs sociétés d'origines. Les auteurs et réalisateurs africains tendent à démontrer cette image et inspiration existentialiste de l'individuelle. Cependant, comme pour donner raison au conflit opposant l'existentialisme au structuralisme, le conditionnement social dans lequel l'individu se trouve enfoui lui rend la quête émancipatrice ardue. En se servant des œuvres critiques du structuraliste et sociologue Pierre Bourdieu, nous comptons analyser la ténacité des structures objectives pour leur conditionnement humain.

C'est ainsi que ces théories serviront dans le cadre de cette étude à éclairer le processus de la perpétuation de la domination de l'homme sur la femme. Ce rapport social entre homme et femme semble être normalisé dans de nombreuses sociétés surtout africaines qui, encore, demeurent conservatrices au regard de pratiques culturelles et rituelles ancestrales. Cependant, cette situation stagnante ne doit pas constituer une raison pour la femme de se complaire ou de s'apitoyer dans des conditions de vie injustes et discriminatoires. Elle doit se désillusionner quant à l'attente d'une liberté ou émancipation gratuitement offerte par ces mêmes institutions sociales qui la tiennent muselée. Son évolution ne surviendra qu'à la suite d'un engagement que nombre d'Africaines commencent d'ailleurs à comprendre. L'engagement pour l'émancipation de la femme en Afrique se discute depuis les années 70 voire 80 selon les régions quand bien même des signes avant-gardistes des luttes féministes remontent aux années 40 dans le Maghreb. Ce qui d'une part justifie la délimitation de l'ère historique des années soixante à deux mille. D'autre part, cet écart temporel permet de cerner l'évolution dans l'engagement féminin en Afrique. Cependant, le féminisme africain comme mouvement peine à s'affirmer à cause de ces mêmes institutions normatives à l'instar des cultures, croyances et religions. Aussi, l'inadéquation et l'incapacité du féminisme occidental à représenter et circonscrire les problèmes de la femme africaine ont conduit celui-ci à repenser un féminisme conforme à ses réalités. Par exemple, la marocaine Fatima Mernissi tente de réconcilier la question féministe et religieuse. La nigériane Obioma Nnaemeka pense le négo-féminisme qui recherche le compromis par la négociation. Nombre de nos personnages féminins pensent à la désertion comme solution ultime contre les structures objectives ou encore à l'extrémisme religieux. Dans les œuvres retenues, des personnages féminins préfèrent quitter leurs régions pour d'autres horizons plus propices à leurs aspirations. Alors que dans toutes ses œuvres, la vision de Sembène Ousmane fait ressentir et démontre que la solution ultime aux problèmes des Africaines n'est pas dans la désertion face aux problèmes. Il encourage plutôt l'engagement féminin face aux discriminations et aux injustices sur la base des valeurs proprement africaines.

Néanmoins, en plus d'un engagement contre les discriminations et autres injustices, les femmes africaines auront besoin d'une hybridité culturelle qui leur évitera un enfermement total au-delà de ses contrées. Cette nécessité de s'ouvrir au monde extérieur au sien décourage tout principe menant aux conditionnements. Ceux-ci étant une réalité pressante pour l'Africaine, la problématique se trouve être de trouver les voies et moyens appropriés de ce dépassement. Autrement dit, quand bien même cette perspective d'ouverture est encouragée, la femme se doit de se méfier d'un emprunt de stratégies purement occidentales (généralement perçues comme étant la référence) au détriment de leurs valeurs sociales. Les valeurs africaines n'étant pas toutes négatives, toutefois, un enfermement exclusif et unilatéral dans ses réalités est à décourager. Pour emprunter les termes 'Comment cuisiner son mari à l'africaine' de Calixte Beyala, l'Africaine doit apprendre à 'concocter sa décoction', c'est-à-dire les remèdes et les stratégies de sa lutte en considérant d'abord ses propres réalités. Par ailleurs, le combat, individuellement mené, contre des pratiques et normes sociales longtemps présentes pour « surveiller et punir », peut paraître perdu d'avance. C'est là que la tâche émancipatrice de la femme s'annonce compliquée car imbue d'embuches et de défis, d'où les épreuves à surmonter dans le cadre de toute métamorphose. Ces ambitions et épreuves féminines justifient notre besoin de percevoir et d'analyser ce parcours émancipatoire sous la forme d'un voyage ou d'une initiation allégorique. Cette adversité s'annonce indispensable pour toute celle qui pense sa reconstruction identitaire.

En outre, marquée par plusieurs décennies de silence et d'interruption, le cinéma africain d'après les indépendances, tout comme la littérature, aborde progressivement et de plus belle le thème de l'engagement féminin avec comme grand précurseur Sembène Ousmane et bien d'autres réalisateurs et écrivains dont les œuvres retenues au corpus sont :

- Subsahariennes : Sembène Ousmane (films *Faat Kiné* 2000 et *Moolaadé* 2004) ; Pierre Yaméogo (un film *Delwende* 2005) ; Fatou Diome (deux romans *Le Ventre de l'Atlantique* 2003 et *Celles qui attendent* 2010)
- Maghrébines : Driss Chraïbi (un roman *La Civilisation, ma Mère !* 1972), Malika Mokkedem (deux romans *L'Interdite* 1993 et *Les Hommes qui marchent* 1990) et Yamina Benguigui (un film *Inch'Allah dimanche* 2001 ; deux documentaires *Femmes d'Islam* 1994 et *Mémoires d'immigrés* 1997)

Depuis que les Africains ont repris le relais dans les productions littéraires et cinématographiques, ces auteurs dans leur majorité ont d'abord œuvré à répertorier les réalités propres à une Afrique dénudée et niée de toute civilisation, pour par la suite et particulièrement après les années 70 s'engager dans la promotion féminine. Des années après les indépendances à nos jours, cet engagement reste évident dans les ouvrages d'écrivains et cinéastes hommes (Driss Chraïbi, Sembène Ousmane, Pierre Yaméogo etc.) et femmes (Malika Mokkedem, Yamina Benguigui, Fatou Diome, etc.). Les écrivaines décident de participer à l'engagement dont elles se sentent moralement responsables. Dans cette perspective, elles se confondent aux narratrices principales pour matérialiser et symboliser leur vécu personnel, d'où le refuge dans l'écriture.

Dans les œuvres, elles dévoilent leurs conditions de vie sociale de victimes qui résultent de la violence symbolique souvent perceptible que par les victimes. Les préoccupations sociales, imperceptibles, font l'objet d'une normalisation par les autres agents sociaux. Ainsi, dans un militantisme parfois dissimulé, certaines écrivaines se cachent derrière leurs écrits pour explorer diverses thématiques indicibles et relatives aux femmes. Elles peignent parfois leurs propres histoires. Odile Cazenave pense que « l'engagement s'inscrivait, discret, dans le devenir de femmes africaines, autour de leur rôle dans la sphère privée, familiale et publique, de leur communauté et de leur société, abordant des questions intimes touchant à la structure polygamique, aux infidélités conjugales, à la maternité, aux difficultés de poursuivre une carrière professionnelle. »[1] Selon Cazenave, l'engagement des écrivaines tourne autour de leurs préoccupations quotidiennes. C'est une écriture qui invite à repenser l'indicible et à interroger les violences dont les femmes font l'objet. L'écriture les aide à rester dans leur zone de confort, c'est-à-dire s'engager dans la dénonciation tout en restant en sécurité et protégées des exactions sociales possibles. Cette perception rejoint celle qui était à la base de la création du cinéma en plus de la littérature : passer des messages sur les sujets brûlants de l'heure sans en avoir l'air, une sorte de dénonciation faite sous le couvert de l'humour, de la ruse, du sarcasme, etc. afin d'éviter les représailles. Ainsi, l'écriture comme le cinéma devenaient des espaces de liberté d'expression, de prise de conscience possible pour les populations. Cela revient à en faire des mediums du militantisme.

Par cet art qu'est l'écriture ou le film fiction et documentaire, les auteurs et réalisateurs illustrent le besoin de prise de parole des femmes et leur offrent une voix qui souvent s'avère socialement difficile voire impossible. Les auteurs choisis interrogent le pouvoir de domination de l'homme sur la femme. Ils questionnent le musèlement et le conditionnement social de celle-ci. Dans les œuvres ouest africaines comme maghrébines, les personnages souffrent d'un enfermement, celui du respect aveugle des prescriptions culturelles et religieuses et pire encore de la violence symbolique qui est une reproduction de la victimisation de la femme par la femme elle-même.

---

[1] Odile Cazenave. « 40 ans d'écriture au féminin. » *Notre librairie*. No 172 janvier-mars 2009, p.11.

Ces normes sont quelquefois en parfaite contradiction avec les valeurs éducatives dont ces femmes ont bénéficié à l'école. Elles refusent l'analphabétisme et rejettent le discours patriarcal. La radio, très présente dans presque toutes les œuvres à l'étude, symbole porteur de l'information, de l'éveil d'esprit et de culture générale, matérialise l'éducation et l'ouverture de la femme vers de meilleurs horizons. Référence faite à toutes les œuvres, au centre des intrigues traitées, se trouve souvent le corps de la femme en plus d'autres sujets comme celui de l'excision, de la sorcellerie, du lévirat, du mariage forcé ou arrangé, de la maternité, etc.

Par tous ces thèmes mentionnés, le corps de la femme devient central aux aventures romanesques et il est le témoignage d'un engagement des écrivains et cinéastes qui créent des personnages principaux féminins. En exemple, dans *Le Ventre de l'Atlantique*, Sankele refuse et, « entendait faire de son triangle le sanctuaire d'un amour libre : un amour consenti au-delà des stratégies communautaires. » (127) Les stratégies communautaires, c'est cette diplomatie des lois traditionnelles qui consiste à choisir des époux aux filles en « fonction d'intérêts familiaux et d'alliances immuables. » (127) Elle s'obstine à contredire les lois ancestrales qui font de son corps et de sa personne un objet d'échange commercial au grand intérêt économique de la famille. Dans la même œuvre, pour s'éviter les tortures physiques et morales dont sa mère a été victime, Salie refuse l'enfermement dans les pensées insulaires de Ndior et décide d'immigrer en France, tout comme le personnage de Sultana dans *L'Interdite*. Collé dans le film *Moolaadé* s'insurge contre la mutilation génitale féminine, pratique qui se résume au contrôle du corps et de la sexualité féminine. Pougbila, dans *Delwende*, refuse le mariage arrangé par son père qui l'a violée. Dans *Inch'Allah dimanche*, le corps de la femme, grâce au lien du mariage, est censé appartenir au mari qui le traite à sa guise. Leila, personnage clé dans *Les Hommes qui marchent*, refuse l'exemple de sa mère dont le corps est associé à une machine pondeuse d'enfants.

D'une part, dans les œuvres maghrébines *L'Interdite*, *Les Hommes qui marchent*, et d'autre part les œuvres subsahariennes *Le Ventre de l'Atlantique*, *Celles qui attendent*, Mokkedem et Diome représentent des femmes de différentes générations, le traitement qu'elles subissent et leurs réactions diverses vis-à-vis des lois sociales patriarcales. Une nette distanciation s'observe entre l'ancienne et la jeune génération qui se veut libre. L'ancienne génération des femmes préfère se confiner dans un silence complice aux normes traditionnelles et injustices sociales derrière lesquelles se cache un lot de traumatismes. Pour elles, il est justifiable de taire les injustices afin d'éviter les préjugés, répercussions, persécutions et stéréotypes sociaux. De son côté, la jeune génération avec des personnages comme Salie, Sankele, Pougbila, Zouina, Leila, Sultana, Dalila s'exposent, au nom de la liberté, aux risques qu'engendre toute révolte contre les structures dominantes. Cependant, la façon et les stratégies dont elles se servent nous intéressent dans ce travail. Les jeunes personnages féminins chez Mokkedem, Benguigui ou Diome se ressemblent dans les récits par l'histoire coloniale, le patriarcat et la religion. Les deux régions de l'Afrique, ex-colonies françaises, ont hérité du système éducatif colonial. Elles sont sous l'égide de certaines pratiques religieuses associées aux cultures patriarcales et dont les interprétations sont purement misogynes. Situés entre les traditions culturelles et la modernisation, des empreints de la culture occidentale, les personnages féminins se trouvent au carrefour d'une confusion sociale résultant de l'incompréhension et du déséquilibre qu'elles vivent. Dans leurs textes et films, les romancières et la cinéaste Benguigui s'opposent à ces conflits sociaux en dénonçant les abus et proposent des issues aux personnages féminins. Certains trouvent le salut par des luttes internes, c'est-à-dire des combats menés localement. D'autres mènent ce combat par le biais de l'immigration vers la France ; une trajectoire commune aux immigrées de l'Afrique du Nord comme de l'Ouest unies par le passé colonial.

Cependant, malgré le départ, ces personnages éprouvent toujours l'amour des origines et se trouvent partagés entre-deux. De l'intérieur comme de l'extérieur de l'Afrique, des personnages féminins amorcent ainsi un parcours vers leur liberté, l'émancipation et leur reconstruction identitaire. Les œuvres du corpus, chacune dans sa particularité, démontrent cette évolution de la femme tue qui, vers la fin de l'œuvre, se démarque de la condition initiale et conformiste. Cette évolution se réalise par des épreuves que chacune parvient à franchir selon ses stratégies de lutte. Cela revient à noter dans cette progression un processus transformateur empli d'épreuves qu'elles endurent à la suite de leurs résistances à l'ordre social ancien. Celui-ci ne répond pas souvent à l'idéal visé par la femme qu'est son émancipation. Partant de cette métamorphose de la femme, nous articulons ce travail en trois chapitres. Le premier chapitre porte sur la représentation des personnages féminins clés des œuvres, ensuite le deuxième sur les stratégies de résistance adoptées ayant servi à l'aboutissement de leurs quêtes que nous analyserons dans le dernier chapitre sous forme de parcours initiatique des protagonistes. Quand bien même la réflexion s'articule autour du thème de la femme, cette étude ne sera pas spécifiquement consacrée à un examen des mouvements féministes en Afrique. Il ne s'agit pas non plus d'une généralisation sur le compte de l'Africaine.

Dans le premier chapitre, nous entamerons les diverses représentations qu'écrivains et réalisateurs francophones de l'Afrique du Nord et de l'Ouest font de la femme. Pour parvenir à une analyse conforme aux réalités actuelles, nous nous devons d'examiner la représentation de la femme dans son contexte culturel d'origine comparativement à sa condition de vie postcoloniale, ensuite relever et expliquer son rôle social des années après la colonisation, c'est-à-dire son évolution après les indépendances. Dans chacune de nos œuvres, le personnage principal féminin représenté évolue. Généralement, il quitte son état initial en s'opposant aux conditionnements sociaux en vue de son évolution. Dans ce chapitre, nous tenterons d'examiner le processus de ce conditionnement conformément aux cultures et croyances religieuses. C'est à cette fin que la théorie de l'habitus de Bourdieu interviendra dans ce travail. Partant de cette analyse de l'habitus, de la répartition du capital culturel et social, de la violence symbolique pour emprunter les termes à Bourdieu, la portée de l'engagement de l'Africaine sera plus appréciable. Aussi, nous examinerons tous les facteurs justifiant sa soif et sa quête pour la liberté et l'émancipation. Dans le second chapitre, en nous servant de la théorie féministe africaine qu'est le négo-féminisme, nous énoncerons la façon dont les personnages féminins principaux des œuvres de notre corpus vont œuvrer pour leur épanouissement ou encore être le portevoix de leurs consœurs. Nous détaillerons les stratégies, moyens de lutte et résistances observés par ces héroïnes. Cette étude de la résistance ressortira des moyens de lutte appropriés aux dominés. Ceux-ci, à qui Gayatri Spivak nie toute résistance au sens où elle demeure sans issue concrète, peuvent concrètement exprimer leurs désaccords face aux classes ou structures dominantes. C'est à cet effet que *Domination and the Art of Resistance* de James Scott nous sera utile. En même temps, c'est le lieu d'explorer le négo-féminisme comme approche stratégique de la résistance afin de démontrer que l'Africaine bien que paraissant soumise a toujours su user de moyens de lutte propre à elle pour défendre ses idéaux. Ainsi, dans le chapitre paraîtront quelques stratégies mises en œuvre par certaines de nos héroïnes, quand bien même d'autres vont choisir des moyens plus rudes. L'une dans l'autre, les différentes stratégies de résistance vont contribuer à leurs parcours qui dès lors leur attribueront une identité autre. Enfin, dans le troisième chapitre, nous étudierons le processus emprunté par les héroïnes de notre corpus pour atteindre leurs objectifs, et cela implique l'étude de leurs parcours initiatiques dont l'analyse se fondera sur les travaux de Mircea Eliade. Il implique le point de départ, c'est-à-dire le statut par lequel elles sont représentées au début de l'œuvre. Ce statut inclut leur état d'être initial qui varie d'un personnage à un autre mais décrivant à la fois aussi la domination, l'oppression, l'ignorance, le silence imposé, l'innocence de la personne, etc. Progressivement, nous observerons et évaluerons leur évolution à travers le déroulement des œuvres pour enfin l'analyser dans leur étape finale du parcours.

En somme, des questions dont nous espérons des réponses dans ce travail. La femme africaine, de nos jours, peut-elle ou doit-elle se conformer toujours et se taire face aux violences ? Si non, comment peut-elle agir face à des structures objectives dominantes et sortir du conditionnement dans lequel elle se retrouve ? En plus, face aux critiques, doit-elle se conformer aux stratégies féministes purement occidentales ? De quels outils aura-t-elle besoin pour sa lutte et en vue de sa transformation ? De quelle façon se présente ce processus de métamorphose et quels sont les tenants et aboutissants pour nos personnages ?

Ainsi, l'équation à résoudre est d'abord de savoir si de nos jours il est encore possible de percevoir la femme telle qu'elle est représentée dans les ouvrages, c'est-à-dire l'image de la femme docile et soumise. Sinon, il importe de prospecter les facteurs déterminants du besoin de changement. Nous nous proposons pour rappel d'examiner tous ces aspects sans nous distancier du corpus. Si l'image de la femme est toujours celle d'une victime de l'oppression masculine, nous examinerons ce que fait celle-ci pour changer ou améliorer sa condition de vie, c'est-à-dire ses moyens de lutte pour l'émancipation. A cet effet, nous proposons trois ou quatre stratégies de luttes engagées : l'alliance ou la solidarité féminine pour se conforter et se soutenir dans leur mal ou dans leur combat ; le négo-féminisme pour parvenir à leur fin ; l'immigration pour aspirer à la liberté loin du milieu d'oppression et aussi pour servir de voix aux autres consœurs. Un autre moyen de résistance féminine pour l'Africaine, c'est le silence et/ou la ruse. Certaines femmes observent le silence par impuissance ou se taisent simplement pour faire comprendre leur position. C'est une forme de résistance passive, d'être totalement absente d'esprit, et cela leur permet de combattre l'oppression. Des cas illustratifs sont ceux de la petite Dalila, des femmes invisibles dans *L'Interdite*, Zouina dans *Inch'Allah Dimanche*. Elles peuvent également se servir de ces mêmes lois oppressantes du patriarcat pour se faire entendre.

Chapitre 1 : Comportement social de la femme tel que représenté dans les œuvres

I. Généralité de la représentation sociale

> Nous condamnons fermement toutes les formes de violence à l'égard des femmes et des jeunes filles. Les chiffres sont alarmants : une femme sur trois dans l'Union européenne a connu une forme de violence sexiste dans sa vie. Trop de jeunes filles sont mariées ou mutilées pendant l'enfance à l'intérieur de nos frontières et au-delà. Dans de nombreux pays, plus de la moitié des femmes victimes d'homicide sont tuées par leur partenaire, un proche ou un membre de leur famille, à leur domicile. Elles sont également très exposées à toutes les formes de violence dans les zones de conflit et lors des crises humanitaires. (24 novembre 2015 STATEMENT-15-6149_fr)

Cet extrait tiré d'un journal nigérien témoigne encore de la vivacité et de la vulnérabilité de la femme africaine face à l'oppression. D'où la nécessité dans notre travail de passer d'abord en revue la situation oppressive que subit la femme avant d'envisager ses stratégies de résistance et son parcours initiatique qui la mène à son émancipation. Bien que les conditions de vie de l'Africaine s'améliorent, il demeure encore des foyers d'oppressions et de violence. Pour Pierre Bourdieu, la violence symbolique s'affiche dès l'instant où cette violence devient oppressante et elle n'est pas que physique. Ce concept sera examiné plus en détail le long de ce chapitre. Dans le prochain chapitre et dans le souci de percevoir le processus de l'émancipation des femmes, nous examinerons les stratégies de résistance qu'elles déploient. Celles-ci permettront de mieux comprendre les défis et obstacles que la femme surmonte lors de son parcours qu'on qualifierait d'initiatique. La femme africaine s'émancipe, mais comment et à quel prix ? Tel est le point focal de ce chapitre qui va conduire aux deux autres : les stratégies de résistance et le parcours initiatique des héroïnes. Ainsi, dans ce chapitre nous nous proposons de faire une étude sur la représentation de l'Africaine (de l'Ouest et du Maghreb) afin d'appréhender sa place et son comportement au sein de la matrice sociale.

Au vu de cet intérêt manifeste sur le statut de l'Africaine, le présent chapitre se propose d'abord d'examiner les différentes facettes sous lesquelles les femmes sont représentées dans les œuvres du corpus. Il sera ensuite question d'analyser et de comprendre le processus de leur maintien dans les positions de dominées, de marginalisées, et de discriminées. Le même processus les pousse à devenir elles-mêmes agents complices de leur propre domination. Pour ce faire, nous procèderons à cette analyse par l'étude de certains concepts empruntés à Bourdieu. Cette étude n'est pas spécifiquement sociologique, mais ces concepts tels que celui de l'habitus, du capital, de champ et de violence symbolique nous aideront à élucider le comportement des femmes ouest africaines et maghrébines de nos œuvres. Examinons d'abord la représentation que les auteurs font de l'interaction sociale des femmes dans leurs environnements. Le survol des œuvres nous met en présence de différentes catégorisations des femmes quant aux fonctions et comportements qu'elles assument.

II. La représentation de la femme dans les œuvres

La représentation des femmes est variée à travers les œuvres des différents auteurs du corpus. Elles sont présentées comme personnages littéraires ou cinématographiques sur le plan historique, socio-culturel, hiérarchique et religieux. Cette partie se propose d'abord d'analyser les différentes représentations des personnages féminins sans pour autant faire une comparaison entre les représentations filmiques et littéraires. Vu le grand nombre de nos personnages, nous nous focaliserons particulièrement sur les héroïnes et quelques personnages principaux. Nous tiendrons compte des particularités relatives aux femmes selon leurs diversités géographiques et culturelles, c'est-à-dire des femmes maghrébines (surtout en provenance d'Algérie et du Maroc) et subsahariennes, mais aussi des particularités entre deux genres : littéraire et cinématographique. De ce fait, nous nous concentrons sur un aspect commun à nos auteurs, la représentation des personnages féminins. Cependant, la particularité dans la perception et le degré de transmutation de la femme varient d'un auteur à un autre.

Dans leur représentation de la femme, les auteurs peuvent tendre vers une idéologie commune ou variée. Par exemple, pour certains auteurs, trouver les solutions aux problèmes de la femme ou son émancipation passe nécessairement par l'exil ou l'immigration hors de l'Afrique. C'est le cas de l'écrivain maghrébin Driss Chraïbi qui propulse le personnage de la mère du narrateur du Maroc vers la France. Ce trajet est réalisé dans le processus de sa mutation émancipatrice. Quand bien même ce processus est enclenché localement, il aboutit à l'ouverture de la mère au monde extérieur. Plus que les personnages de la mère chez Chraïbi, ceux de Malika Mokeddem, Sultana dans *L'Interdite* et Leila dans *Les Hommes qui marchent*, ont pu s'exprimer et assumer le rôle de porte-voix à l'intérieur comme à l'extérieur de leur pays d'origine. Dalila, un autre personnage féminin important de *L'Interdite*, combat de toutes ses forces et à sa façon les institutions oppressives par son silence et son évasion d'esprit. Cependant, étant restée sur place au pays, elle évite de s'imposer ouvertement par crainte de représailles.

Quant à Sembène Ousmane, grand défenseur de la cause féminine dans ses œuvres, les réponses peuvent être trouvées sur place, sans avoir à se distancer de ses origines. C'est le cas avec des personnages comme Collé dans le film *Moolaadé*, Kiné dans le film *Faat Kiné*, et Pougbila dans le film *Delwende* de Pierre Yaméogo. Fatou Diome traite aussi des thèmes de l'immigration, le rapport entre l'Afrique et l'Occident, mais elle représente la femme et sa prise de parole une fois au-delà des frontières africaines. Ainsi, nous avons différentes perceptions des auteurs, donc différents points de vue par rapport à l'image qu'ils défendent de la femme africaine à l'Ouest comme au Nord. Les types de rapport que la femme entretient avec d'autres personnages nous éclairent sur sa fonction sociale et la façon dont son interaction est perçue par cette même société. C'est dans ces types de rapport avec son entourage que la femme nous renseigne sur sa position, son point de vue, sa réaction, son comportement et sa position par rapport aux lois, us et coutumes de sa société.

De ce fait, dans ces œuvres, le lecteur se trouve en présence de différentes catégories de femmes. Les différentes images de la femme rencontrées dans les œuvres filmiques ou littéraires sont souvent celles de la femme révoltée ou engagée, de la femme révoltée mais passive et celle de la femme totalement passive et renfermée sur elle-même. Il arrive que certains personnages féminins soient consentants à des pratiques socioculturelles les affligeant comme c'est le cas des exciseuses dans *Moolaadé* ou encore le personnage de la belle-mère Aïcha dans *Inch'Allah dimanche*. Mais selon la catégorie à laquelle ces femmes appartiennent, réactionnaire ou révolutionnaire, celles-ci adoptent différentes stratégies de combat.

1. Cas de figures de la représentation féminine

En général, que ce soit au cinéma ou en littérature, les auteurs créent un contexte de représentation de la femme basé sur deux figures extrêmement opposées. D'abord, il est évident qu'ils s'inspirent des expériences vécues dans la réalité sociale des femmes, surtout celles relatives aux attentes sociales envers la femme. Ainsi, le réalisateur ou l'écrivain brosse un schéma représentatif de son personnage d'abord en être subjugué. Par la suite dans la trame narrative, les auteurs mènent leur audience vers l'aventure, l'idéal visé ou l'engagement à travers lequel ils nous présentent les personnages. Cela est plus visible dans le cinéma où, dès le début, le personnage est mis dans un environnement typique. Généralement, cet environnement entre en jeu dans le message que véhicule le cinéaste.

Par exemple, *Moolaadé*, dès la première séquence, dans un cadrage en plongée, présente la femme submergée par les tâches ménagères, exposant ainsi son rôle au quotidien. Dans une cour, les femmes s'affairent aux travaux domestiques, ce qui révèle la place première qu'occupe celle-ci dans la société. D'entrée de jeu donc, le film annonce la division de l'espace entre l'homme et la femme. Progressivement, le cinéaste va démontrer l'évolution du personnage féminin vers son engagement pour la lutte contre l'excision. A la fin du film, les femmes occuperont la sphère publique où elles vont constituer une menace et un défi à l'institution patriarcale. Celle-ci assiste impuissante à l'éclosion et à la victoire féminine. Concernant le cinéma, nous nous intéressons plus à l'étude discursive autour des personnages, c'est-à-dire l'aspect narratif du film et non l'aspect technique. Nous entendons étudier le développement narratif dans les mises en scène et séquences impliquant des personnages comme Collé, figure illustrative dans *Moolaadé*, Pougbila dans *Delwende* et Zouina dans *Inch'Allah dimanche*. En littérature, des cas de figures similaires sont Salie dans *Le Ventre de l'Atlantique* et Sultana dans *L'Interdite*. Ce sont des personnages qui s'acheminent vers leur libération. Nous nous intéressons à l'évolution dans leurs luttes et résistances pour leurs droits à la liberté : la liberté d'expression, d'affirmation de soi, la liberté de disposer de leur corps et de parvenir à leur épanouissement dans un monde en perpétuel changement.

A côté de ces héroïnes, sont peints des personnages féminins sans engagement et qui préfèrent mener une résistance passive. A cette image de la femme passive, nous associons la coépouse de l'héroïne Collé dans *Moolaadé*. L'antagoniste et coépouse de Collé soutient certes le combat contre l'excision que Collé mène vaillamment, mais elle n'ose pas le manifester. Elle l'avoue : « Je suis de ton côté. Je mens pour te protéger. Tu peux me faire confiance. Moi aussi, je n'aime pas l'excision. Je l'ai fait [l'excision à sa fille] sous contrainte »[2]

[2] Les transcriptions des passages du film *Moolaadé* sont miennes.

(*Moolaadé*). Pour convaincre Collé, elle offre de cacher Amsatou, fille de Collé, pour lui éviter l'excision décidée au conseil des patriarches. Pour soutenir la cause, cette catégorie de femmes attend que la victime sacrificielle, c'est-à-dire celle qui ose affronter les risques comme Collé, s'engage.

De même, dans les œuvres maghrébines, on retrouve des femmes comparables à la coépouse de Collé. Il s'agit en l'occurrence des patientes venues en consultation chez Sultana, protagoniste dans *L'Interdite*. Ces femmes soutiennent la lutte de Sultana pour la liberté sous toutes ses formes en ces termes : « Nous n'approuvions pas toutes la réprobation qui s'abattait sur toi. Mais nous n'avions aucun moyen, aucune influence pour intervenir en ta faveur. » (251) Une opposition contre le système patriarcal et intégriste en place se nourrissait en ces femmes malgré leur impuissance. Elles avouent leur incapacité d'agir ou de plaider pour leurs propres causes. Ainsi, il leur a fallu l'aide de l'instigatrice Sultana. En fait, ces résistantes sont contraintes au silence, car elles craignent les représailles du pouvoir masculin. Dans leurs esprits,

> Le pouvoir a souvent été étudié, analysé et représenté comme une caractéristique masculine. Il se présente comme une force matérielle, spirituelle, morale ou symbolique qui légitime les actions de son détenteur et qui entraîne la soumission de l'autre, l'acceptation et le consentement à un ordre établi et la répression de toute forme de déviance.[3]

Il s'agit de toute évidence d'un pouvoir masculin et de la faiblesse associée à la gent féminine. La légitimation du pouvoir masculin implique sa normalisation dans l'esprit des femmes. Par conséquent, elles ne craignent plus l'engagement solitaire face à des déviances vis-à-vis des normes socialement établies. Cette normalisation du pouvoir masculin peut ainsi créer chez la femme (qui tente de renverser cet ordre établi) une sensation de culpabilité. Au fil du temps, la crainte de culpabilité engendre un conditionnement de l'individu aux attentes sociales. Il tâche de s'éloigner de tout comportement considéré déviant pour demeurer en conformité avec les valeurs et normes de sa société.

Ainsi, à l'opposé des deux premières catégories de femmes, se trouvent celles qui supportent et encouragent par leurs attitudes les exactions et pratiques perpétrées par/contre la lignée féminine depuis

[3] "La femme et le langage", in *Femme et Pouvoirs* : Approches, Collection dirigé par Fatima Mernissi, Casablanca, Editions le Fennec, 1990, p.11.

des générations. Les femmes dans cette catégorie-ci sont présentées comme étant enclines à soutenir et renforcer le patriarcat. Ces femmes, en plus de la condition féminine, incarnent les valeurs traditionnelles et archaïques qu'elles soutiennent et perpétuent. Conscientes des discriminations contre les femmes et les ayant elles-mêmes vécues, par leurs attitudes, actions, conseils et enseignements, elles contribuent à renforcer et à perpétuer la misogynie. La belle-mère de Zouina, manipulatrice de son fils et violente, est le parfait exemple de reproduction de cette injustice dans *Inch'Allah dimanche*. Les femmes à l'image d'Aïcha constituent le fardeau qui encombre les héroïnes dans leur élan de résistance. Aïcha, au lieu d'être la facilitatrice de Zouina vers la transition et l'ouverture à la nouvelle culture française, crée et renforce sa persécution.

De même, dans *Moolaadé*, la congrégation des femmes exciseuses encourage et soutient la pratique. Les exciseuses et les mères des petites filles à exciser s'opposent à l'entreprise révolutionnaire et héroïque de Collé. A cette fin, Collé instaure le moolaadé[4] - une forme de protection symbolique pour ces filles contre l'excision. Aussi, dans le film *Delwende* de Pierre Yaméogo, Napoko, mère de l'héroïne Pougbila et victime injustement accusée de sorcellerie par son mari, appartient à cette catégorie. Pour couvrir le viol perpétré sur sa propre fille Pougbila, le père la marie de force et précipitamment sans aucun protocole. La mère, impuissante devant la mésaventure, admet que « les femmes n'ont aucun pouvoir de décision. » (*Delwende*) Face au silence et indifférence du père, la mère menace de dénoncer le coupable du viol. Mais pour la faire taire, le patriarche l'accuse de sorcellerie, ce qui cause son bannissement du village. Les femmes-mères assistent le plus souvent impuissantes au mariage arrangé (ou forcé) de leurs filles. Elles tentent de dissuader ces dernières contre toute tentative de résistance, car le mariage est avant tout une affaire d'hommes. C'est aussi le cas dans les romans *Celles qui attendent* et *Le Ventre de l'Atlantique* de Diome avec le personnage de la mère de Sankele et aussi de Simâne, première épouse de Wagane. Simâne assiste impuissante à son humiliation et à sa marginalisation par son mari, sa coépouse et même la société qui voit en elle une calebasse vide, parce qu'elle n'accouche que de filles.

---

[4] Le moolaadé : (mot peulh) une croyance qui consiste à préserver un espace ou un individu contre une attaque ou une menace. L'aspect sacré de cette forme de protection sera examiné plus en détail dans le chapitre qui suit.

C'est pareil dans *La Civilisation ma Mère*! de Chraïbi. Dans la première partie de ce roman, la mère du narrateur est l'exemple parfait de ce mutisme féminin. Son enfermement, analphabétisme et ignorance expliquent son mutisme dans lequel elle est maintenue par son mari. En femme musulmane isolée, son enfermement dans la maison fait d'elle une femme sans voix, une femme à la recherche d'une identité à travers son intérêt pour l'éducation et le changement. C'est dans une écriture de révolte et de crises que Chraïbi incorpore des problématiques telle que la condition socioculturelle et religieuse de la femme au sein de la société. Les conditions de vie de celle-ci sont étroitement liées aux structures socioculturelles existantes elles-mêmes sous le pouvoir décisionnel de l'homme. C'est une femme étouffée que nous rencontrons au début du roman. Dans une situation de prisonnière, elle est sous la domination totale de son 'Seigneur'; le mari qui la prive de toute autonomie. Mariée très jeune conformément à la tradition, son mari lui a été imposé dès l'âge de 13 ans, un âge auquel elle ignore tout de sa féminité. Ce qu'elle découvre plus tard grâce à ses enfants. Préparée à ses tâches domestiques dès le bas âge, elle ne connaît ni l'amour ni la tendresse d'un mari qui n'est présent que pour lui donner des ordres, la réprimander ou la violenter. Elle est cependant garante des traditions et de la culture de sa société. A l'exemple, c'est elle qui veille à ce que son fils de retour de l'école se lave la bouche pour avoir parlé le français (*CMM*, 16). Elle lutte, vaille que vaille, pour la sauvegarde des valeurs locales. L'attachement de la mère chez Chraïbi à une religion empreinte du pouvoir masculin la confine plus dans sa condition traditionnelle de prisonnière et d'ignorante. Hédi Abdel-Jaouad mentionne que: « the mother is an ambivalent figure. She is the custodian of tradition and an element of permanence but is also the embodiment of a social stagnation defined as subservience, fatalism, and illiteracy. »[5] Cette ambigüité relative à la position sociale de la mère constitue un paradoxe. La position sociale de la mère lui offre une identité variée. Elle est utile, sacrée et en même temps victime. C'est en effet ce pouvoir relationnel mère-enfant que, dans *La Civilisation ma Mère*, la mère met à profit pour amorcer sa reconstruction identitaire. En la sortant de l'ignorance, ses deux fils l'aident à surmonter l'oppression d'une société patriarcale ayant comme représentant direct

---

[5] Hédi Abdel-Jaouad. "" Too Much in the Sun": Sons, Mothers, and Impossible Alliances in Francophone Maghrebian Writing." *Research in African Literatures* 27.3, 1996, p. 22.

le mari, chef de famille appelé aussi le 'Seigneur'. C'est une femme en quête de sa liberté et d'une ouverture vers le monde.

Une autre femme enfermée et sans ambition émancipatrice comme la mère chez Chraïbi est la mère de la narratrice Dalila dans *L'Interdite*. Par l'entremise de la petite Dalila, nous apprenons le conservatisme de sa mère condamnée à accepter, subir et perpétuer l'autorité patriarcale. L'enfermement de la mère ici sera étudié plus en détail dans la seconde partie du chapitre où nous allons démontrer la façon dont ces femmes se trouvent prisonnières d'un conditionnement institutionnel. Cette catégorie de femmes demeure réactionnaire et consentante malgré les douleurs et les conséquences auxquelles elles sont soumises. La sociologue marocaine, Rahma Bourquia, dans son article « La femme et le langage » parle « d'un côté de la continuité de la domination masculine, et d'un autre le consentement de la femme à sa domination. Le moins évident des deux n'est pas la domination masculine, mais la résignation féminine. On pourrait se poser des questions sur le secret de ce silence qu'est le consentement. »[6] Ce 'consentement de la femme à sa domination' dont parle Bourquia est qualifié de violence symbolique qui, d'après Bourdieu, est reproduite inconsciemment par la victime sur elle-même. Prenant en compte cette perspective, l'on ne peut pas parler d'un consentement de la part de la femme, puisque le silence lui est imposé. De même, le comportement social qu'elle affiche n'est que le résultat d'un conditionnement reproduit au fil du temps. Plus loin dans le même article, Bourquia clarifie ce passage disant que « ce consentement des femmes à assumer ces rôles est le résultat d'un processus social. »[7] C'est dire que la femme est appelée à reproduire les valeurs et normes sociales qui lui sont socialement inculquées. De ce fait, nous dirions plutôt que ce 'consentement de la femme' n'est autre que le produit d'une intériorisation des mesures mises en place par un système de régulation social et avec lesquelles l'agent social (la femme) entre en contact permanent tout le long de sa socialisation.

2. Visions des écrivains et réalisateurs

Dans ce chapitre, rappelons qu'il s'agit essentiellement de comprendre le rôle que la femme africaine joue dans ce type de relation

[6] "La femme et le langage", in *Femme et Pouvoirs* : Approches, Collection dirigé par Fatima Mernissi, Casablanca, Editions le Fennec, 1990, p.15.
[7] Ibid. p.19

de pouvoir où elle-même contribue à sa propre domination. La liste des personnages féminins pris dans la dualité homme/femme ou société/femme conduit le plus souvent aux rapports de pouvoir. Cette liste n'est certes pas restreinte aux seuls cas explicités. Donc, l'image de la femme s'affiche d'une manière générale dans des contextes sociaux ou des situations sociales. Le système patriarcal et religieux encore en vigueur dans la plupart des sociétés africaines et les pratiques culturelles comme l'excision, le mariage forcé, le lévirat, la stigmatisation des filles-mères, la polygamie, la maternité, la sorcellerie, etc., continuent ouvertement ou clandestinement à miner le chemin émancipatoire de la femme. Les protagonistes comme Kiné, Collé, Pougbila, Zouina et bien d'autres sont présentées dans divers environnements où différents rapports de pouvoir et de domination sont mis en évidence.

Les écrivains et réalisateurs se servent de cette construction sociale des personnages pour porter à la vision du monde une idée de ce que les femmes africaines vivent à travers le temps. En plus, ils soutiennent celles-ci en témoignant, dénonçant et critiquant l'injustice, l'exploitation, l'exclusion, l'oppression ainsi que les pratiques traditionnelles archaïques auxquelles elles sont soumises. Certains auteurs, surtout Maghrébins adressent la figure de la femme-mère. Cette thématique devient presqu'une obsession pour un écrivain comme Chraïbi. L'image de la femme est de même mise en relief dans les œuvres de l'écrivain et cinéaste ouest africain Sembène. Au titre des auteures femmes, l'on peut mentionner l'écrivaine algérienne Mokeddem avec *L'interdite* et *Les hommes qui marchent*, ensuite la réalisatrice franco-algérienne Benguigui avec *Femmes d'Islam* et *Inch'Allah dimanche* et la sénégalaise Diome avec *Le Ventre de l'Atlantique* et *Celles qui attendent.* L'écriture, surtout chez les femmes-écrivains, équivaut à une transgression des normes sociales dans le sens où elle permet de lever le rideau sur les tabous, en l'occurrence sur la parole féminine en public, ou sur la répression de l'oppression parmi tant d'autres maux que vivent les femmes. Ainsi, à travers les différents cas de figure sous lesquels les femmes sont représentées, nous élaborerons et expliquerons l'état des faits en suivant le développement de l'habitus. L'habitus explique non seulement la domination masculine sur la femme, mais aussi la façon dont celle-ci reproduit et devient elle-même complice de cette domination.

Cette théorie de l'habitus prédispose à la compréhension de l'interaction humaine qui souligne les rôles sociaux inhérents à la femme en tant qu'agent social. Nous approcherons ces enjeux sur la femme au niveau de l'institution du mariage, des discours qui lui sont souvent tenus lors de son éducation ou encore autour des thèmes comme celui de la polygamie et de la maternité, en l'occurrence la préférence de l'enfant mâle à la fille. Il importe d'examiner cet enjeu de pouvoirs spécifiquement au sein de ces institutions et les motifs concourant à sa lente émancipation. Pour toute ambition émancipatrice, il s'avère nécessaire d'abord de diagnostiquer les sources de cet assujettissement afin de cerner le processus de sa reproduction par la victime elle-même. C'est là où les concepts de l'habitus et de la violence symbolique seront d'un grand apport.

L'habitus est partout présent en nous, dans toute société et à travers tout champ ; le champ étant un réseau de relations entre différentes positions sociales. La formation de cet habitus chez la femme africaine encourage celle-ci à accepter, subir et vivre aisément sa subjugation. Cela relève d'un processus d'interactions au fil du temps. Pour l'acception de l'habitus et de certains concepts y afférents, nous allons analyser la représentation de quelques comportements sociaux des personnages féminins au niveau des institutions du mariage, de l'éducation et de la maternité. Nous comptons nous limiter à des exemples dans les romans *Le Ventre de l'Atlantique*, *Celles qui attendent*, *L'Interdite*, *Les Hommes qui marchent*, et C'est *la Civilisation ma Mère*, ainsi que dans les films *Moolaadé*, *Delwende*, et *Inch'Allah dimanche*. Avant de passer à l'analyse proprement dite, passons d'abord en revue ce qu'est l'habitus.

III. Définir l'habitus et la violence symbolique

1. L'habitus

Notre étude sur le thème de la femme resterait incomplète sans l'implication de certaines théories sociales et féministes. Cela s'avère évident du moment où la femme, en tant qu'être perçu dans et par la société, évolue en grande partie au milieu de cette même société prise comme champ d'interaction. Le travail sur l'habitus est centré sur la forte influence des structures sociales construites autour de l'individu et des rapports que cet individu entretient avec ses semblables au sein de ces mêmes structures. Bourdieu explique cette interaction humaine par les concepts de l'habitus, du capital culturel à la disposition de l'agent social, du champ d'interaction et de la violence symbolique. Pour Bourdieu,

> l'habitus est le produit du travail d'inculcation et d'appropriation nécessaire pour que ces produits de l'histoire collective que sont les structures objectives (e. g. de la langue, de l'économie, etc.) parviennent à se reproduire, sous la forme de dispositions durables, dans tous les organismes (que l'on peut, si l'on veut, appeler individus) durablement soumis aux mêmes conditionnements, donc placés dans les mêmes conditions matérielles d'existences.[8]

L'habitus est ainsi un processus d'assimilation des règles de vie socialement instituées à l'individu. Les instances, principes et normes sociaux existent pour régir la vie sociale des agents (les femmes) appartenant à une même société. Toutes sont logiquement soumises aux mêmes traitements conformément aux organes régulateurs comme les structures familiales, politiques dirigées par les notables du village dans *Moolaadé*, *Delwende*, et religieuses administrées par Bakkar, le maire, et Ali Merbah dans *L'Interdite*. Par conséquent, au fil du temps, des attitudes conformes aux principes établis par ces structures normatives sont attendues de tous sans pour autant que ce processus soit consciemment conditionné. Le processus ressemble à un conditionnement subtil, habile et imperceptible de l'individu. Parallèlement à ces structures structurantes, des comportements sociaux sont attendus ou espérés de la femme.

Pour Bourdieu, au sein de cette interaction humaine prévaut une dynamique de pouvoir et de domination. Nous allons appliquer cette notion aux phénomènes socioculturels relatifs à l'environnement où évolue la femme ; ceci afin d'appréhender la façon dont elle est régentée et influencée par les structures objectives. Donc, par le schème de représentation des fonctions sociales de la femme, nous entendons analyser le système de domination dans lequel des personnages femmes des œuvres ouest africaines et maghrébines se trouvent imbriquées. Il s'agit entre autres des femmes contraintes au silence, à l'enfermement, à certaines pratiques archaïques comme l'excision, la sorcellerie, le mariage forcé, le lévirat et aussi la discrimination entre enfants mâles et filles, des enfants illégitimes. Mais avant de passer à ces caractéristiques fondamentales de l'habitus pour notre analyse sur le comportement social de la femme, nous proposons de passer en revue les motifs entrant dans la formation de cet habitus, c'est-à-dire les

---

[8] Pierre Bourdieu. *Esquisse d'une théorie de la pratique. Précédé de trois études d'ethnologie kabyle*. Le Seuil, 1972, p. 282.

principes ou structures structurantes et structurées, le capital et la violence symbolique.

2. Motifs entrant dans la formation de l'habitus

a. Les structures objectives structurantes

Ces structures sont un ensemble de codes et de principes œuvrant pour une institutionnalisation et hiérarchisation de la société. Ces structures objectives, que Marcel Mauss appelle « collective expectations »[9], ou que Max Weber désigne par « objective potentialities »[10] sont inscrites "In the physiognomy of the familiar environment, in the form of the opposition between the public, masculine universe and private, female worlds, between the public space and the house, between the places intended primarily for men and female spaces".[11] La division sexiste de l'environnement initie l'institutionnalisation des structures structurantes qui encourage la ségrégation et la hiérarchisation de la société. Ce sexisme et l'appartenance des femmes à l'espace privé les soumettent aux discriminations. Ces structures s'imposent d'abord avec la division de l'espace et représentent les devoirs et les interdits assignes à un/des groupe/s d'individus. Au regard de la délimitation et de la structuration des normes sociales, la femme ne peut y opposer une quelconque résistance vu la normalisation et la perception faites des principes sociaux. Mais, quand bien même elles incitent à la domination, ces structures elles-mêmes peuvent être contrôlées par les hommes qui le plus souvent en Afrique sont garants de leur exécution. Ainsi, la domination s'inscrit dans un contexte relationnel de pouvoir dont l'issue est une violence souvent imperceptible et invisible par la victime elle-même.

b. La violence symbolique

Selon Pierre Bourdieu, la violence symbolique est souvent imperceptible par la victime, car perpétrée subtilement à travers les conversations, émotions, connaissances usuelles de tous les jours.[12] La violence pouvant être invisible et subtile pour la victime, il lui est souvent difficile de se rendre compte des abus. Tout lui paraîtra normal.

---

[9] Collective Expectations : les attentes sociales

[10] Objective potentialities : Les potentialités objectives

[11] Pierre Bourdieu. *Masculine domination*. Stanford University Press, 2001, p.57.

[12] Pierre Bourdieu. *Masculine domination*. Stanford University Press, 2001, pp.1-2.

Par exemple, une femme comme Simâne se culpabilise et endosse le blâme de n'avoir mis au monde que des filles. Pour cette raison, en plus des affres de la polygamie, elle vit l'abandon, la marginalisation et les injustices du mari, de sa coépouse et de la société même qui reproche à l'homme la monogamie et la progéniture fille.

A la base de la violence symbolique se trouve un discours social. La victime de cette violence incarne et reproduit des valeurs sociales défavorables à son bien-être. Elle développe par ce fait l'habitus qui n'est autre que le produit des structures sociales objectives ; structurées et structurantes. C'est aussi l'attitude, le comportement qu'affiche l'individu à l'issue d'un processus d'acquisition ou d'assimilation des structures imposantes. Dans *Celles qui attendent*, Diome décrit la profondeur de l'intériorisation d'une attitude acquise et affichée par le comportement des petits enfants d'Arame, une femme battante, quand vient le temps de manger. La narratrice explique que « la grand-mère avait beau les sermonner [ses petits-fils], rien n'y faisait. Cette attitude d'affamés était si ancrée en eux qu'elle était devenue leur comportement naturel. » (36) Cette citation exprime le degré de pauvreté dans cette famille comme c'est le cas pour presque toute la communauté décrite dans l'œuvre. Le seuil de cette pauvreté sans fin crée le besoin constant pour les enfants affamés, des enfants qui se trouvent dans le besoin permanent et l'incertitude presque certaine de trouver à manger. Chacun se débrouille à trouver le plus à manger dès que leur grand-mère parvient à assurer le repas du matin ou celui du soir. Ainsi, au fil du temps et avec la récurrence du fait, les enfants finissent par intérioriser et continuer à reproduire cette attitude de survie suscitée par la faim et la pauvreté dont parle Diome.

Aussi, dans le même ordre d'idées, Diome représente l'intériorisation par la femme africaine du discours social la subjuguant au plus profond de son être. Salie, la narratrice de Diome, décrit l'attitude de Simâne en ces termes : « d'une autre génération, la première épouse, moulée dans les certitudes traditionnelles, considérait la polygamie comme une situation inévitable : lorsque son mari, Wagane, lui avait annoncé l'arrivée de la deuxième, elle avait reçu la nouvelle comme on admet le passage des saisons...ne pas perdre la face devant la nouvelle venue » (43). Simâne affiche une réaction certes passive et calme. La pratique de la polygamie n'est pas en tant que telle la cause du comportement passif et de résignation qu'affiche Simâne. Son attitude découle plutôt du langage que lui enseignent les structures structurantes, c'est-à-dire les normes, principes et attentes de sa société quant à l'attitude que toute « bonne femme » doit adopter dans pareille circonstance. Elle a appris comment répondre à une telle annonce ; pour elle, c'est tout faire pour « ne pas perdre la face devant la nouvelle venue », et ce, quelle que soit la peine.

En fait, le langage social perçu par Simâne, c'est celui de la résignation. L'une des structures, et la première par laquelle l'homme exerce le plus souvent sa domination, se trouve être le langage. Tim Ingold justifie la transmission des valeurs culturelles d'une génération à une autre par le canal du langage.[13] Le langage véhicule toutes sortes de discours d'un individu sur l'autre, d'un groupe social sur l'autre ou sur un individu. Ainsi, à l'image de cette fonction de la langue, l'habitus résulte de l'expression que l'individu fait de ce discours. Cette expression, sous la forme de comportement de la part de l'individu, n'est que l'incarnation ou la mise en œuvre des valeurs sociales, des structures objectives intériorisées par l'individu. Ce dernier véhicule ces valeurs sociales telles qu'espérées au sein de sa catégorie sociale ou champ d'interaction. Cependant, il peut arriver que cet individu s'oppose au conformisme social et parvienne à manipuler ses structures ou discours dominants.

Dans le paradigme de représentation de la femme africaine existe souvent une sorte de dichotomie : espace public vs privé, modernisme vs tradition, ville vs village, et lutte interne vs l'immigration (perçue comme stratégie de résistance), femme engagée vs femme passive, etc. La femme, selon le choix de l'écrivain ou du réalisateur, est souvent représentée en situations dichotomiques dans l'un ou l'autre des espaces, ou bien évoluant de l'un vers l'autre le long de la trame narrative. Nombre de nos héroïnes, présentées d'abord dans leur espace privé, vont progressivement franchir le seuil de l'espace public. Au sein de cette représentation des espaces, l'Africaine assume un certain nombre de rôles qui déterminent sa position sociale de marginalisée, de soumise, d'opprimée ou d'émancipée. Elle est parfois mise dans un contexte relationnel où elle-même, bien qu'elle subisse l'autorité masculine, fait prévaloir sa personnalité et son point de vue sur les autres membres de la société. C'est aussi le cas des privilèges dont la femme-mère bénéficie dans la relation qui l'unit à son fils ou à ses belles-filles.

---

[13] Tim Ingold. *The perception of the environment: essays on livelihood, dwelling and skill.* Psychology Press, 2000, p.146.

La belle-mère joue souvent le rôle du patriarche dans le foyer surtout en l'absence de ce dernier. Même si ce phénomène demeure une réalité en Afrique de l'Ouest, il est plus mis en évidence dans les œuvres maghrébines. La belle-mère est un symbole d'oppression sur sa bru, en témoignent des scènes dans le film *Inch'Allah dimanche*. La belle-mère Aïcha, une femme dominatrice, méchante, autoritaire, jouit de tous les prestiges d'influence sur son fils Ahmed et sa bru Zouina. Elle joue le rôle de la 'camera surveillance' en l'absence de son fils. C'est-à-dire qu'elle se substitue au fils pour exercer l'autorité masculine sur la femme. Elle veille de ce fait sur l'organisation de l'espace domestique. C'est elle qui rapporte à son fils tous les gestes de Zouina et la fait battre par celui-ci. Elle confisque la clé de la caisse à provisions pour que Zouina, femme au foyer, ne vole pas les vivres. Malgré qu'Aïcha soit une illettrée, elle s'impose à la table d'étude de ses petits-enfants. Donc, de sa stature, la belle-mère occupe tout l'espace domestique et fait comprendre à sa bru qu'elle est étrangère. Mère aussi, cette maternité dont se vante la belle-mère est normalement et logiquement supposé procurer à Zouina égard, responsabilité, assise et fierté. Aïcha est la parfaite représentation des traditions archaïques algériennes qu'elle apporte avec elle en France. Dans ce film, Aïcha symbolise les mères qui sont, « en quelque sorte régentes de l'ordre domestique, en l'absence des hommes appelés à d'autres tâches. Déléguées de l'autorité masculine, elles sont faites complices de l'ordre patriarcal dont procède leur autorité. Les mères sont les alliées objectives du pouvoir masculin. »[14]

Cette triade (fils, mère, bru) faisant apparaître une relation conflictuelle entre la belle-mère et sa bru ne fait pas l'objet d'une grande préoccupation dans nos œuvres ouest africaines. Ce conflit opposant belle-mère et bru au nom du fils est plus marqué chez nos personnages maghrébins. Peut-être, peut-on lier cela à la place que l'écrivain ou le réalisateur maghrébin octroie au rôle de la mère dans ses œuvres. Dans *Femme et pouvoirs*, Zohra Mezgueldi relie cette place réservée pour la mère à des raisons coloniales, à savoir l'imposition de la langue française. Cette langue étrangère, invisible, vient en quelque sorte ravir l'écrivain à sa mère. Ainsi, l'écrivain réinvestit la mère de son pouvoir et privilège en lui accordant une place dans ses écrits. Cela vaut au personnage de la mère une place prépondérante dans les romans

---

[14] Camille Lacoste-Dujardin. *Des mères contre les femmes : maternité et patriarcat au Maghreb*. La découverte, 2013, p.131.

ou les films. La triade implique une interaction problématique entre les deux femmes rivales, non pas forcément parce qu'elles sont des coépouses, mais plutôt la mère du mari et l'épouse.

Cependant, cette autorité peut être réciproque entre la mère et son fils adulte. Cette prérogative pour le fils est surtout remarquable dans les œuvres maghrébines où, à une certaine étape de sa vie, le fils exerce son autorité sur la mère. Heidi Abdel-Jaouad explique la façon dont le fils jouit de la responsabilité d'être « the sexual guard dog»[15] de tous au sein de la famille sans en exclure la mère malgré toute la portée symbolique de celle-ci. Il évoque Kateb Yacine qui dans un essai avoue avoir pris part à la subjugation de sa mère en lui intimant l'ordre de remettre son voile qui pendait. Abdel-Jaouad ajoute que, « This same sexual control by sons extends to all females in the clan. »[16] La mère assure une position substantielle dans la cellule familiale. Malgré cela, compte tenu de sa socialisation, le fils va plus tard prendre le dessus. Il incarne peu à peu le rôle du « second patriarche » de la famille après le père. Sur ce, Dalila, personnage féminin très informateur et témoin dans *L'Interdite* nous révèle la dynamique d'un tel pouvoir alloué au fils. Parlant de ses frères, Dalila soutient : « ils me disputent et ils disputent même ma mère. » (51) Dalila poursuit, « quand elle [la mère] dit qu'Allah, lui aussi, il est injuste devant eux, mes frères islamistes crient et la disputent. Ils disent qu'elle ira en enfer. » (55) Ainsi, parallèlement à cette relation entre homme/femme, mère/fils, mari/femme et tout ce qu'elle comporte comme enjeux de pouvoirs, la société aussi, en tant qu'entité régulatrice, s'arroge le droit de regard sur les individus comme agents sociaux. De tous ces agents sociaux, le plus vulnérable et soumis au lot d'interdits s'avère être la femme. De cette image de la femme, nous avons précédemment examiné différents schémas représentatifs. Ces angles représentatifs tantôt expliqués résultent de l'interrelation qu'ont les femmes avec leur environnement et la façon dont ce dernier les influence. C'est le lieu d'évoquer la question de l'acquisition du capital, car il constitue un facteur déterminant dans les enjeux de pouvoir qu'un individu ou groupe social exerce sur l'autre.

---

[15] Hédi Abdel-Jaouad. "" Too Much in the Sun": Sons, Mothers, and Impossible Alliances in Francophone Maghrebian Writing." *Research in African Literatures* 27.3, 1996, p.18.

[16] Ibid

c. Notion du capital symbolique

Le capital symbolique, un concept que l'on doit au critique et sociologue Pierre Bourdieu, désigne tout acquis ayant une reconnaissance particulière au sein de la société. C'est-à-dire que l'individu dispose d'un certain potentiel lui permettant d'acquérir une assise, un pouvoir ou une faveur. On distingue plusieurs types de capitaux dont les plus reconnus sont le capital économique, le capital culturel et le capital social. Dans nos œuvres, tous les cas de figure se présentent. Le capital culturel permet d'avoir la maîtrise et à sa disposition certains atouts culturels qui ont une valeur symbolique propre à un champ donné. Les détenteurs du pouvoir économique, à l'instar de l'homme de Barbès dans *Le Ventre de l'Atlantique* et Wagane dans Celle qui attendent, bénéficient de plus de considération et d'estime de la part de la population. Le riche homme de barbes a la réputation de bien connaitre la France d'être 'le conseiller' en immigration. El Hadji Wagane est vénéré pour sa fortune. Enfin, le capital social est celui des réseaux humains, du 'networking' humain, autrement dit des individus qui disposent d'une position sociale privilégiée. Ce capital leur octroie le droit de prise de position, de décision ou l'accès à des faveurs en société. La possession de ce type de capital favorise la formation des inégalités, d'où l'imposition de la domination de l'un vers l'autre des agents sociaux. Ainsi, cet aspect, au niveau de la représentation de la domination masculine et au fil du temps, concourt au maintien des femmes dans un système de catégorie, de perception, de pensée, d'action et d'appréciation, d'où l'habitus.

De ce fait, l'habitus peut être la manifestation concrète ou la réaction de l'individu à un certain nombre de valeurs qui, elles, découlent du lot de capital (culturel, économique ou social) que détient le dominant. Le chef animiste dans *Delwende* a autorisé le rituel du Siongho[17] quand bien même le préliminaire, à savoir le sacrifice du poulet ne l'autorise pas. Sa position sociale de chef animiste et le savoir occulte en sa possession constituent ce capital dont il a visiblement abusé. En position de dominant et détenteur du capital symbolique, il exerce de ce fait son influence sur le dominé. Ainsi, cet individu, qui en fait est le dominé, possède, présente et développe des habitudes profondément imposées et enracinées en lui. Il accroît aussi des

---

[17] Siongho : Le rituel du siongho est ce rituel dans lequel deux garçons vierges portent le cadavre. Ceci est transporté à travers le village à la recherche d'un 'mangeur d'âme' ou d'une 'sorcière' à blâmer, ce qui dans le film est une épidémie de méningite.

compétences et des dispositions intimement liées à son milieu. Les patriarches, en référence à presque toutes nos œuvres, disposent de ce type de capital culturel en ce sens qu'ils parviennent à imposer une certaine autorité sur les membres de la communauté, en l'occurrence la femme vis-à-vis de qui cette autorité est plus perceptible. Grâce à ce capital, l'individu peut à son tour influencer les structures ou instances sociales, d'où leur dénomination de structures structurées et structurantes[18] ; c'est-à-dire qu'elles sont influentes et influençables. Par exemple, les lois islamiques peuvent être perçues comme des structures objectives par lesquelles beaucoup de sociétés musulmanes en Afrique sont régies. Cependant, ces mêmes lois peuvent faire l'objet d'interprétations diverses, lesquelles interprétations servent le plus souvent les intérêts de la classe dominante au détriment des dominés. Ces structures peuvent aussi souffrir d'abus de la part des tenants du pouvoir comme Bakkar, le maire, et Ali Merbah dans *L'Interdite*.

De même dans *Le Ventre de l'Atlantique*, Diome souligne cette emprise sur la religion. Dans une conversation, l'instituteur N'Détare confie à son ancienne élève Salie, la narratrice du roman : « En écoutant les informations, je me rends compte que de faux dévots sont en train d'envahir le pays ; pour propager leur doctrine. En échange de quelques bienfaits, des populations sans connaissance approfondie du Coran suivent ces obscurs prêcheurs comme des moutons. » (188) Elle fait ressortir l'ignorance de la population face aux préceptes religieux dont se servent les « faux dévots » pour assouvir leurs intérêts. Les textes religieux sont le plus souvent sous l'égide des hommes et constituent une sorte de pouvoir aux mains de ces derniers qui parfois les manipulent. De même, *Delwende* en fait une illustration avec la manipulation des principes religieux et sacrés. Ces principes consistent à détecter le coupable des nombreuses morts subites survenues dans la communauté. Les pratiques animistes consacrées à cette fin sont visiblement manipulées par les tenants du pouvoir, à savoir les notables et le chef animiste. De ce fait, c'est une sorte de capital qu'ils détiennent. Dans *Faith and Freedom* de Mahnaz Afkhami et le documentaire « Le voile et le silence » de Benguigui, toutes deux expriment la nécessité d'une culture des textes religieux par les femmes en lieu et place de leur unique interprétation par les hommes. Ainsi quand l'individu, à l'exemple de ces dévots, arrive à prendre possession de ces structures objectives et les manipule, il entre en possession d'une

[18] Selon l'acception de Pierre Bourdieu

sorte de capital, c'est-à-dire de pouvoir à partir duquel il parvient à exercer sa domination sur son semblable le plus souvent démuni d'un tel type de pouvoir.

L'individu dominant est très souvent conscient du pouvoir en sa possession. Ce pouvoir est légitimé de telle sorte que le dominé l'intériorise d'une manière subtile. Ce processus d'intériorisation débute par l'inculcation des valeurs socioculturelles dans la mémoire collective. Des valeurs sociales (les devoirs, les principes et les interdits...) sont inculquées à la femme. Une fois ces valeurs bien reçues et assimilées par celle-ci, l'habitus se développe et va lui permettre d'interagir avec succès au sein de son environnement. Autour de l'institution du mariage se tient un lot de discours socialisant et contrôlant. C'est le cas de la résignation attendue de Simâne. Aussi, la femme stérile ou la femme qui n'est mère que de filles est privée de droits, d'égards et de considération de la part d'abord du mari, et plus encore de son entourage. Ces prestiges sociaux seront plutôt attribués à la femme mère de garçons. Dans certaines contrées (en l'occurrence musulmanes, chrétiennes) en Afrique de l'Ouest comme au Maghreb, le mariage est une condition sine qua non pour qu'une femme prétende au statut de mère ou encore pour qu'elle soit socialement bien perçue et respectée en tant que « femme ». Par exemple, le personnage protagoniste dans *L'Interdite*, à savoir Sultana, est bien apprécié des patientes venues au dispensaire se faire consulter. Cependant, les questions de ses patientes laissent comprendre que le statut social de Sultana reste à être comblé par le mariage et la maternité. La vie sexuelle ou la maternité hors lien de mariage est proscrite. Ces exigences socioculturelles et religieuses diffèrent selon les sociétés en Afrique et ailleurs en Occident. De ce fait, la maternité hors mariage de la mère de Salie et de Sankele dans *Le Ventre de l'Atlantique* constitue une fracture et une entorse faites aux valeurs en vigueur dans leur milieu.

d. S'opposer à l'habitus : la subversion

Face à une telle normalisation et redéfinition du mariage pour la femme, l'adhésion à un autre discours de la part de celle-ci serait perçue comme subversive. De ce fait la femme, à l'exemple de Sankele dans *Le Ventre de l'Atlantique*, qui choisit de donner une autre image à cette institution autre que celle légitimée, se crée un environnement hostile dans son rapport communautaire. Dans ce même roman, la narratrice Salie nous édifie sur les souffrances dont elle et sa mère sont victimes parce qu'elle est enfant illégitime, née hors mariage. Ce fait est d'autant évident qu'il s'inscrit dans la perspective que présentent d'autres œuvres ouest africaines et maghrébines. Rappelons que les patientes de Sultana lui intiment de se marier pour pouvoir faire des enfants ; seul sens à sa vie de femme : « Tu as des enfants ? Alors tu as des enfants. Combien ? C'est ta mère qui les garde ? Ils vont bien ? Et ton mari, il est docteur, lui aussi ?» (126) Ces femmes fondent leurs jugements sur les suppositions et les attentes sociales telles qu'établies dans leur société de Ksar.[19]

Ainsi, pour la femme, faillir à un tel discours normatif, c'est tout naturellement se culpabiliser sans pour autant chercher à remettre la pensée collective en cause car le sens accordé au mariage dans ce contexte relève d'une construction sociale. L'habitus s'enracine tellement que l'individu le trouve souvent naturel. La représentation du développement de l'habitus dans l'institution du mariage est perceptible chez plusieurs protagonistes féminins des œuvres cinématographiques et littéraires à l'image du *Ventre de l'Atlantique*. Dans cette œuvre, la représentation de l'habitus chez la femme est très perceptible. L'écrivain a parcouru de sa plume critique les conditions de vie des femmes en relatant le train de ce qu'est leur vie normale au foyer, leur interaction sociale tout au long de l'œuvre. De même, elle introduit ses lecteurs au même schéma illustratif dans son autre roman *Celles qui attendent*. Ces œuvres permettent de comprendre la façon dont se 'jouent' les émotions, les sentiments et les réactions de culpabilité, de soumission, de violence symbolique, et de reproduction de la domination masculine par des femmes au sein de ce champ qu'est le mariage.

IV. Développement et reproduction de l'habitus à travers l'institution du mariage

Pour mieux appréhender le processus de développement de l'habitus, nous allons d'abord brièvement relater la condition de vie de l'Africaine au sein de l'institution du mariage telle qu'elle apparaît dans les œuvres. Les lois, codes et principes exprimés par l'individu lors de son développement de l'habitus reflètent à la fois le capital culturel et/ou social acquis pendant sa socialisation. En Afrique de l'Ouest

[19] Ksar : le dictionnaire Larousse en ligne définit le Ksar comme un village fortifié de l'Afrique du Nord présaharienne, le long des oueds au débouché des torrents montagnards. larousse.fr/dictionnaires/français/charia/ accédé le 25 décembre 2016

comme au Maghreb, ces éléments constitutifs de la culture sont souvent régis et transmis par un système : le patriarcat. Dans *Le Ventre de l'Atlantique*, Diome décrit comment les patriarches contrôlent les lois du mariage et qu'ils décident souvent sous « L'arbre à palabres, le lieu où les accords précédemment conclus entrent en vigueur. » (127) La narratrice dans ce roman nous explique et nous édifie sur la façon dont les filles sont données en mariage. De ce fait, il s'avère utile de bien percevoir les perspectives sociales d'émancipation de ces femmes.

1. Pensée, prise de parole et sentiments des filles dans le mariage et l'habitus

On comprend de ce qu'écrit Diome sur les traitements réservés à ces filles que celles-ci soient dépourvues de tout droit de pensée et de prise de décision quand bien même il s'agit clairement de leur avenir à travers le mariage. Elles ne sont pas associées aux prises de décisions qui engagent leur avenir. Elles subissent. Elles ne sont pas agentes mais plutôt sujets. Comme pour montrer ce côté immature de la femme, pendant que des décisions ultimes sont prises à leur place, l'auteur nous les présente en train de jouer sur la place publique et de nuit. Aussi, malgré cette restriction dans le temps et dans la prise des décisions, elles font l'objet d'un contrôle accru de la mère qui est influencée par le patriarche de la maison, le père. Pour leur mariage, leur avis n'est ni requis, ni sollicité. Cette perception de Diome rejoint celle de Benguigui dans son documentaire *Les femmes d'Islam*. Pour rappel, nous optons de nous servir des films documentaires comme œuvres critiques pour leur rapport aux réalités sur le terrain. Dans *Les femmes d'Islam*, Benguigui donne la parole à l'écrivaine algérienne Mokeddem. Celle-ci critique l'institutionnalisation de l'immaturité des femmes au Maghreb quant au sujet de leur mariage. Elle stipule que le code de la famille en Algérie est toujours basé sur les lois intégristes du pouvoir en place et cela ne fait que renforcer l'infantilisation de la femme.

En plus des mariages arrangés, les sentiments de la femme importent peu. Ce qui constitue un défi pour les personnages femmes de nos œuvres littéraires comme cinématographiques. Diome le souligne en évoquant la conception et l'intention derrière le mariage dans le village de Niodior au Sénégal. Elle s'exprime en ces termes : « Ici, on marie rarement deux amoureux, mais on rapproche toujours deux familles : l'individu n'est qu'un maillon de la chaîne tentaculaire du clan. Toute brèche ouverte dans la vie communautaire est vite comblée par un mariage. » (127) L'amour, les sentiments de l'individu sont délaissés au profit des intérêts collectifs. Ainsi, Sankele comme bien de femmes ne choisissent pas leurs époux. L'essentiel est qu'elles soient à la hauteur des espérances familiales, des privilèges qu'elles rapportent. L'honneur, la renommée et la fierté de la famille en dépendent.

Donc, l'idéologie et les stratégies derrière la représentation de l'institution du mariage véhiculent des codes qui outrepassent l'amour ou les sentiments libres de l'individu. Les filles sont souvent modelées et élevées dans ce mode de pensées dont elles sont les produits et qu'elles-mêmes reproduisent au fil du temps à travers différentes générations sans même mentionner qu'elles sont réduites à des fins mercantiles. Des critères tels que son éducation (entendre par là, une femme docile, soumise et bien formée à son rôle dans le foyer) et sa beauté sont des signes de convoitise et de garantie pour sa famille qui espère d'elle un gendre bien nanti. Pourvu qu'elle ne «baisse pas les enchères », c'est-à-dire offrir son corps aux hommes avant le dit lien de mariage. La représentation des comportements et mode de pensée de la femme reflète le conditionnement de celle-ci à l'imaginaire collectif propre au type de société.

2. L'impuissance des femmes face aux discours archaïques traditionnels

La représentation discursive des femmes telle qu'elle s'inscrit dans nos œuvres renvoie à l'étude de leurs interactions dans la société africaine. Le discours social en tant qu'étude sociologique serait pertinent pour analyser cette interaction dans un contexte où se jouent toutes sortes de convictions et desseins collectifs. Du discours social en tant qu'étude théorique, nous retenons l'approche du sociocritique Marc Angenot. En faisant appel à cette théorie d'Angenot, Daniel S. Larangé explique que «l'analyse du discours social, objet d'étude de la sociocritique, détermine l'idéologie que sous-tend toute institution ou société à un moment donné, en déterminant les peurs, les phantasmes, les aspirations et les contradictions qui structurent un imaginaire collectif et formant de la sorte l'idéologie d'une société. »[20] En résumé, toute société se fait une représentation de ce qu'elle perçoit comme étant une réalité. Cette réalité est circonscrite autour d'un ensemble de pensées, de croyances, d'opinions, de visions, etc. ou de ce que

[20] Daniel S. Larangé : « La Francophonie aux leurres de la mondialisation Similarités et dissemblances pour un discours altermondialiste », Erudit, Volume 8, numéro 1, novembre 2012, p.264.

Bourdieu appelle la doxa. Dans ce sens, le discours social peut être propre à chaque société prise individuellement et c'est par celui-ci que cette société détermine son rapport à l'individu qui clame son appartenance à celle-ci. Le discours social constitue, de ce fait, une vérité ou réalité collective propre à cette société et à partir de laquelle chaque individu est jugé. Ainsi, c'est partant de cette réalité construite que nous allons percevoir et analyser la représentation des héroïnes de notre corpus. Celles-ci sont souvent en conflit avec l'imaginaire collectif de leurs entités. Le concept idéologique auquel Angenot fait référence est certes très vaste, mais nous tenons à le restreindre aux principes du conditionnement de l'individu au sein de sa société et ce dans l'optique de lier l'idée de discours social d'Angenot à l'habitus. Visiblement, l'idéologie derrière le discours social en général œuvre pour la recherche d'une cohésion sociale dans les rapports des humains.

Aussi, Angenot explique que « le discours social, dans l'unité relative de son hégémonie, renferme un principe de communion, de convivialité [...] Le discours social examine de ce fait toute narration dicible ou script dans toute société prise à un moment donné. Il est le principe de l'unité et la convergence des idéaux sociaux. »[21] Cette recherche de convivialité et de communion ignore en effet l'individu et tout ce qui œuvre pour les besoins, opinions, visions, et comportements particuliers de ce dernier. Cette idéologie de ce fait favorise l'hégémonie vis-à-vis des plus faibles, des marginalisés parmi lesquels la femme au premier rang. L'hégémonie du discours social se situe, selon Angenot, dans « Le pouvoir légitimant du discours social [qui] est lui la résultante d'une infinité de micro-pouvoirs, d'arbitraires formels et thématiques. »[22] Alors, en tenant compte des principes du conditionnement social de la femme africaine, nous percevons le penchant hégémonique du discours qui lui est socialement tenu. Conditionnées à accepter des pratiques injustes et discriminatoires justifiées dans l'imaginaire collectif de leurs sociétés, les héroïnes décident de s'opposer à cette conscience collective. Elles cessent de légitimer certains aspects du discours social qui les tient enfermées et inexpressives. Cette notion de discours social qui légitime l'imaginaire collectif ne peut exclure ou ignorer les particularités et les distinctions au niveau du langage, du prestige, de la marginalité, etc. Le discours

---

[21] Marc Angenot. "Théorie du discours social. Notions de topographie des discours et de coupures cognitives." Contextes. *Revue de sociologie de la littérature* 1, 2006, p.51.

[22] Ibid.

social « en tant qu'imaginaire collectif, organe régulateur et unificateur stratifie des degrés de légitimité, détermine les critères d'acceptabilité dans ce qui se dit et s'écrit. »[23] C'est sur cette perception du discours social que nous mettons plus l'accent, à savoir son aspect hégémonique. On comprend que dans sa conception de l'hégémonie, Angenot n'exclut pas la marginalité, la distinction et la division sociales. Ainsi, sa perception de l'hégémonie, les variantes composantes, à savoir les normes discursives régissant le bon langage et les règles de vie sociale, guideront notre recherche sur la façon dont le comportement social de la femme est conditionné. La femme, en tant qu'agent social sous l'influence des traditions patriarcales, se trouve sujette au discours social régissant toute structure socioculturelle et religieuse.

Convaincues du discours hégémonique et subjuguant, les filles comme Salie, Sankele, Sultana, se sentant coupables de leurs 'déviances', se retrouvent sans aucun recours. Diome évoque l'impuissance de ces femmes mères et filles victimes ; victimes de la domination masculine. Parlant de la mère de Sankelé, la narratrice relate : « seule sa mère, rattrapée par ses tristes souvenirs de jeunesse, semblait la comprendre : elle la consolait tout en l'exhortant à se soumettre à l'autorité paternelle. » (128) La mère comprend ce que vit la fille pour avoir elle-même vécu l'expérience. Cependant, forcée à la résignation par les discours dominants, elle en reste vulnérable. Ainsi, c'est dans un pessimisme qu'elle accepte et trouve la situation tenable, vivable, acceptable et normale, d'où ses conseils contribuant à renforcer l'autorité paternelle souvent irrévocable. Consciente de ceci, la narratrice dans *Celles qui attendent* exprime la nécessité pour la première épouse de Wagane maltraitée et négligée par ce dernier de demeurer passive. Les peines à supporter les affres de la polygamie et le délaissement dans lequel la sombre son mari concourent à maintenir la première épouse dans la catégorie des femmes passives et tues. Le comportement de cette femme décrit par la narratrice nous explique le conditionnement traditionnel. En être humain, elle est bien sensible aux injustices qu'elle vit. Cependant, le discours social qui lui est inculqué veut qu'elle se taise face aux injustices pour conserver sa dignité. Une réaction contraire de sa part ne lui apporterait aucune satisfaction puisque sans recours. Alors, c'est sûr d'une telle sorte d'emprise sur la gent féminine que le père de Sankele est allé trop loin, au point de tuer le nouveau-né. Ayant perçu leur impuissance normalisée et légitimée,

---

[23] Ibid. 1

ces femmes l'assument tout naturellement. Mais Sankele, contrainte au mariage, a préféré défier « la plus haute pyramide dédiée à la diplomatie traditionnelle. » (127) Donc, comme moyen de combat et d'expression, Sankele va faire usage de son corps. Elle est consciente que c'est cela qui devient le centre de l'intrigue, l'objet exproprié et socialement contrôlé. Ainsi, la mère, bien qu'elle ait vécu cette expérience, est restée coite et renfermée devant les mésaventures et la détresse de sa fille tout comme la première épouse de Wagane a patiemment accepté son sort dans le foyer polygame.

3. La reproduction du discours phallocratique

Les mères en Afrique le plus souvent jouent le rôle d'intermédiaire entre leurs filles et le père. C'est par le canal de la mère que le discours patriarcal est transmis à la fille. Toutes les deux, mère comme fille, sont prises dans ce qu'Angenot qualifie de « mécanismes unificateurs et régulateurs qui assurent à la fois la division du travail discursif et l'homogénéisation des rhétoriques, des topiques et des doxaï. »[24] On comprend que les mécanismes unificateurs et régulateurs correspondent au dicible et à l'indicible, aux structures structurantes présentes dans toute société prise individuellement. Ces structures régulatrices concourent au maintien de l'homogénéisation des principes sociaux qui déterminent l'imaginaire collectif. C'est dans cette optique que la mère a pour fonction de s'assurer que les principes propres à la société sont compris, respectés et suivis par sa fille. Ainsi, fort de cette perspective et de son expérience, la mère de Sankele, elle-même victime et ayant intériorisé le discours social, essaie de le reproduire sur sa fille. Le discours selon lequel la fille doit obéissance corps et âme, vie et mort au père est assimilé par la mère qui sermonne en ces termes : « Ton père ne me le pardonnera jamais, et toi, il te tuera, c'est la charia[25] .» (131) La charia est une loi islamique, ce qui implique donc que la décision prise par le père est irrévocable et que son application serait sans représailles contre lui. Pour valider ce discours misogyne et androcentrique, la mère fait intervenir une argumentation plus

[24] Marc Angenot. "Théorie du discours social. Notions de topographie des discours et de coupures cognitives." Contextes. *Revue de sociologie de la littérature* 1, 2006, p.28.

[25] La charia : le dictionnaire Larousse en ligne définit la charia comme « loi coranique islamique régissant la vie religieuse, politique, sociale et individuelle, appliquée de manière stricte dans certains Etats musulmans. » (larousse.fr/dictionnaires/français/charia/)

convaincante, car émanant du champ religieux. Faire référence à un tel champ relève de la foi et de la conviction religieuse, donc irrécusable. Ainsi, dans le but de freiner sa fille dans toute tentative considérée subversive, la mère associe à l'autorité patriarcale une force religieuse, voire divine.

De ce fait, le père est investi d'un pouvoir suprême, celui d'un dieu sur terre, et qui pour la mère a droit de vie et de mort sur la fille. Pour convaincre sa fille de l'incapacité et du conformisme de la mère face à son pouvoir dominant, le père sûr et confiant ajoute : « ta mère avait dit la même chose, pourtant, elle m'a donné la plus belle fille du village. » (128) C'est là un discours qui ignore complètement les sentiments et la souffrance de la femme et qui justifie et légalise la décision du père. Celui-ci trouve la légitimation et validation de son discours phallocratique dans la naissance de sa fille. Pour le père, avoir une fille issue d'un mariage forcé prouve et valide la pratique. Le refus de la femme est ainsi perçu comme un caprice enfantin auquel il n'est pas tenu de céder.

On perçoit bien que c'est tout un discours qui est tenu devant l'attitude que la femme doit adopter dans un tel contexte de pouvoir relationnel. De cette interrelation et par ses comportements, la femme se trouve être modelée comme dans une sorte de moule ; celui des traditions ancestrales. Ce formatage ou manière d'être et d'agir de la mère, dû à l'influence des structures objectives et dominantes, est perpétué par la mère elle-même. Elle l'enseigne à Sankele dont les sorties nocturnes au 'dandali'[26] dépassent la norme. Ainsi se justifient les sermons et le rappel sur « la charia » de la mère à sa fille. Cette réprimande maternelle, « ne nous couvre pas de honte dans ce village ! Tout le monde parle de toi. Si tu fais des bêtises avant ton mariage, nous sommes perdues » (131) qui en fait est le fruit ou le produit de l'intériorisation du discours objectif. Elle résume en même temps les quatre concepts du capital (culturel, social, économique), du champ, de l'habitus, et de la violence symbolique. Une « bêtise », c'est-à-dire agir contrairement aux interdits et codes sociaux. Cela implique que si jamais la fille outrepasse ces codes de conduites sociaux, elle et sa mère de même seront victimes des représailles sociales. C'est dire que la société se donne un droit de regard et de contrôle sur leurs faits, gestes et pensées.

[26] Dandali : lieu de rassemblement et de danses nocturnes organisées par les jeunes filles

Ce regard social est aussi pertinent et déstabilisateur pour les jeunes filles algériennes vivant en France (les enfants d'immigrés) comme le signale la narratrice dans le documentaire *Femmes d'Islam*. Aussi dans *L'Interdite*, Vincent nous renseigne sur la pesanteur des regards inquisiteurs dont est victime son amie Sultana pour s'être retrouvée seule femme à l'hôtel; lieu masculin par excellence. Il pense en ces termes : « La femme se lève et se dirige vers la porte. L'homme la suit. La salle se tait. Le barman en reste le geste en suspens. L'air s'électrise. Je ne voudrais pas être une femme ici. Je ne voudrais pas devoir porter en permanence le poids de ces regards, leurs violences multiples, attisée par la frustration. » (93) Vincent explique en effet cette sensation désagréable du regard social sur la femme, un regard lourd et pesant, un regard défiant, interrogateur et menaçant à la fois. La réaction du barman et la description de l'ambiance en disent long sur l'ampleur, la tension et la pesanteur du regard. Par ailleurs, la menace des regards sur Touma, personnage dans *Les Enfants du nouveau monde*, a engendré son assassinat. Par conséquent, la femme se trouve être l'objet du regard et redevable d'explication vis-à-vis de cette entité qu'est sa société. Le regard, comme le dit Bourdieu pour soutenir une idée de Sartre,

> Is not a simple universal and abstract power to objectify, it is a symbolic power whose efficacy depends on the relative position of the perceiver and the perceived and on the degree to which the schemes of perception and appreciation that are brought into play are known and recognized by the person to whom they are applied.[27]

La force du regard établit et définit la relation de pouvoir, une relation de supériorité vs infériorité. Il instaure souvent une sensation de culpabilité de la part du plus faible. La mère de Sankele parlant ainsi à sa fille établit déjà ce rapport de pouvoir dominant/dominé. « Tout le monde parle de toi » suppose qu'elle est consciente du poids qu'a le regard social sur sa fille. Ce regard exerce déjà son pouvoir sur la mère qui en premier s'en est rendu compte. Cette conscientisation et validation du pouvoir masculin par la mère est le fruit d'une intériorisation des structures objectives en rapport avec l'attitude que sa fille leur réserve. Il est aussi la réaction au malaise que la mère ressent suite au comportement discordant de sa fille ; malaise vis-à-vis d'abord de son mari et ensuite de la société qui détient le monopole du jugement.

---

[27] Pierre Bourdieu. *Masculine domination*. Stanford University Press, 2001, p.65.

Elle se sent redevable à la société des 'infractions' de sa fille, lesquelles subversions engendrent pour les deux (mère et fille) la honte.

Une telle gêne imposée par les regards et les réactions des autres provient de l'écart établi entre les exigences sociales et les comportements adoptés par l'individu. Selon Bourdieu, cette gêne naît, "With the discrepancy between the socially demanded body and the practical relation to the body that is imposed by the gazes and reactions of others."[28] La mère, par l'attitude antagoniste de sa fille, développe une certaine culpabilité vis-à-vis du rôle social qu'elle est supposée jouer ; celui d'éduquer sa fille conformément aux valeurs sociales. Ainsi, en elle se développe d'abord l'habitus au point où elle manque de percevoir l'enjeu dominant des structures en place. Conseiller à sa fille d'accepter le mariage forcé en lui rappelant et en la contraignant au strict respect des lois des structures imposantes, c'est participer à sa propre domination et à celle de sa fille.

Cette gêne peut aussi être l'expression d'une angoisse et d'une peur nourries par les violences et menaces du père. Jalna Hanmer explique les manifestations et fonctions sociales de la violence perpétrée contre la femme:

> La violence et la peur de la violence façonnent les comportements. Il s'agit là d'un phénomène sociologique par excellence. Dans la vie d'une femme, la peur de la violence masculine existe de façon subtile et diffuse. A un premier niveau, la peur se ressent comme malaise : souci de se comporter comme il faut, de ne pas être ridicule, ne pas attirer la moquerie. La peur s'accentue quand on a été soi-même victime de violences, ou lorsqu'on sait que des personnes connues ou inconnues de soi en ont été victimes ; elle s'accentue aussi lorsqu'on s'écarte du comportement social accepté, ou quand on prévoit seulement de le faire.[29]

La crainte de la violence peut ainsi justifier le sermon de la mère de Sankele à sa fille : « Si tu fais des bêtises avant ton mariage, nous sommes perdues. Ton père ne me le pardonnera jamais, et toi, il te tuera » (*VA* 130). Cette intervention de la mère à l'égard de sa fille implique en même temps la violence, la peur que suscite cette violence et le conformisme aux exigences sociales. De même, ces menaces et violences justifient le silence et le comportement conformiste de nos protagonistes femmes dans les œuvres. En l'occurrence, les pères de

---

[28] Ibid.

[29] Jalna Hanmer. "Violence et contrôle social des femmes." *Questions féministes* 1, 1977, p.71.

Sankele et Pougbila, le mari de Zouina, tous en patriarches, se portent garants du respect des lois de cette sous-structure sociale qu'est la famille. Ainsi, la femme n'est pas libre de ses pensées et de ses actions, car elles lui sont imposées à travers le discours phallocratique. Un exemple vivant de ces structures imposantes c'est la congrégation des patriarches (le plus souvent des hommes chefs de familles) sous l'arbre à palabre. Dans l'Afrique traditionnelle, l'arbre à palabre est par excellence le lieu où se prennent les décisions concernant la bonne marche du village et les attentes sociales. La vie et l'avenir de Sankele lui sont dictés par les patriarches par l'entremise de sa mère assimilée aussi au discours phallocratique. Cependant, appartenant à une autre génération, autre que celle de sa mère, Sankele brise la chaîne du conformisme.

4. L'insurrection contre l'habitus

Visiblement, Sankele et sa mère appartiennent à deux générations, deux générations dont le cours de l'histoire diffère. La mère, du genre béni oui oui, ne questionne pas les traditions. Les réalités socioculturelles varient à travers les générations, selon les temps, sans omettre le facteur déterminant ayant bouleversé les structures sociales, culturelles en Afrique. Il s'agit de la culture occidentale importée par la colonisation. A travers celle-ci, les influences extérieures aux normes locales deviennent parfois inflexibles. Ces influences constituent en effet ce qui va différencier la mère de sa fille Sankele. Celle-ci, consciente des risques encourus, devient tout le contraire de sa mère car elle refuse la violence oppressive. Jalna Hanmer justifie que « Même si les femmes ont des notions différentes de la sécurité, chaque femme sait, de façon intuitive et émotionnelle, où se situe la frontière qui la mène à cette zone d'ombre, ce no woman's land qui conduit à un affrontement où elle a toutes les chances de perdre. »[30] Connaissant bien les limites et ses chances de perdre la partie dans un contexte indulgent à l'insoumission féminine, Sankele demeure inflexible malgré les sermons et mises en garde de sa mère. Son comportement révolté est contraire de ce qu'était l'attitude de sa mère conservatiste. De ce fait, il y a lieu de comprendre la façon dont la fille, elle-même, réagit face à cette pression sociale. Ceci rejoint le point de vue de Deborah Reed-Danahay évoquant Bourdieu par rapport à la condition de vie des

---

[30] Jalna Hanmer. "Violence et contrôle social des femmes." *Questions féministes* 1, 1977, p.71.

humains : « For Bourdieu, people did not live their lives according to freely made choices or strategies but, rather, under the constraints of the habitus and the objective conditions of social fields. »[31] Cela explique qu'il soutient que l'individu peut se départir de son habitus, parce qu'il est doté d'une intelligence lui permettant de réfléchir outre mesure. Dans son entretien accordé à Roger Chartier, Bourdieu clarifie la vulnérabilité de l'habitus face à l'expérience de vie: « L'habitus, ce n'est pas un destin ; ce n'est pas un fatum comme on me le fait dire ; c'est un système de dispositions ouvert qui va être constamment soumis à des expériences et du même coup transformé par ces expériences. »[32] Ainsi, cette capacité d'ouverture de l'habitus le rend vulnérable et influençable. C'est-à-dire qu'une personne soumise à un quelconque conditionnement a la chance de s'en défaire par la présence d'un facteur extérieur à l'habitus déjà acquis.

Ainsi, la malléabilité de l'habitus permet aux facteurs externes en tant qu'adjuvants de briser le cours normal des pressions sociales. August Bebel écrit que « Toute institution sociale est soumise à des transformations, à des évolutions constantes et finalement vouée à la disparition complète. Il en va exactement de même pour le mariage et pour la condition de la femme. »[33] Les traditions africaines avec leur enseignement surtout par rapport à l'éducation de la femme se montrent résistantes. Si tel que Bebel le dit, le cours du temps change les institutions, on déduit que les principes véhiculés par celles-ci sont appelés à changer.

5. Le refus face au discours collectif dominant

Ainsi, devant l'histoire de Sankele, l'on peut se poser la question de savoir si elle aussi, à l'image de sa mère, sera le produit de cette reproduction. De ce fait, contraire aux idéaux et attentes traditionnels, son refus du mariage forcé s'explique. Sankele refuse d'être l'objet de ce type de violence où elle-même inconsciemment va se donner au « jeu », au point d'accepter ce processus comme étant naturel. Ce faisant, Sankele valide la pensée de Bourdieu selon laquelle la réaction de l'individu ne répond toujours pas aux attentes de ces structures dominantes et que l'agent, doté de capacité de raisonnement,

---

[31] Deborah Reed-Danahay. *Locating bourdieu*. Indiana University Press, 2005, p.22.
[32] Pierre Bourdieu. " Les chemins de la connaissance." Entretien avec l'historien Roger Chartier, parties 1.2, 1988 : 3.
[33] August Bebel. *La femme dans le passé, le présent et l'avenir*. Vol. 58. Slatkine, 1979, pp.161, 593.

peut à l'aide de facteurs extérieurs œuvrer contrairement à son habitus. Dans le même ordre d'idée, Deborah ajoute: « although the state constructs us as individuals, through its "rites of institution" (through the practice of identity cards, legal names, and signatures, etc.), we must seek another way of looking at the life history. »[34] De la sorte, dans le cas de Sankele, elle refuse de se conformer aux règles de jeu de sa société. Elle refuse de suivre le courant habituel de la pensée sociale quant à la gestion de ses sentiments amoureux et le choix de son prétendant. Son refus est une subversion de ces normes socialement construites. Le conformisme ne lui est pas évident, elle ne veut pas être le 'Fish in the water' pour qui la nage est naturelle, donc évidente. Cette expression qui indique la familiarité à une situation ou à un environnement peut être associée à l'idée de l'habitus, car l'individu une fois tenu dans le conditionnement développe une habitude et attitude naturelle au fil du temps.

6. Contrainte et exclusion comme conséquences

Ainsi, Sankele, née et éduquée sous le model de conformisme soumission, entreprend sciemment de boycotter les règles, de les changer ; ce qui constitue une sorte de défi et de subversion. Elle n'incarnera point cette image de « Fish in the water » qui paraît toute naturelle. Diome le mentionne en ces termes : « Sankele, la fille du vieux pêcheur, entendait faire de son triangle le sanctuaire d'un amour libre. » (127) C'est dire qu'elle s'engage à opposer sa pensée à la conscience collective. S'en suit alors la conséquence d'être exclue de la communauté. Enceinte de l'instituteur du village et hors mariage, elle se retrouve emprisonnée dans la maison par son père jusqu'à son accouchement. Son comportement 'déviant' est la cause de ce déchaînement du père, car comme Hanmer le soutient, la violence des hommes contre les femmes a pour objectifs de restreindre leur champ d'action et de les contrôler.[35] Suivre l'homme de son choix comme l'a fait Sankele est perçu comme une révolte. C'est dans cette 'déviance' que Sankele contracte une grossesse, acte encore moins louable, car hors contexte des réalités qui soutiennent l'idéologie de sa société patriarcale. Le père de Sankele se donne alors le droit de mettre fin à la vie du nouveau-né et cela, après avoir usé de menaces et punitions pour

---

[34] Deborah Reed-Danahay. *Locating Bourdieu*. Indiana University Press, 2005, p.22.
[35] Jalna Hanmer. "Violence et contrôle social des femmes." *Questions féministes* 1, 1977, p.85.

la contraindre au conformisme. Ce qui sans doute eut des répercussions mentales sur la mère et sa fille. Cette dernière, poussée et forcée à l'exclusion, se résout à partir nuitamment du village sous la complicité de son amant Ndetare.

Par son attitude subversive, elle se défait de cet habitus grâce à son contact avec un facteur extérieur aux structures objectives de son environnement. Mais cela n'est pas sans conséquence, car la société doit avoir raison sur l'individu qui doit toujours lui être redevable. L'influence extérieure, dans ce cas de Sankele, se trouve être son amant Ndetare ; l'instituteur aux idées révolutionnaires. Michelle Dagenais-Perusse décrit sommairement le personnage Ndetare qui,

> Se révèle ... comme un agent de changement, puisqu'il refuse de s'en remettre à la décision des parents de Sankele et décide de vivre son amour avec celle-ci malgré les interdits qui pèsent sur cette relation hors mariage. Son statut d'étranger lui permet d'avoir une voix libre et critique à l'égard de la communauté. Ainsi, même si sa parole porte peu, elle a une grande importance dans la communauté, puisqu'il peut à tout le moins confronter les idées mises de l'avant par la tradition.[36]

Il y a des éléments qui créent l'étrangeté de l'instituteur Ndetare ; une étrangeté qui influence son entourage. D'abord, il est savant et a fait une partie de ses études en France. Ensuite, il n'appartient pas à ce milieu dans lequel il sert, car son affectation dans ce village de N'Dior sert de punition. Il est instituteur syndicaliste et révolutionnaire. Son étrangeté en plus d'être instituteur et ayant connu la France justifient son influence sur les villageois, mais plus particulièrement sur sa fiancée Sankele. Celui-ci, avec les ressources en sa faveur, va semer en elle la graine de la révolte comme souligné dans l'œuvre : « Ndetare tenait bon et labourait vaillamment son champ : enseigner, encore et toujours, semer des idées dans toute cervelle disponible. Il aimait passer des heures à parler à sa dulcinée des grandes figures historiques de toutes sortes de résistances, y compris celles du féminisme » (*VA*, 129). Voilà le terme 'féminisme', il s'agit bien d'une stratégie féministe qui appelle à un type de résistance radicale que Sankele adopte par son expression idéologique, corporelle, et subversive. Face aux injustices et violences sociales dont elle est victime, Sankele oppose une lutte féministe de type radical contre les institutions en place. Les lourdes

---

[36] Michelle Dagenais-Pérusse. "Figures de la parole et parcours d'individuation dans *Le ventre de l'Atlantique* de Fatou Diome." Mémoire de maitrise, Université Laval, 2010.\

conséquences qu'engendre son opposition renvoient à la question de savoir si, compte tenu des implications socioculturelles, un tel type de féminisme à l'image du féminisme occidental est en mesure de résoudre les problèmes de l'Africaine. Mais, au-delà de la lutte que Sankele mène dans l'optique d'échapper à l'habitus, l'idée ou l'intention de l'instituteur nous fait entendre que c'est toute cette société dans laquelle évolue Sankele qui a besoin de sortir de son enfermement. La nécessité du changement s'impose à cette société, changement de certaines de ses valeurs, normes, us et coutumes archaïques. Ce changement libèrerait la femme du cocon traditionnel.

A l'image de Sankele, Sultana dans *L'interdite* mène cette lutte féministe pour le changement social. Salah reproche à Sultana son bras de fer contre les institutions patriarcales, culturelles, et intégristes. Il l'invite plutôt au conformisme en matière de stratégie de résistance à l'image des femmes de la contrée et dit :

> Nom de Dieu, comprends-tu que nous vivons une époque explosive ? Fais comme les autres Algériennes, les vraies... Tu pinailles toujours sur les mots en Occidentale. Je te demande seulement de te comporter comme une femme intelligente et responsable. Les femmes, ici, sont toutes des résistantes. Elles savent qu'elles ne peuvent s'attaquer, de front, à une société injuste et monstrueuse dans sa quasi-totalité. Alors, elles ont pris le maquis du savoir, du travail et de l'autonomie financière. Elles persévèrent dans l'ombre d'hommes qui stagnent et désespèrent. Elles ne donnent pas dans la provocation inutile et dangereuse comme toi. Elles feintent et se cachent pour ne pas être broyées, mais continuent d'avancer. (190)

D'abord, il importe de catégoriser Salah dans la nouvelle génération des hommes qui plaident pour la cause féminine en ce sens qu'il accepte et justifie le mouvement de résistance dont il est ici question. Seulement, il s'oppose à la stratégie de résistance adoptée par son amie Sultana. Par «une époque explosive », Salah fait allusion à la période de guerre en Algérie. Mais cette période, dans l'histoire de l'Algérie, correspond aussi à celle de la montée intégriste qui fort bien limite les droits de la femme algérienne malgré sa participation à cette lutte. Dans *Femmes d'Islam*, Benguigui fait ce rapport entre la montée de l'intégrisme religieux et la condition de vie des femmes au Maghreb surtout pour celles qui ont eu à combattre pendant cette période de guerre. La période juste après la participation des femmes à la guerre en Algérie n'a été qu'une époque d'illusion et de rêve pour celles-ci quant à l'espoir fondé pour leur émancipation.

Aussi, dans nos œuvres relativement récentes, qu'il s'agisse du temps narratif ou du temps réel des faits évoqués, l'influence de la religion, de tout temps, se fait ressentir. Par exemple, si le temps narratif dans *L'Interdite* date des années de la guerre d'indépendance en Algérie, celui de la narration dans *Le Ventre de l'Atlantique* est relativement plus récent. Cette œuvre de Diome est une fiction autobiographique qui relate en partie la vie de l'auteur dans les années 90. Donc, ces œuvres, de par la différence dans le temps narratif, expriment toutes la ténacité et la pérennité du discours patriarcal et religieux sur la femme. Ces deux institutions patriarcale et religieuse paraissent lui tenir tête malgré les bouleversements socioculturels principalement dus à l'influence occidentale. Nous essayons d'expliquer cette persistance et ténacité de l'oppression religieuse sur les femmes d'abord par l'insuffisance de l'éducation religieuse dans cette frange comparativement au groupe des hommes. Ensuite, plusieurs critiques trouvent l'interprétation des textes religieux misogyne. Le plus souvent, religion et culture se trouvent être indissociables.

7. La religion utilisée à des fins dominatrices

Des critiques féministes comme Fatima Mernissi et Benguigui justifient la domination masculine par l'abus des textes religieux. Ainsi, prenant à témoin des préceptes religieux, l'homme profite et se sert des situations précaires telles que la pauvreté, les guerres, etc. (exemple des faux dévots dans *Le Ventre de l'Atlantique* ou encore de la montée intégriste dans *L'Interdite*) à des fins manipulatrices. Mahnaz Afkhami explique l'emprise des islamistes en rapport avec les droits de la femme en société : « For Muslim fundamentalists every domestic issue is negociable except women's right and their position in society. Islamist resurgence, exemplified by movements as varied as [...] the Islamic Salvation Front (FIS) in Algeria, insists on singling out women's relation to society as the supreme test of the authenticity of the Islamic order."[37] Cette citation prouve la volonté de maintenir la femme dans ses conditions de vie initiales. Par conséquent, les moyens de lutte dont se sert Sultana et le contexte intégriste et patriarcal dans lequel elle se débat ne concordent pas. Les principaux problèmes de la femme, le plus souvent domestiques, résultent des relations qu'elle entretient avec sa

[37]Mahnaz Afkhami. *Faith and Freedom: Women's human rights in the Muslim world.* Syracuse University Press, 1995, p.1.

communauté. Plus loin dans cette même introduction, Afkhami clarifie la prise en otage des textes religieux :

> Rather than addressing real evolving societies, Islamists abstract Islam as an esoteric system of unchanging rules and then equate it with complex, changing, and historically specific social and political conditions. As a result, they transform the practical issue of women's historical subjugation in patriarchies, which is a matter of economic, social, cultural, and political forms power takes as societies evolve, to arcane questions of moral negligence and religious slackness. The Islamists confound the issue by positing men's interpretation of religion for religion itself.[38]

Cette citation clarifie deux grands aspects dont l'un est la volonté manifeste de n'apporter aucune amélioration à la vie des femmes, et l'autre l'interprétation des textes religieux par les hommes. L'interprétation des faits ou des textes produit souvent une part de subjectivité. Par son interprétation des textes religieux, l'homme favorise ses intérêts, à savoir l'exercice de sa domination sur la femme. C'est le conflit auquel se confronte Sultana à son retour de France face à une société restée conservatrice. Elle s'est exilée pour fuir les conditions réservées aux femmes sous la pression intégriste. Après son séjour en France, de retour dans sa communauté, Sultana remarque que la vie des femmes demeure toujours négligeable. Leur rôle en tant que mères est de perpétuer l'image des valeurs traditionnelles, c'est-à-dire, faire de leurs progénitures filles des soumises, des assujetties, des dépendantes, des conquises, ou encore des captives. Son séjour occidental fait d'elle tout le contraire des autres femmes algériennes comme le lui reproche d'ailleurs son ami Salah qui l'identifie en femme occidentale. Il pointe par-là l'aliénation de Sultana. Celle-ci se donne trop de liberté où par exemple, elle se force d'assister à l'enterrement de son ami Yacine. Elle décide de le remplacer à l'hôpital, un endroit public où les hommes refusent de se faire traiter par une femme. En compagnie de son ami Vincent, elle fréquente les places publiques comme l'hôtel et accepte la compagnie des hommes en public, etc. Ainsi, les extrémistes représentés par le maire et ses sbires veulent l'étouffer dans ses élans subversifs. Contrairement aux autres femmes, elle refuse d'obtempérer aux menaces et à l'enfermement. Ainsi, l'engagement de Sultana s'avère risqué avec les islamistes qui s'insurgent vaillamment contre elle sous l'égide de la religion.

---

[38] Ibid., p.3

En effet, le personnage du maire reflète deux identités : religieuse et culturelle à la fois. L'influence des deux éléments présente en lui l'expression d'une confusion ; une confusion à la longue anarchique, le chaos. Cette confusion est issue du fusionnement que font des gens comme le maire entre l'interprétation des textes religieux et de ce qui est norme ou pratique culturelle souvent vétustes et rétrogrades. D'une part, ce personnage est l'intégriste qui, sous le prétexte d'avoir la charge de la ville, menace d'expulser Sultana de la région pour ses attitudes considérées subversives ; subversives car ne répondant pas forcément aux attentes d'une culture immuable, figée et pleine de stéréotypes à l'égard de la femme. Il amalgame culture et religion et se sert d'un tel pouvoir en sa possession pour parvenir à ses fins; se débarrasser de la fille d'un étranger qui lui a ravi la femme qu'il convoitait. Ainsi, il se sert du pouvoir en sa possession pour s'adonner au règlement de ses comptes personnels. D'autre part, c'est lui qui, au nom d'une culture ayant enseigné la préférence d'un enfant mâle, a décidé de laisser mourir par manque de soin sa fille qui venait de naître. A travers le personnage du maire Bhakkar, on remarque aisément l'abus du pouvoir religieux et l'intolérance contre toute expression libre de la femme. Nous étudierons plus en détails ces stratégies de résistance féminine dans le prochain chapitre.

Cependant, il est important de noter qu'en tant qu'homme, Salah recommande à Sultana une stratégie de lutte féministe à l'instar du négo-féminisme ; stratégie que nous examinerons plus tard dans le chapitre sur la résistance. En soutien, il lui propose d'adopter une meilleure stratégie, une stratégie à l'image de celle des autres Algériennes. Salah agit dans ce sens compte tenu du contexte socioculturel et politique du pays. Il essaie de dissuader Sultana en lui faisant comprendre les dangers qu'elle encourt en s'attaquant à une société arbitraire. Ce faisant, il valide aussi l'existence et la survivance de l'archaïsme, de l'injustice et de la monstruosité dans leur société; une société de nature intolérante à l'égard des femmes.

Ainsi dans nos œuvres, qu'il s'agisse du Maghreb comme de l'Afrique de l'Ouest, les personnages femmes à l'instar de Sankele, Salie, Sultana, Touma vivent diversement des violences et injustices. Elles évoluent dans divers systèmes de conditionnement. A la différence des femmes passives, celles-ci malgré leurs diversités ont préféré défier les traditions et tout ce que ces sociétés comportent d'archaïque et de rétrograde. Afkhami soutient que pour la femme, « The form of appropriation [women rights] differs from culture to culture, but the essence is commonly shared. »[39] C'est qu'elles tendent à être conditionnées dans 'la matrice' des sociétés archaïques qui essaient et continuent toujours de les maintenir enfermées dans des 'cages'.

8. L'habitus face à l'influence extérieure

Prenant toujours en compte la flexibilité de l'habitus, il arrive que des facteurs externes à celui-ci, avons-nous dit, rompent le processus d'unification et d'homogénéisation. Ce processus est visé à travers l'établissement et la présence des structures sociales imposantes et régulatrices des comportements sociaux. Grâce à ces influences extérieures, Sankele et Sultana se différencient et se détachent des groupes auxquels elles appartiennent par leurs prises de positions révoltées et réactionnaires. Elles s'affranchissent de la pensée collective par leurs prises de décisions unilatérales. De ce fait, elles adoptent des nouvelles visions contraires à celles de leurs communautés respectives ; contraires aux moules dans lesquels leurs sociétés voulaient les modeler. Elles y échappent grâce aux facteurs extérieurs différents pour chacune selon son expérience : l'apport de l'instituteur Ndetare pour Sankele et l'acquisition de la culture française pour Sultana. A l'image de Sankele, Sultana s'insurge contre les structures socio-culturelles et religieuses injustes en place. Le non-conformisme de Sankele a pour effet la violence qu'elle a subie des mains de son père. Ce qui l'a d'ailleurs contrainte à quitter le village. Pour sa part, Sultana est mise en garde contre le despotisme d'une société machiste. Suite aux pressions sociales, Sultana va finalement quitter son pays et retourner en France, tout comme sont parties du village Sankele et Salie dans *Le Ventre de l'Atlantique*.

Ainsi, la liberté d'expression, de pensée et d'action individuelle et surtout de la femme se trouve être violemment réprimandée. Dans le même ordre d'idée que Sankele et Sultana, le conditionnement a lieu chez d'autres personnages féminins dans l'œuvre de Diome. Il s'agit de Salie, la narratrice dans *Le Ventre de l'Atlantique*, de sa mère et de sa grand-mère ou encore presque tous les personnages féminins dans *Celles qui attendent*. Tant de personnages féminins dans ces œuvres, d'une manière ou d'une autre, ont été victimes de la violence symbolique. C'est-à-dire, pour leur statut de femmes, elles acceptent,

---

[39] Mahnaz Afkhami. *Faith and Freedom: Women's human rights in the Muslim world.* Syracuse University Press, 1995, p.4.

assimilent, reproduisent et perpétuent sur elles-mêmes d'une manière souvent inconsciente les mêmes traitements injustes dont elles ont été victimes. Ces femmes recréent et renforcent à un certain extrême les lois des dominants. Si Sankele par le choix délibéré de son amour a défié sa société en mettant au monde un enfant illégitime, Salie, elle, est enfant illégitime ; donc née hors du lien de mariage. En rappel, le contexte social réprimande les grossesses hors mariage et la perte de virginité pour les filles. La quête de liberté d'expression sentimentale, corporelle, et de sexualité, puisque c'est à cela qu'aspirent nos protagonistes, s'organise autour de l'institution du mariage. Dans ces contextes sociaux africains, la femme, à l'image de nos personnages, ne peut aspirer à cette quête en dehors d'une telle structure.

9. La hargne contre la grossesse et l'enfant illégitimes

Braver les interdits sociaux constitue un acte de subversion passible de sanction. Dans ces milieux surtout religieux, pour une fille, accoucher hors mariage constitue une offense contre les coutumes. En plus de l'actrice du « crime », l'enfant issu de l'union « interdite » souffre tout aussi comme sa mère des représailles sociales. C'est l'exemple de Salie ; fille illégitime dans *Le Ventre de l'Atlantique*. Ce terme 'illégitime' constitue le nœud du problème, la disparité entre l'individu qu'est Salie et son entourage. Il implique que celle-ci est née en dehors du lien de mariage ; institution valorisée par sa société dont les garants observent un contrôle strict et régulier. Sa mère, alors jeune fille, a bravé les interdits conformément aux normes éducatives. Ces interdits qui impliquent le lot des principes, des règles ou encore la 'Doxa', constituent les structures objectives. L'individu est tenu de les observer et de les respecter pour être en harmonie avec son milieu. Hanmer justifie la violence des hommes par deux objectifs principaux qui d'abord consiste à obliger les femmes à un certain comportement les excluant de certains domaines et, ensuite, à restreindre leur champ d'action. Ainsi donc, l'habitus de l'individu se doit d'être en conformité avec l'environnement social. Dans ce cas de figure, il n'y a aucune tension entre l'individu et l'environnement. L'effritement entre les deux entités résulte de la violation des normes commise par la mère de Salie ; avoir contracté une grossesse et mis au monde une fille hors mariage.

Tout un discours est tenu autour du mariage dans les sociétés ouest africaines qui diffère surtout de celui tenu en Occident. Non conforme à la doxa qui exige de la jeune fille la retenue stricte de son corps et de sa sexualité jusqu'à son mariage, ce discours, la mère de Salie l'a violé. Au-delà des conséquences qui affectent Salie et sa mère, Diome affiche une critique d'une société injuste qui prétend rendre justice, car celle-ci manque de questionner ses normes et ses exigences quant à leur adéquation de nos jours. Une société où les garants de la morale au nom de la justice n'hésitent pas à stéréotyper ou exposer ses victimes à toute sorte de préjugés. Par l'entremise de la narratrice Salie, Diome questionne l'honneur et l'intégrité d'une société qui, pour sauver sa face, est prête à tuer un nouveau-né ou encore « pour se débarrasser de l'enfant illégitime lui fait porter le nom de l'homme imposé à sa mère. » (*VA*, 74) C'est-à-dire attribuer la paternité de l'enfant à un autre homme afin de masquer la « bêtise » commise par la mère de Salie ; une requête contraire au discours de l'honneur prôné par la tradition. Si ces femmes sont ainsi punies au nom d'une quelconque morale, la tradition dans le souci de préserver son intégrité, se permet tout et même au point de rompre avec cette morale qui lui est pourtant chère. En fait, ce qui est considéré comme un déshonneur n'est pas l'apanage d'un seul individu, celui-là même qui a commis l'infraction ou bafoué les règles de la morale telles qu'établies par la tradition. Visiblement, la société, pour sauver la face et son honneur, est prête à enfreindre aux lois. Ainsi, si la tradition peut être flexible à ce point, il conviendrait mieux de changer ces lois qui se trouvent être imparfaites au lieu de punir injustement l'agent social.

On peut conclure par cet exemple de la narratrice Salie, enfant illégitime, que les traditions ne sont pas aussi rigides qu'elles le paraissent. De ce fait, il y a lieu de comprendre ce qui a bien pu pousser la femme à briser les lois sociales. Des contextes dans lesquels la raison ou la cause importe peu. Alors qu'il est probable que cette société, dans sa rigueur et 'inflexibilité', soit la source de certains dérapages. A force d'avoir tous les principes régissant et œuvrant pour la cause collective ou communautaire, l'individu qui constitue le noyau de la société se trouve être négligé. Cela rejoint le concept d'hégémonie dont parle Marc Angenot, la recherche de la convivialité et de la communion pour des idéaux sociaux mais qui n'exclut pas les distinctions, c'est-à-dire les divisions, les disparités, etc. Les intérêts et désirs de l'individu pris singulièrement sont reclus. Quand en elle-même la société d'une part comporte des failles et que d'autre part, elle refuse d'assumer ses responsabilités, le résultat est que les plus faibles dans le conflit subissent les conséquences. Dans ce cas de figure, le faible se trouve être la femme, d'ailleurs toujours perçue comme le 'sexe faible'.

Chez la mère de Salie comme celle de Sankele, il s'est produit une intériorisation des lois sociales qui paraissent à la longue normales et naturelles. A travers son silence et sa patience à endurer les souffrances, la mère de Salie vit et accepte toutes les conséquences de son acte, donc sa 'culpabilité'. On se demanderait ce en quoi elle est supposée être coupable s'il nous vient à penser au simple fait que son corps lui appartient ou que la manifestation de la sexualité peut tout aussi être simplement un instinct humain, donc naturel ; ou qu'avoir un enfant est un processus logique de la vie. C'est là qu'on peut percevoir la présence et le poids des structures objectives sur l'individu et en particulier sur la femme. Donc, c'est par rapport à ces objectifs sociaux qu'elle doit se conformer, ceux-là mêmes qui lui font comprendre que 'Tout' chez l'être humain ne peut être individuel, mais un patrimoine communautaire sans exclure son corps et sa sexualité rigoureusement contrôlés dans des milieux comme celui de Salie. N'oublions pas de mentionner que ces structures objectives peuvent varier d'une société à une autre. Ce qui permet une ouverture discursive et l'occasion pour l'individu d'échapper à sa tradition (habitus) dans la perspective de l'intégration d'une autre expérience culturelle. Par conséquent, par souci de conformité, Sankele se doit de se soumettre au principe selon lequel elle est formatée, c'est-à-dire éviter tout contact sexuel et avoir des enfants hors mariage. Enfant illégitime Salie va injustement subir les conséquences d'une 'infraction' dont elle n'est pas la coupable. Comme Sultana, l'héroïne de *L'Interdite*, Salie est forcée à partir du pays.

Cependant, il est à noter que cette rigueur envers les filles et le conformisme entre l'habitus et les espérances sociales ne s'appliquent pas toujours au jeune garçon ou à l'homme. Celui-ci ne fait pas l'objet de ce contrôle accru auquel la fille est soumise. Alors que l'habitus est supposé être le produit de l'intériorisation que se font les agents soumis aux mêmes 'doxas'- représentation collective et inconsciente des structures objectives, le père auteur de la grossesse semble être exempté. L'absence et l'acquittement apparent de l'homme, père de la narratrice Salie, doit logiquement susciter des réflexions quant à la discrimination et l'injustice perpétrées spécifiquement à l'égard de la femme. Nulle part dans l'œuvre, la culpabilité de l'homme, père de Salie, n'est mentionnée. Au contraire, il est acceptable que la 'honte' engendrée par la grossesse illégitime soit masquée en l'attribuant à un autre homme par le biais du mariage arrangé et forcé à la fois. N'eut été l'opposition farouche de la grand-mère de Salie, les 'sages' du village attribueraient la paternité de Salie à un autre homme ; le mari imposé à sa mère. Ainsi, une société prétendant préserver son honneur en renforçant ses normes et en veillant à leur strict respect le ferait à 'tout prix'. C'est-à-dire, au prix de sacrifier les intérêts individuels. L'honneur, la fierté, la liberté de l'être en tant qu'individu ne trouvent pas leur place dans un tel champ relationnel. Ainsi, pour sauver l'image d'une société arbitraire, la fille reste très souvent la coupable. L'homme visiblement possède un certain privilège, une sorte de capital lui favorisant une position dominante sur la femme. Il serait important d'analyser les facteurs qui servent de capital déterminant pour ce dernier dont l'un se trouve être l'espace interactionnel et décisionnel.

10. L'espace : enjeu de conditionnement et de pouvoir

Partant des exemples des femmes tantôt évoquées, l'on peut comprendre le rapport de force existant au niveau du système relationnel de pouvoirs dans lequel certains individus bénéficient de plus de capital que d'autres. Le concept du capital culturel ou social nous aide à bien appréhender la position de l'Africaine. En Afrique traditionnelle, les lois, normes et décisions sociales qui régissent une communauté se prennent souvent sous l'arbre à palabre auquel Diome fait référence dans *Le Ventre de l'Atlantique*. C'est un environnement public, libre ou encore ouvert, contrairement au cercle fermé tel que l'intérieur de la maison. Extérieur/intérieur de la maison, maison/chambre, place publique/place privée, ces dichotomies symbolisent respectivement l'espace masculin et féminin. L'extérieur, domaine masculin par excellence, est là que les hommes, en une sorte de conclave, débattent des sujets et décisions à prendre sur la communauté tout entière. Ainsi, les hommes ont accès à ce type de capital culturel favorisé et rendu plus accessible par leur espace extérieur spécifiquement plus valorisé. Autour de l'arbre à palabre prévaut tout un symbolisme.

En tant qu'espace public et potentiel pour l'homme, l'arbre à palabre est la place publique, le lieu de dénouement des conflits et de prise de décisions souvent unilatérales au village. Dans *Delwende*, deux scènes représentent cet espace jouant le rôle d'une assemblée où les notables font l'état des lieux et de la situation du village à la population. Ensuite, dans une autre scène, il va servir de lieu où est discuté le problème de sorcellerie dont est accusée la mère de l'héroïne Pougbila. Dans *Moolaadé*, une scène similaire est présentée pour porter plainte contre Collé, héroïne de la lutte contre l'excision. C'est là où Collé fut flagellée pour l'obliger à retirer le 'moolaadé' servant de protection aux jeunes filles contre l'excision. Avec le soulèvement des femmes sous la direction de Collé, cet espace aura une tout autre signification que nous élaborerons dans le chapitre sur la résistance. Le changement est toute la portée du film et l'espace incarne une symbolique forte. En attendant, cet espace public se trouve être un monopole salutaire pour l'homme. Un sentiment de confiance mutuelle, d'interaction et d'entente mutuelle ressort de la représentation que l'auteur fait des patriarches sous l'arbre à palabre. Cette entente et cordialité d'une part constitue leur force quant au veto qu'ils imposent aux autres membres dans la société, en l'occurrence la femme.

Ce contexte social favorable à l'homme lui offre logiquement plus de possibilités d'imposer sa domination et son hégémonie sur la femme et les enfants qui subissent et reproduisent les principes adoptés sans questionnement aucun. Les attitudes sociales qu'affiche Gnarelle, femme de Wagane dans *Le Ventre de l'Atlantique*, n'est qu'un exemple d'une reproduction des attentes patriarcales. A travers la polygamie, les femmes rivalisent chacune pour s'approprier l'amour du mari, les largesses et l'attention de ce dernier. Jalna Hanmer soutient qu'

> On a largement disserté dans le mouvement féministe sur l'amour et la sexualité. On a dit souvent que l'amour et les relations sexuelles avec les hommes permettaient l'oppression psychologique et matérielle des femmes. Les femmes sont rendues rivales les unes des autres dans leur quête de reconnaissance masculine et aliénées dans leur sexualité. On dénonce l'amour comme une arme pernicieuse : c'est tout ce à quoi les femmes peuvent aspirer et, une fois qu'il est là, il ne fait que renforcer leur statut subordonné. L'amour pour le mari, le foyer et les enfants installe les femmes dans une relation qui se caractérise par la dépendance. L'amour lui-même est donc aussi un moyen de contrôle social des hommes sur les femmes.[40]

Hanmer dans cette citation explique que l'amour en tant que moyen de contrôle social, dans le contexte de mariage et encore plus en polygamie, est à la base de la subjugation de la femme, de sa dépendance et de l'aliénation de sa sexualité. Gnarelle est prise dans ce jeu d'amour et de recherche de statut auprès du mari. Cela fait, elle s'insurge contre sa rivale Simâne et met en œuvre ses différentes stratégies manipulatrices et provocatrices. Pendant que les femmes

---

[40] Jalna Hanmer. "Violence et contrôle social des femmes." *Questions féministes* 1, 1977, p.76.

s'entredéchirent, l'homme se trouve placé sur un piédestal dû au capital (de type économique peut-on dire) qu'il détient, car la femme est pour lui comme un bien matériel. Elle est pour lui une ressource génératrice de prestige social. Au vu de tout cela, ce contexte social encourage l'homme à être polygame et principalement père de garçons :

> El Hadji Wagane Yaltigué fréquentait la grande place du quartier, où s'entassaient des hommes, ses voisins et collègues, dont la richesse se résumait en une horde d'épouses flanquées d'une armée de gosses faméliques, et qui trouvaient infamante la monogamie d'El Hadji. D'autres disaient qu'il était monogame pour imiter les Blancs, car il avait longtemps vécu en France. Des âmes bien intentionnées avaient représenté à El Hadji la strate qui manquait à l'accomplissement de sa notabilité… (*VA,* 146)

Wagane, pour la considération, le respect et l'honneur dont il bénéficie de sa communauté, dispose de ce capital social que sont ses relations humaines. Il lui manque ce prestige d'être polygame. Rester monogame ne l'honore pas, car il doit se conformer au discours qui lui recommande la pratique. Être polygame en plus de sa richesse rehaussera son image sociale. Son entourage lui enseigne qu'il doit joindre la polygamie à sa richesse pour atteindre la plénitude d'un homme 'respectable'. Par conséquent, en tant que monogame, ce manquement le diminue dans son identité d'homme respectable.

Au sein de tout cela qui visiblement ressemble à un 'jeu' d'interaction sociale, il est remarquable que Gnarelle n'œuvre en rien pour la compassion ou la défense de sa consœur et coépouse Simâne délaissée. Elle n'encourage pas non plus la venue de la troisième épouse, ce qui normalement doit être une logique pour elle qui a accepté seconder la première. Au contraire, elle et sa mère sont prêtes à tout, se dépenser jusqu'au dernier centime, vendre leurs âmes au diable, sacrifier l'être humain (Salie) pour s'assurer la partie dans cette compétition : avoir El Hadj Wagane à elle seule. A aucun moment, Gnarelle ne regrette ses actes, car pour elle et dans son esprit se crée une logique inconsciente. Elle prétend défendre ce qui lui appartient et qu'elle pense être en droit de défendre ; que l'injustice est perpétrée contre elle, pas une autre. Au contraire, le discours social qui préoccupe et encourage Gnarelle à agir dans ce sens est la crainte de faillir dans son rôle de bonne épouse. Ce serait une faille de sa part s'il arrive à son mari de prendre une autre épouse. Pour la même raison, elle perçoit sa coépouse d'incapable. La venue d'une seconde épouse implique parfois les insuffisances de la première dans ses missions conjugales ; y compris ne pas pouvoir donner des garçons au mari. Gnarelle est persuadée et prouve avoir mérité sa position de femme choyée, car convaincue des failles de la première dans les tâches qui font d'elle une 'vraie' épouse. Ainsi, en reprochant à Wagane sa monogamie, la société laisse entendre et comprendre aux deux épouses les bienfaits de la polygamie, c'est-à-dire lui sauver la face des humiliations en public.

Alors, un tel imaginaire autour de la naissance des filles uniquement tel que soutenu par Camille Lacoste-Dujardin se résume à une sorte de corvée pour ses parents en faveur de sa future belle-famille. Par conséquent, le père n'a aucun mérite à investir en elles. De ce fait, pour lui avoir donné un garçon et contrairement à la première épouse, Gnarelle le met aux petits soins comme le souligne Diome: « Pour couper les cheveux de Samson, il fallait plus que le gazouillis d'un bébé» (147) ou encore, « Si un homme quitte sa femme, c'est qu'elle n'a pas su être une bonne épouse. » (60). Savoir entretenir, prendre soin et préserver son mari est l'un des discours auquel la jeune fille est entretenue dès le bas âge. Dans la perspective de renforcer cette vision du discours couramment tenu aux femmes, nous évoquerons nécessairement le cas de la narratrice Aïssatou dans *Comment cuisiner son mari à l'africaine*. Cette œuvre, quand bien même ne faisant pas partie de notre corpus, est d'une forte pertinence dans ce cas de figure. Pour Aïssatou, les relations sentimentales constituent des échecs. Face à ses multiples déceptions, elle imagine la réaction de sa mère lui imputant les responsabilités. C'est-à-dire qu'Aïssatou a dû faillir dans son rôle de femme, qu'elle n'a pas su accomplir ses devoirs vis-à-vis de son homme. La narratrice pense ce que seraient les reproches de sa mère en ces termes : « L'as-tu satisfait sur le plan sexuel ? [...] As-tu bien tenu ta maison ? [...] Lui as-tu préparé des bons petits plats ? » (*CCMA*, 14). Elle doit être irréprochable dans ces domaines listés et est supposée mettre ses attentes en pratique pour s'éviter des conflits conjugaux. Ces valeurs enseignées et transmises par une mère à sa fille mettent la femme en position de soumise et l'homme dans le rôle du tout puissant. Ainsi, sans se rendre compte les femmes elles-mêmes encouragent et deviennent complices de leur domination. Le même schéma discursif se révèle au sein de l'institution éducative comme celle de la maternité.

V. Développement et reproduction de l'habitus à travers l'institution éducative

Dans *Locating Bourdieu*, Deborah Reed analyse la théorie de l'habitus perçue dans différentes institutions dont l'éducation. Cette étude sur la conception du système éducatif de Bourdieu nous est utile en ce sens qu'elle établit le point de vue de ce dernier par rapport à la transformation sociale des sociétés traditionnelles sur le plan éducatif. Il s'agit pour lui, selon Reed, de deux types de systèmes éducatifs : formel et informel. Cette analyse touche à l'aspect de notre thématique féminine. Ainsi, parlant de l'éducation des filles et des femmes, les personnages féminins (au Nord et à l'Ouest) vivent plus ou moins difficilement la fusion entre le système éducatif traditionnel africain et le système éducatif dit formel ou moderne – ce passage pour nos personnages est plus souvent conflictuel dû d'une part à l'histoire coloniale. D'autre part, cette transition, ou disons ce brassage éducatif, est aussi en partie dû aux préjugés relatifs à l'éducation occidentale dans son rapport avec la culture locale, surtout en ce qui concerne la fille. Ce nouveau système vient en fait déstabiliser les rudiments qui constituent la base de l'éducation traditionnelle donnée aux femmes dès leurs tendres âges. Le conflit se ressent dans les œuvres maghrébines (*L'Interdite*, *Les Hommes qui marchent*, *La Civilisation ma mère*, *Inch'Allah dimanche*...) et de l'Afrique de l'Ouest (*Celles qui attendent*, *Le Ventre de l'Atlantique*, *Moolaadé*, *Faat Kiné*…) Il est plus distinct quand il s'agit de l'éducation de la femme et est encore plus mis en relief aussi bien dans nos œuvres maghrébines que subsahariennes.

Dans *L'Interdite*, l'auteur met ce conflit éducatif en relief à travers le personnage de la petite Dalila qui nous apprend et dénonce la discrimination perpétrée contre sa sœur Samia partie en France : « mes frères, ils disent que Samia est une putain […] Mes frères, eux, ils pensent à elle que pour l'insulter. Des fois, ils me disent : 'toi, tu iras jamais à la [versité] ! On [ne] te laissera pas faire comme Samia ! » (52-53) L'école, les études ou encore la recherche du savoir chez la fille ici est synonyme de 'versité' c'est-à-dire de perversité. Samia est traitée de tous les stéréotypes négatifs pour avoir suivi le chemin de 'l'école des Blancs'. Cela se passe à un moment décisif de l'histoire coloniale du Maghreb : la guerre de libération. Mokeddem, à travers son héroïne Sultana, prône la libération féminine de toute misogynie par l'instruction. Ce point de vue est renforcé par l'aveu de Salah à Sultana confirmant l'attitude machiste contre les filles qui ont eu 'la malchance' de fréquenter les universités : « nous avons abandonné celles qui avaient eu l'imprudence, le malheur de nous aimer à l'université. Qu'étaient-elles venues chercher à l'université, celles-là ? La débauche du savoir » (*L'interdite* 72). Dans nos œuvres des auteurs ouest africains, seul le personnage de Salie dans *Le Ventre de l'Atlantique* retient plus notre attention pour avoir forcé sa voie vers l'éducation dite moderne ou occidentale à l'insu de sa gardienne grand-mère. Dans *Faat Kiné*, abusée par son instituteur, l'héroïne Kiné abandonne les bancs de l'école. Dans ces œuvres, l'accent mis sur l'éducation moderne et son importance pour la femme se ressent ingénieusement. La plupart des personnages féminins dans les œuvres ouest africaines reflètent l'image des femmes illettrées au foyer. Cependant dans les œuvres maghrébines, celles-ci font de leur scolarisation un cheval de bataille, une voie du salut. Des personnages comme Lila, Sultana, Leila, et Zouina ont à leur côté au moins un membre de leurs familles qui encourage et soutient leur instruction, s'opposant de ce fait à la tendance collective et traditionnelle.

Si cela fut salutaire pour la femme, pour les parents, à l'instar du père de Lila dans Les *Enfants du nouveau monde* et de celui de Leila dans *Les Hommes qui marchent*, il s'agit d'une stratégie de résistance coloniale. Il fallait montrer au colon que 'l'indigène' est aussi capable d'étudier à leur école. Cela explique la motivation de l'homme maghrébin pour l'éducation de la jeune fille. Il en fait un cheval de bataille à un moment crucial de leur histoire qu'est la guerre de l'indépendance. Comme arme subtile, la scolarisation des filles serait aussi une stratégie pour le Maghrébin de surmonter son problème d'infériorité face au colon. Cela peut être une stratégie pour combattre le colon en pénétrant le secret de son savoir par l'entremise de la femme au moment où l'homme maghrébin s'occupe au combat de libération. L'oncle de Leila, Khellil, nous confie : « Tu sais des Algériens à l'école, il n'y en a pas beaucoup. Des Algériennes encore moins. Il faut leur montrer, aux autres, que nous pouvons être brillants. » (*HM*, 73) Aussi, cette revanche pour l'instruction des femmes apparaît dans *La Civilisation ma Mère*, où l'on remarque l'ambition émancipatrice de la mère. Vers la fin de cette œuvre, l'auteur sort la mère des narrateurs d'un obscurantisme total.

1. La scolarisation des filles

Le conflit entre les deux types de systèmes peut être analogue aux deux régions africaines. Cependant, il se fait plus expressif dans les œuvres maghrébines où le lecteur sent cette « agressivité » et besoin manifeste de scolariser les filles comme Dalila dans *L'interdite*, Leila dans *Les Hommes qui marchent*, Ma dans *La Civilisation ma mère*, Zohra dans le film *Incha'Allah Dimanche.* Alors que dans nos œuvres ouest africaines, les personnages femmes, à l'exception de Salie dans

Le Ventre de l'Atlantique, se montrent plutôt passives à subir l'analphabétisme. A ce niveau, l'accent est plus mis sur la formation traditionnelle de la jeune fille. Quand bien même pertinente, la scolarisation des filles se pose d'une manière subtile. Elle ne fait pas l'objet d'un engagement comme dans les œuvres maghrébines. Dans *Celles qui attendent*, Diome critique le manque de scolarisation des femmes à travers le personnage d'Arame. Faute de pouvoir écrire une lettre à son fils Lamine, immigré en France, Arame sombre dans le regret de devoir dévoiler son secret à l'instituteur du village, le seul à qui elle fait confiance. Ainsi, l'auteur nous montre uniquement la désolation sans pour autant pousser ses personnages femmes à agir. L'école a la mauvaise réputation de faire des filles des prostituées, des révoltées n'ayant plus de considération et d'égards pour les valeurs socio culturelles, morales, éducatives et traditionnelles. Ces filles, à l'exception de certaines soutenues par leurs parents malgré les barrières traditionnelles, s'instruisent en cachette avec la complicité de leurs instituteurs. Ce qui en fait provoque tant de refus chez les dépositaires des valeurs traditionnelles africaines paraît être des craintes obsessionnelles ; craintes relatives au clash émanant de la jonction des deux systèmes éducatifs à valeurs socioculturelles différentes. Persistent aussi des craintes relatives au risque d'assister à l'effritement des valeurs éducatives traditionnelles qui, on le sait, constituent l'arme du patriarcat, c'est-à-dire la force oppressante contre la femme.

Hormis les préjugés affichés vis-à-vis du système éducatif occidental quant à la scolarisation des femmes, il existe une différence énorme entre la pédagogie éducative et ses finalités pour chacun des deux systèmes éducatifs. Le système dit informel tend à être répressif alors que le formel se révèle plus expressif et libéral. Alors que le système formel encourage l'esprit d'analyse, de critique et d'expression individuelle, le système traditionnel africain réprimande ces aspects chez la femme. L'éducation traditionnelle lui inculque la docilité, la docilité, la patience, la soumission, l'obéissance, le silence, la vulnérabilité… Celle-ci doit se taire et se conformer. Dalila dans *L'interdite* apporte cette distinction entre les deux systèmes :

> Avec elle (Ouarda l'institutrice), je discute en vrai. Elle fait partir toutes les peurs des menaces que je ramène de l'école [traditionnelle Algérienne. Elle me fait penser… Ces bêtises du Hadith qui veut te faire vivre comme elles vivaient les femmes et la fille de Mohamed, le Prophète… Les maîtres d'école sont si contents de dire comment on te fera bouillir dans une grande marmite de méchants ; comment on te fera déchirer en deux… La lecture de l'école, c'est toujours

> l'histoire d'une petite fille sage et qui aide bien sa maman alors que son frère, lui, il joue dehors… (130-31)

« Comme elles vivaient les femmes et la fille de Mohamed, le Prophète », cette expression de Dalila fait référence au temps, à l'archaïsme des valeurs enseignées dans un monde contemporain auquel appartient cette œuvre. Ce reproche de Dalila exprime en même temps la mutation pour témoigner de la nécessité du changement dont les femmes ont besoin et dont elles sont à présent conscientes. Dalila fait aussi référence à la nécessité d'un changement de la méthode d'enseignement des valeurs religieuses.

Comme signalé dans *Femmes d'Islam*, « l'Islam n'a pas que d'interdits pour les femmes. Les côtés glorieux sont rarement évoqués. » (Benguigui) Alors que l'école moderne rend les filles critiques des valeurs sociales, cela encourage leur subversion de certaines traditions. Ce qui sans doute s'inscrit à l'encontre des attentes des conservateurs, gardiens des traditions. Le système traditionnel manifestement vise à maintenir la femme dans le conformisme. Vu la différence entre les deux systèmes, il y a lieu de comprendre la dynamique du pouvoir traditionnel sur la femme. A cette fin, nous poursuivrons cette analyse de l'habitus dans le système éducatif traditionnel africain, c'est-à-dire la façon dont les femmes africaines intériorisent et expriment l'enseignement des valeurs sociales reçu à travers leurs comportements. Bourdieu justifie la présence des enjeux du pouvoir au niveau du système éducatif formel comme informel. Ainsi donc, nous proposons d'étudier le conditionnement de la femme par l'entremise du système éducatif traditionnel.

2. L'habitus dans l'institution éducative

La théorie éducative repose largement sur ses concepts de l'habitus, du capital, et de la violence symbolique. Pour rappel sur le concept de l'habitus, Deborah mentionne que, « According to Bourdieu, Habitus is an internalization, embodied dispositions toward the world. It comes into being through inculcation in early childhood, which is not a process of deliberate, formal teaching and learning but, rather, one associated with immersion in a particular sociocultural milieu – the family and household. »[41] (*Locating Bourdieu* 46). Bourdieu a beaucoup œuvré sur les enjeux de l'habitus dans l'institution éducative. Son étude permet de comprendre le facteur déterminant que

[41] Deborah Reed-Danahay. *Locating Bourdieu*. Indiana University Press, 2005, p.46.

sous-tend le système éducatif à travers les valeurs inculquées. Le schéma de l'habitus chez l'Africaine permettra de percevoir les obstacles auxquels celle-ci fait face et les difficultés qu'elle éprouve à remettre en question certains acquis sociaux. Nous examinerons plus en profondeur le rapport entre son éducation traditionnelle africaine et celle de l'école occidentale.

Les personnages féminins dans les œuvres subsahariennes et maghrébines nous renseignent sur le développement de l'habitus dans l'éducation traditionnelle des femmes. Il s'agit de la narratrice Salie dans *Le Ventre de l'Atlantique*, d'Arame dans *Celles qui attendent*, des narrateurs dans *La Civilisation ma Mère*, et de Dalila dans *L'Interdite*. Autour de ces personnages principaux aussi pivotent d'autres personnages secondaires qui nous renseignent beaucoup sur la condition féminine. Bien que les auteurs présentent et défendent l'image des femmes « libérées », ils dénoncent des pratiques misogynes qui perdurent encore dans les sociétés africaines. C'est une dénonciation du caractère tenace des cultures africaines vis-à-vis de la femme. Ce qui rejoint le point de vue de Deborah qui pense que, « Despite the women's movement and legal changes in women's status, he[Bourdieu] turned to the dispositions of the habitus as deposited 'at the deepest level of the body' and as difficult to overcome, even in the face of the 'weapon of consciousness'.»[42] Rappelons que l'habitus est le produit d'une assimilation inconsciemment incorporé au fil du temps. Cependant, vu la pertinence de son effet sur l'individu, même conscient, il demeure toujours que l'individu éprouve toujours de difficulté à s'en débarrasser. L'habitus pouvant être une forme d'inculcation, Deborah soutient que, « It is through such inculcation that traditional societies reproduice themselves in subsequent generations. »[43] Le conditionnement étant garanti et reproduit de génération en génération, l'enseignement des valeurs devient progressif, normal et naturel. Cela explique l'évolution lente dans la quête libératrice des femmes. L'emprise devient consistante, forte et solide à travers le temps. Se débarrasser de ces dogmes qui font partie intégrante des manières de voir, de penser, d'agir de comprendre, d'interpréter et d'accepter la vision du monde autour de soi devient plus complexe pour l'Africaine.

---

[42] Deborah Reed-Danahay. *Locating Bourdieu*. Indiana University Press, 2005, p.118.
[43] Ibid., p. 46

3. Le rapport de l'éducation à l'émancipation des femmes

Par le processus d'inculcation, la femme est supposée transmettre les valeurs traditionnelles acquises et intériorisées aux générations suivantes de filles. A un moment, ce processus ou cette chaîne de transmission se trouve être perturbé par des facteurs interférents tels que l'intrusion de l'éducation occidentale et les conséquences de celle-ci sur la femme qui progressivement prend conscience des abus du système éducatif traditionnel. Cependant, outre la ténacité des normes et valeurs culturelles solidement enfouies dans les traditions (ce qui d'ailleurs freine d'une part l'émancipation rapide des femmes), une lente évolution dans l'émancipation des femmes et des progrès sont indéniables. D'autre part, cette tendance est plus remarquable à travers la littérature et le cinéma maghrébins. L'écriture et l'instruction constituent une échappatoire à l'emprise du système éducatif traditionnel pour les femmes. Toutes les héroïnes et autres personnages importants trouvent le salut dans la scolarisation. La scolarisation lente des femmes africaines au lendemain des indépendances trouve sa justification dans l'histoire coloniale, le rapport entre les deux visions française et africaine, le clash culturel y afférant et aux stéréotypes associés à la scolarisation des femmes.

Cet aspect disparate traduit un peu la question relative à l'inégalité dans la répartition du capital culturel de l'agent social. La réussite sociale de l'individu dépend largement du capital que celui-ci a en sa disposition. Cependant, ce capital en tant que ressources est le plus souvent inégalement réparti. Cette inégalité subséquemment produit un système de domination. En d'autres termes, pour comprendre la constance dans l'essor lent des femmes, il y a lieu de se référer à leurs entourages, c'est-à-dire les facteurs socioculturels et économiques ayant joué un rôle prépondérant. Mokeddem revient sans cesse dans ses deux romans (*L'Interdite* et *Les Hommes qui marchent*) sur le privilège de scolarisation plus accordé aux garçons qu'aux filles et la ségrégation dont celles-ci font l'objet. Cela en soi constitue une reproduction de l'inégalité pour l'accès aux privilèges, offrant ainsi à certains plus de chance à s'émanciper et à s'imposer socialement. Il est remarquable que tous nos personnages féminins engagés disposent de cet avantage (Salie, Sultana, Lila, Leila, Sankele, Pougbila, Collé). Lila est l'une des rares privilégiées à avoir bénéficié très tôt de l'instruction grâce à son père, et ce malgré toutes les résistances sociales contre la scolarisation des filles. C'est pourtant dans la même contrainte sociale que Leila bénéficie de l'accord de son père qui l'a conduite à l'école.

Contrairement à celle-ci, dans nos œuvres ouest africaines, Salie s'est elle-même imposée l'instruction malgré la résistance de sa grand-mère.

En tenant compte du rapport établi entre la réussite sociale de l'individu et le lot de capital que ce dernier a en sa possession, visiblement l'émancipation de la femme africaine ne peut être que lente. Cette lenteur émane essentiellement du fait que l'éducation traditionnelle la soumet dans une constance de soumission, et aussi du fait de la disparité pour son accès à l'instruction depuis les indépendances. Le capital culturel peut être associé à la fréquentation scolaire des Africaines ; une réalité décourageante par rapport à celles des hommes surtout au lendemain des indépendances en Afrique. Donc, en plus de la disparité des chances pour leur scolarisation, les femmes, au début de la période postcoloniale n'ont pas bénéficié de ce droit autant que les hommes. Les femmes sont représentées dans leurs rôles qui leur sont transmis par le biais de l'enseignement traditionnel, c'est-à-dire la constance dans le respect des normes et valeurs sociales traditionnelles. Ainsi, en grande partie, bon nombre d'auteurs qui font de cette émancipation une préoccupation pensent que celle-ci passe nécessairement par la scolarisation des femmes.

4. Education, société et individu

Chaque société se fait un idéal du type d'Homme supposé la constituer, ce qu'elle attend de lui, sa façon d'être, de se comporter physiquement et moralement. C'est ainsi que comme toute autre société, en Afrique, des prototypes culturels sont enseignés et assignés aux individus en général. Plus particulièrement, cette société se crée un idéal de la femme africaine à l'Ouest comme au Nord du continent. Ces femmes sont « Condemned to give at every moment the appearances of a natural foundation to the diminished identity that is socially bestowed on them. »[44] Les sociétés africaines préparent la femme type dont elles ont besoin à travers le type d'éducation qu'elles lui procurent. Ainsi, cette éducation demeure le processus d'une socialisation au cours duquel le sujet est censé exprimer ou reproduire un ensemble d'idées socialement reçues à travers les croyances, la culture et les traditions en place, l'interaction humaine, les comportements, les gestes, etc. Ces éléments doivent au fil du temps être perpétués. Deborah explique que selon Bourdieu, « We are each a habitus, a product of collective history,

[44] Pierre Bourdieu. *Masculine domination*. Stanford University Press, 2001, p.30.

and not an autonomous individual. »[45] L'individu est ainsi socialement construit, ce qui fait que Bourdieu préfère l'expression d'agent social au terme individu.

De ce fait, cette éducation sociale donne un droit de regard à la société sur le processus d'adaptation de l'individu. La société sert ainsi de repère, ou de point de départ au processus éducatif qui le définit. Aussi, ce droit de regard s'explique du fait que la société elle-même est perçue à travers les comportements de l'individu. Par exemple, Lacoste-Dujardin explique que les filles sont « destinées à sortir de la famille pour être intégrées à une autre, elles seront des sortes d'ambassadrices, des représentantes du lignage qui sera jugé à travers elles. Aussi, l'honneur de la famille est-il dépendant des filles qui en constituent l'élément fragile. »[46] Puisqu'elle porte tout l'honneur de la famille sur elle, ce degré de responsabilité la tient redevable et prisonnière. Par conséquent, elle se trouve soumise au regard inquisiteur pour lequel elle se doit d'afficher les comportements 'appropriés' et attendus.

5. L'habitus et reconstruction identitaire féminine

De ce droit de regard, la société porte un jugement, car l'individu est appelé à respecter les rudiments (structures objectives structurantes) déterminants de son identité. C'est de cette éducation, propre à chaque type de société, que l'individu développe un habitus. Cet habitus le poursuit et détermine le type d'éducation reçu, le singularise par rapport à une autre société. Dans leur interaction sociale, nos personnages féminins n'échappent pas au développement de l'habitus tout aussi perceptible le long des trames narratives. Elles sont présentes pour subir les affres des structures imposantes comme le patriarcat et diverses interprétations culturelles et religieuses. Ce qui n'est pas souvent toléré. Ces structures sociales et religieuses sont souvent contrôlées, maintenues et renforcées par les tenants du pouvoir. Ceux-ci, généralement dans nos œuvres, assument le rôle des patriarches, de père, ou de frères, etc. Plus qu'une théorie de la pratique et d'exécution, l'habitus matérialise l'identité, il définit l'individu. La femme africaine modèle ou exemplaire est définie par sa capacité et

---

[45] Deborah Reed-Danahay. *Locating Bourdieu*. Indiana University Press, 2005, p.156

[46] Camille Lacoste-Dujardin. *Des mères contre les femmes : maternité et patriarcat au Maghreb*. La découverte, 2013, p.59.

habilité à harmoniser ses comportements et attitudes sociales par rapport aux normes établies par/dans sa communauté.

Cependant, l'habitus dans une certaine mesure concourt à l'aliénation de l'identité individuelle féminine. Le personnage de la mère chez Chraïbi incarne cette identité collective à cause de son conformisme social. Celle-ci ignore jusqu'à sa féminité. C'est seulement une fois instruite par ses deux fils, qu'elle apprend et comprend le sens de ses menstrues et leur fonctionnement. La sexualité dans la tradition étant tabou, on n'en parle pas et les menstrues sont enseignées et perçues comme une saleté ou un péché. De cette découverte de soi, ce personnage de la femme va se redéfinir à partir des actions politiques et féminines qu'elle va entamer. Seulement, cette reconstruction identitaire va se faire un peu à l'inverse de celle des autres personnages féminins dans *L'Interdite*, *Les Hommes qui marchent* ou encore dans *Les Enfants du nouveau monde*. Respectivement et contrairement aux personnages de Sultana, Saadia, et de Cherifa, la découverte de l'identité personnelle de la mère dans l'œuvre de Chraïbi a été plus ou moins pacifique à cause de la complicité entre mère et fils, car ce sont ses fils qui l'ont menée vers cette redéfinition de soi. Alors que dans le cas de Saadia, Sultana, et Charifa, cette reconstruction identitaire est souvent violente. Celles-ci (Saadia, Sultana, et Cherifa) se font elles-mêmes et directement confrontées aux institutions ou structures traditionnelles et patriarcales en place.

6. L'évasion de l'habitus ou la reconstruction identitaire de la femme

A côté de l'idéal de femme africaine auquel la société s'attend, il arrive que face aux nombreuses pressions misogynes dans cette catégorie de femme 'idéale', des personnages entreprennent de faire obstruction à l'habitus et décident de s'auto définir. C'est-à-dire qu'elles décident de prendre leur destin en main, de vouloir se redonner une autre image. Cet engagement dans la reconstruction identitaire se révèle être une caractéristique commune des personnages féminins, qu'il s'agisse de la littérature ou du cinéma africain. Les héroïnes ouest africaines, Collé, Pougbila, Kiné, Salie, Arame, et maghrébines, Ma, Sultana, Dalila, Saadia, Leila, Zouina, Lila, Cherifa entreprennent la lutte en vue d'entamer un processus de changement dans l'imaginaire collectif sur l'identité féminine au sein de leur communauté. Si, par exemple dans *Moolaadé*, Collé décide de mener le combat contre l'excision, c'est sans doute fort d'expérience qu'elle est consciente des conséquences afférentes à cette pratique. Plus encore, c'est en sacrifie au nom de toute autre potentielle victime qu'elle s'est engagée dans ce combat qui lui vaut la flagellation en public. Dans les films sub-sahariens et maghrébins, à l'image de Collé, le combat et le sacrifice consentis par l'héroïne est généralement dans l'optique d'un dessein commun et cela rejoint l'imaginaire et l'ambition du cinéma africain au vingtième siècle. Pougbila, dans *Delwende*, entreprend son périple pour d'abord dévoiler les accusations injustes pour sorcellerie portées contre les femmes âgées. Ensuite, sa lutte contre la marginalisation des femmes accusées de sorcellerie vise tout d'abord à assurer une réinsertion sociale à sa mère. Par sa mère, c'est pour toutes les femmes vivant une situation analogue que Pougbila plaide. Ainsi, les protagonistes féminins sont enclins à une sorte de quête identitaire qui rompt la chaine de l'habitus. Construites et identifiées à l'image de la société et aux attentes souvent ensevelissantes de celle-ci, les héroïnes essaient de s'en défaire.

En conséquence, conformément aux enseignements reçus, aux habitus intériorisés (manières d'être, de sentir, de penser, d'agir d'un groupe, ses attitudes, ses comportements, ses croyances, sa vision du monde et ses intentions d'avenir, etc.), la société espère de la femme la mise en application et la reproduction des acquis. La société, à travers 'le regard', c'est-à-dire l'observation et le contrôle, s'assure de l'harmonisation entre les préceptes enseignés à l'individu et son évolution au sein de la communauté. L'intérêt communautaire passe avant celui de l'individu. Dans *Les hommes qui marchent*, Saadia, pour son esprit rebelle et libéral, est la source d'inspiration féministe pour la petite Leila qui commence son éclosion au sein d'un milieu traditionnel. Des femmes à l'image de Saadia qui passent par des épreuves où elles sont victimes de l'injustice sociale doivent en plus subir les conséquences. Saadia, victime des mauvais traitements de sa marâtre, abandonne le domicile familial. Victime d'un viol lors de son errance, elle ne peut plus retourner chez elle par crainte d'être blâmée. Elle fut recueillie par un jeune berger Mahfoud qui propose de l'épouser. Sous la protection de celui-ci, elle fut découverte par les villageois qui malencontreusement la traitent de 'putain' et l'acheminent dans un bordel où elle fut enfermée sans assistance. La société punit injustement et exerce la violence sur l'innocente. Au cas contraire, la question de la sexualité voire celle de la virginité étant de rigueur, la communauté s'assure que, « Le moindre écart à la rigidité coutumière leur semblait un péril collectif. Expéditives et cruelles, leurs sentences ne s'embarrassaient guère d'équité. » (*HM*, 56-57) Seulement la femme, celle scolarisée encore plus, se trouve coincée entre les deux systèmes éducatifs et culturels.

De même, Sultana constitue cette inspiration pour la petite Dalila et aussi pour les femmes de la région vers leur reconstruction identitaire. La petite Dalila fait un rapprochement entre Sultana et sa sœur Samia qui s'est libérée du joug patriarcal et qui continue sa vie en Europe tout comme l'a fait Sultana. Elle identifie de ce fait sa sœur à Sultana. C'est grâce à l'engagement de Sultana contre les abus perpétrés par le chef islamiste Ali Marbah que la femme de celui-ci a pu s'exprimer. C'est seulement à ce moment que celle-ci parvient à dénoncer le crime commis par ce dernier : celui d'avoir laissé son nouveau-né mourir. Sultana vit une crise identitaire en grande partie liée à cette figure intégriste d'Ali Marbah. Elle entreprend un 'voyage' retour en quête d'une identité hybride, concilier ses identités algérienne et française. Il s'agit pour elle d'abord de reconstituer les faits ayant occasionné son départ en France pour enfin renaître. Quand bien même de retour au pays à la mort de son ami Vincent, elle est toujours l'étrangère ; étrangère à sa communauté mais aussi à elle-même. Il lui faut revisiter le passé et fouiller dans sa mémoire et celle de la communauté. Ce qui n'a pas été tâche facile pour elle. Ce 'voyage' pour Sultana est parsemé d'obstacles, à savoir la lutte interne à elle-même, le manque du soutien des autres femmes terrées, la persécution sociale de son passé (à noter le harcèlement du taximan et des garçons sur la rue qui la traitent de 'putain'), et la présence de la force intégriste. C'est donc à travers ce combat pour la quête de soi qu'elle va servir de jalon pour les autres femmes. Ainsi, c'est grâce au dévouement de Sultana que les femmes se sont enfin confiées. Elles lui dévoilent leurs mécontentements.

D'autres personnages à l'image de Saadia et Sultana ont su se recréer une nouvelle identité autre que celle qui leur est socialement imposée. Il s'agit principalement de Zouina, l'immigrée en France dans le film *Inchah'Allah dimanche* de Benguigui. A la recherche de son indépendance, elle s'est départie de son enfermement et du contrôle de sa sempiternelle et désagréable belle-mère. Vu que la scolarisation et l'émission radio 'Ménie Grégoire talk-show' lui soient refusées, elle s'y est mise avec l'aide de Nicole, son amie française. Nicole lui enseigne les valeurs soutenues par le féminisme français des années 70, à savoir que la femme doit être consciente du fait que son corps et sa sexualité lui appartiennent. Dans ce même cadre, s'agissant de l'éducation et de la reconstruction identitaire, il est important d'évoquer l'exemple de Kiné, une femme déterminée à renverser le pouvoir patriarcal et à s'autodéfinir. Elle rejette la nécessité d'une présence masculine à ses côtés pour parvenir à rehausser son image et sa renommée. Elle y parvient avec la gestion de sa station d'essence, un métier réservé aux hommes dans sa culture sénégalaise conservatrice des valeurs patriarcales et religieuses. Donc, Kiné n'a pas laissé son renvoi du système éducatif constituer un frein à son émancipation. Le manque de scolarisation des filles leur soumission. Si Kiné a pu s'en départir, toutes les femmes n'ont pas ce courage. C'est le cas de Bougna, Arame, mères des immigrés dans *Celles qui attendent*, et aussi de leurs brus Coumba et Daba. Ces deux dernières, restreintes dans leur scolarisation car ayant quitté l'école très tôt, se retrouvent coincées dans des mariages mercantiles et plein d'espoir languissant. Par la fin, Daba se fraye son propre chemin et loin des pressions et attentes sociales. A la fleur de l'âge, elle se lasse d'attendre un mari absent et du reste pour un mariage qu'elle n'a réellement pas vécu. Contrainte à vivre une classe d'âge qui n'est pas sienne à cause des rôles sociaux qui lui sont assignés, elle s'en détache en suivant ce que lui dicte son cœur : renouer ses premières fiançailles déjouées pour des raisons économiques. Avant d'être mariée à son mari absent, Lamine, elle était fiancée à Ansou. Sa belle-mère, reconnaissant la pression et l'injustice sociales infligées à Daba, déculpabilise la fille en acceptant 'l'adultère'[47] commis par celle-ci en l'absence de son 'mari'[48]. Vers la fin du roman, Arame n'est plus le personnage conformiste du début comme l'est son amie Bougna. Plutôt, elle critique la non-scolarisation et les torts, les injustices, les maux qui freinent son épanouissement et celui des autres femmes. Elle y parvient en s'autocritiquant. Cette autocritique ne serait possible sans le dédoublement entre les deux personnages : le sien et celui de Daba. Petite, Arame est forcée à épouser sans amour Koromâk, un vieillard qui a l'âge de son père. Du coup, elle revoit son histoire se répéter à travers sa belle-fille Daba. La force d'Arame est d'être à mesure de se départir du conditionnement social dans lequel ces femmes se

---

[47] Daba est persuadée et forcée à aller dans ce mariage pour des raisons économiques. Le mari étant absent, le mariage n'a jamais été consommé ni consentant. L'adultère vis-à-vis de ce mariage ne peut cependant en être
un.

[48]Le mari est absent et le mariage a eu lieu sans le consentement de la fille.

retrouvent ; conditionnement encouragé par le manque de scolarisation et l'enfermement dans une culture figée et conservatrice.

En conclusion, les œuvres maghrébines comme celles de l'Afrique de l'Ouest, présentent toutes ce conflit entre les deux systèmes éducatifs pour les personnages féminins, à savoir l'éducation traditionnelle africaine et l'éducation moderne occidentale. Ils sont pris dans un entre-deux éducatif. Cependant, nous remarquons aussi la tendance sociale à encourager l'instruction des femmes qui est plus substantielle dans nos œuvres maghrébines que dans les ouvrages subsahariens.

7. L'enchevêtrement des systèmes éducatifs chez la femme

En Afrique, l'éducation traditionnelle africaine et le système éducatif occidental se confrontent. Dans nos œuvres, le conflit entre les deux est surtout mis en évidence quand il s'agit de la femme. Aussi, comme l'a remarqué Hanna Fiskesjö appuyant Chandra Mohanty, la femme africaine est présentée en 'objet'- sexually constrained, ignorant, poor, uneducated tradition-bound, religious, domesticated, family-oriented victimized etc.- dans les textes occidentaux alors que la femme occidentale incarne le 'sujet'.[49] La vision que se fait le féminisme occidental montre une dualité sujet/objet entre la femme occidentale et la femme africaine. Ainsi, se dégage une divergence et une contradiction dans la perception identitaire de la femme africaine. Alors que la perception occidentale fait de l'Africaine une victime de la domination masculine, le pionnier du cinéma africain voit en elle une héroïne, un être libre. Ces visions contradictoires sur l'image de l'Africaine suscitent toujours des controverses. Sur ce point, la prudence est de mise quant à toute forme de généralisation sur l'identification du statut de l'Africaine.

À la vue de tout ce qui précède, il convient d'attribuer cette divergence à divers facteurs. Il s'agit de la culture qui constitue une variante substantielle d'une société à une autre. C'est à ce niveau qu'intervient l'éducation en tant qu'institution et facteur déterminant. A travers la culture enseignée se jouent les sentiments, les espérances, les attentes, les désirs, les besoins, les acquis et les choses permises. Le corpus regorge d'une énorme variété de stratégies d'approche quant aux

---

[49] Hanna Fiskesjö. "Au-delà de la sororité–Le féminisme postcolonial dans trois romans contemporains d'expression française." 2015, p.10. https://gupea.ub.gu.se/handle/2077/38302

problèmes qui assaillent la femme tout en tenant compte de l'hétérogénéité culturelle. Si la culture africaine enseigne à la femme la nécessité, l'importance d'éprouver de la joie en la maternité, cela peut bien paraître surprenant à l'Africaine que la femme occidentale n'en fasse pas une priorité dans le mariage. Sultana, influencée par la culture occidentale, ne fait pas du mariage, ni de la maternité une priorité. De cette différence culturelle donc peuvent se dégager des visions hétéroclites autour du thème de la conception comme celui de l'éducation.

Cependant, si les valeurs éducatives varient selon les sociétés, l'étude théorique de Bourdieu sur l'éducation mentionne le développement et la récurrence de l'habitus au sein de toute institution éducative. Aussi, il faut rappeler qu'il a relevé l'aspect relationnel entre l'agent social en tant qu'être humain et l'habitus, ainsi que l'influence du facteur extérieur capable de modifier le processus d'inculcation. Si la société œuvre vers une idéalisation de la femme africaine, il est évident que face à une telle idéalisation se trouve la réalité de ce qu'est l'Africaine.

8. L'habitus et l'éducation traditionnelle

Les structures objectives relevant du domaine éducatif traditionnel agissent en fonction de la sphère où évolue l'individu, c'est-à-dire dans la division de l'espace : univers masculin ou féminin. C'est en fonction de cela que l'Africaine, comme l'explique Diome dans *Celles qui attendent*,

> Programmée pour la dépendance, son éducation avait toujours été centrée sur son obligation d'alignement aux diktas de la famille, du clan, du village. Dans ce système traditionaliste, jamais on n'avait laissé le moindre interstice à ses propres envies. Petit à petit, mais irrémédiablement, on avait dressé autour d'elle un mur de dogmes contre lequel sa volonté se fracassait et tombait en ruine. Nul ne lui avait parlé de ses droits, encore moins de son épanouissement personnel. (225-226)

Cette citation décrit les caractéristiques d'une éducation irrécusable et l'image manifeste de l'enfermement de la femme. L'écrivain relève ces attitudes archaïques du traitement réservé et orchestré vis-à-vis de la femme. En même temps, ce passage démontre le processus du maintien de la femme dans cet état d'enfermement. Cela témoigne et critique l'état des faits comme une réalité encore vivante de la femme.

Pour afficher cette amélioration, à côté de cette image de la femme victime, l'auteur présente une image contraire à la précédente, celle des femmes engagées et battantes. Cette progression dans le statut de certains personnages féminins se remarque dans toutes les œuvres littéraires comme filmiques. A côté du personnage soumis, l'auteur crée souvent son antagoniste. Ainsi, la voix narratrice dans *Celles qui attendent* nous apprend qu'un lot de dogmes, ou structures objectives conditionnent l'éducation du personnage féminin Arame à l'instar de beaucoup d'autres, Daba, Coumba, Bougna et sa coépouse qui appartiennent toutes à cette école. Dans *Le Ventre de l'Atlantique* plus que dans *Celles qui attendent*, l'antagonisme des personnages se révèle plus évident avec comme exemple de dualité chez Sankele/sa mère et Salie/sa mère. Aussi dans *L'interdite*, le personnage de Sultana est antithétique à celui des autres femmes. Cependant, les périples de ces protagonistes engagés ne se déroulent pas sans heurt. Ainsi, les facteurs ralentissant la situation de vie de la femme sont évidents, mais malgré cela Hayat Zerari explique que les revendications autour de l'instruction des filles musulmanes au lendemain de l'indépendance avaient uniquement axé sur la morale, l'histoire de l'Islam, à les prépare aux travaux domestiques et au rôle de reproductrices.[50] Il est d'abord à noter que l'article de Zerari traite du cas des Maghrébines. Ainsi, malgré l'engagement de femme dans la lutte pour l'indépendance, le discours institutionnel n'encourage pas son émancipation. En conséquence, au Maghreb comme en Afrique de l'Ouest, l'idéologie derrière ces types de discours est la même, à savoir la subjugation de la femme. Ce statut de femme subjuguée résulte de la formation et de la reproduction de l'habitus.

La femme est ainsi 'formatée' de façon qu'elle parvienne à plus intérioriser ses devoirs vis-à-vis de son entourage ainsi que ses droits personnels. Tout comme le souligne Jalna Hanmer, ces types de pressions qu'elle qualifie de violence visent à faire changer de comportement. A Arame, personnage dans *Celles qui attendent*, « Nul ne lui avait parlé de ses droits, encore moins de son épanouissement personnel. » (225-226) Dans cette œuvre sub-saharienne, selon la narratrice de Diome, on comprend que l'Africaine est contrôlée par un lot de structures objectives mises en place par le système éducatif traditionnel. Les victimes sont prises dans un circuit infernal qu'elles

[50] Hayat Zerari. "Femmes du Maroc entre hier et aujourd'hui : quels changements." *Recherches internationales* 3.77, 2006.

reproduisent perpétuellement sur leurs semblables. Il existe un lien étroit entre l'institution du mariage et celle de l'éducation dans le contexte africain, car de la 'bonne éducation' reçue dépend largement le choix de la 'bonne épouse'.

Le cas de l'homme de Barbès dans cette œuvre de Diome est édifiant. La référence à la bonne famille, c'est avoir une fille docile et soumise. En même temps, ce cas nous instruit sur le processus de la reproduction de l'habitus et de son maintien chez la femme. Ainsi, l'homme de Barbès, ancien émigré de France et polygame à plusieurs épouses, fougueux pour sa fortune, se trompe sur le compte de sa promise et révoltée Sankele. Il se dit qu', « elle était de bonne famille et dressée pour être une épouse soumise ; avec le temps, il finira par la modeler à sa guise. » (*VA*, 32) La pensée de l'homme de Barbès traduit et confirme le dressage que subit la jeune fille de sa tendre enfance à l'âge du mariage. Sa famille constitue la structure de base chargée de lui inculquer les valeurs de sa subjugation. Ensuite, il revient au mari de prendre le relai. Ce dernier pense la modeler à sa guise comme de l'argile. Cela vaut à Sankele le mérite de la fille 'bien éduquée' et de 'bonne famille' à ses parents. En plus d'être cet objet flexible et malléable, la référence au statut de Sankele est celle d'une esclave au service de son seigneur.

Ainsi, la fille est perpétuellement sous contrôle de la structure familiale d'abord et ensuite de la structure conjugale, toutes deux sous l'égide du patriarche. Dans l'éducation traditionnelle africaine, être fille bien éduquée suppose aussi être une fille soumise à l'injonction de la gente masculine, une fille instruite à baisser la tête en guise de soumission et à ne jamais discuter les ordres etc. Mais l'homme de Barbès, dans son plan, ignorant la capacité et l'influence des facteurs extérieurs à renverser la tendance habituelle, manque de percevoir l'éducation parallèle que Sankele reçoit de son amant, Ndetare, l'instituteur du village. Cet enseignement reçu diffère du produit né de l'assimilation des normes traditionnelles, car M. Ndetare tenait à « semer la graine de la révolte, labourer vaillamment son champ : enseigner, encore et toujours, semer des idées dans toute cervelle disponible » (*VA* 129), à commencer par celle de Sankele sa fiancée.

De même, sur la fonction éducative, Dalila évoque avec mépris ce contrôle qu'un tel système exerce sur les femmes. C'est par ce personnage que nous apprenons plus sur les interdits auxquels les femmes sont sujettes, dont le titre du roman, *L'Interdite*, est illustratif. La scolarisation des filles, loin d'être bénéfique et applaudie, est plutôt perçue comme voie de déperdition et de perversion. Des préceptes séculaires sont couramment imposés et transmis aux filles dans l'optique de freiner leur prise de parole, leur pouvoir et capacité de 'discuter' comme le dit Dalila. Dalila nous apprend tout du personnage de sa sœur Samia. Elle explique que Samia est l'interdite du village car, obligée de partir, elle « n''aime pas obéir et elle ne veut pas se marier. Ils ont trouvé beaucoup de maris mais elle, elle dit toujours non. » (50) Comme les règles de son éducation de base la préparent au mariage et à l'obéissance, elle apprend à ne jamais dire NON ou faire obstruction à l'ordre patriarcal. Cependant, dans *Les enfants du nouveau monde*, le conditionnement de Sherifa poussé à l'extrême, elle se surprend à dire NON à son mari. La profération de ce NON est l'expression d'un courage surhumain. Mais ce NON est aussi porteur d'une nouvelle identité pour Sherifa, celle d'une Sherifa libérée.

Au Maghreb comme en Afrique de l'Ouest, ce type de discours dominant est le plus souvent soutenu par les structures patriarcales. Dans les œuvres maghrébines, plus particulièrement, on constate l'immiscion forte des structures religieuses à l'enseignement de type occidental. Cela est renforcé avec l'avènement des islamistes au pouvoir. Ces structures éducatives soumises aux préceptes religieux sont de ce fait institutionnalisées. Le contrôle plus accablant en Algérie, par exemple, de ces structures est poursuivi jusqu'au niveau de l'école coranique. Mokeddem affirme dans le documentaire *Femmes d'Islam* que, « L'école algérienne a été donnée à l'intégrisme. Avec les propagandes islamistes, la génération algérienne actuelle a été donnée à l'école de l'intégrisme. L'école algérienne est indigne en ce moment. Les enfants sont emprisonnés dans des dogmes religieux, ils n'ont pas appris la réflexion. » (Binguigui) Dans *L'Interdite*, Dalila aussi apporte une lecture de cette école, celle qui apprend aux petites filles les tâches ménagères, leur place auprès des mères qui les forment en conséquence. L'école enseigne à la fille ses devoirs et tâches de future mère sous les prétendus principes religieux. Outre l'aspect discriminatoire que révèle le caractère de cette institution, l'inégalité dans le contenu de l'enseignement est légitimée par l'institutionnalisation du système éducatif sacralisé. Ce qui sans doute crée la différence et le fossé entre l'homme et la femme. Consciente de l'injustice, Dalila dénonce l'iniquité dans les rôles et le discours qui renforce son infériorité face à l'autre sexe. Cette position sociale confirme la sphère privée, c'est-à-dire la maison, comme sa place. Alors que l'espace libre et public est attribué au garçon. Pareil, dans *Le Ventre de l'Atlantique*, Salie s'en prend à ses hormones qui, selon elle, sont source de la discrimination dont elle est victime. Consciente de cet état de fait, c'est-à-dire les largesses familiales accordées à son frère Madické, elle relève :

> Je suis une féministe modérée, mais là, c'en est trop. La déprime me guette. Je m'allonge sur le canapé et entame un dialogue avec mes hormones. Elles ne me rendent pas toujours service : non seulement elles me font souffrir quand elles sont mal lunées, mais c'est à cause d'elles qu'on me coupe la parole. On les a baptisées soumission sans mon accord ; je n'aime pas ce mot avec ses trois s, ces constrictives qui conspirent, conspuent l'amour, et ne laissent souffler qu'un vent d'autoritarisme. Je n'aime pas les sous-missions, je préfère les vraies missions. (*VA*, 41)

Visiblement, les maux féminins (injustice, inégalité, oppression, subjugation…) sont d'abord biologiques, ses hormones sur la base desquelles la société justifie le type d'éducation approprié à chacun des deux sexes. Pour la femme, elle doit se taire et se soumettre. On étudiera plus tard en détail dans le chapitre sur la résistance le refus de Salie à accepter la connotation et les rôles sociaux associés à ses hormones. Bourdieu, en rappel, appelle l'école un lieu où la domination est enseignée, qu'il s'agisse de l'éducation moderne ou traditionnelle comme il l'a d'ailleurs prouvé dans ses travaux anthropologiques sur et au sein de la société traditionnelle Kabyle.

9. L'éducation religieuse de la femme

L'homme religieux instrumentalise souvent la religion pour asseoir son hégémonie. Les préceptes religieux souvent indiscutables font objet de prêche et d'interprétations diverses et misogynes. Les normes culturelles, parfois à des fins d'intérêts, sont associées aux prêches pour octroyer une certaine validité au discours prêché. Dans *Le ventre de l'Atlantique*, Diome dénonce l'influence des faux dévots qui utilisent leurs prêches pour endoctriner les populations nécessiteuses et surtout ignorantes des textes religieux. Celles-ci sont privées de questionner les dévots et leurs prédications. La réponse de l'élève à son enseignant N'Detare est illustrative. Elle lui réplique :

> Moi, je veux faire maman ! Mon père dit qu'en faisant maman, on peut gagner le paradis, et c'est beaucoup mieux que de l'argent. Pour les achats, c'est à l'homme de décider, c'est à lui de gagner de l'argent. Quand je serai grande, je ferai seulement maman, et j'obéirai à mon mari pour aller au paradis, c'est ça qu'il a dit, mon père. (*VA*, 186-87)

Voilà une fille qui dès son jeune âge est totalement imprégnée de l'habitus. Le discours qu'elle assimile lui paraît tout généreux et normal. Encore jeune, elle ne saurait juger la teneur de ce discours, à savoir si c'est une idéalisation de l'image de la femme ou une réalité de son vécu quotidien. Sa réaction légitime un imaginaire collectif ; la puissance du discours phallocratique qu'elle a intériorisé. Comme sa maman, elle absorbe et s'approprie l'habitus. Le message inculqué est couronné de rêve dans lequel elle se fait l'illusion de devenir une princesse et par rapport auquel elle ne trouve aucune objection de se soumettre à son pourvoyeur. En outre, le discours religieusement perçu n'est pas ouvert au débat ou au jugement, au risque de blasphémer. Il prêche tout aussi la division de l'espace (public/privé) et la répartition des tâches entre les sexes. Alors, le culturel et le religieux s'enchevêtrent dans l'allocution tenue à l'enfant. L'homme est chargé de pourvoir à sa famille (sa femme et ses enfants) et elle, la femme assure la maternité. Le respect des rôles par l'un et l'autre des partenaires est sanctionné par les fondements religieux. Au cas contraire, la fille est convaincue du risque de perdre son paradis. En résumé, elle est ensevelie dans ce dogme qui lui enseigne que son paradis dépend du respect et de son comportement qu'elle voue au mari. Remarquons que le prêche va à sens unique.

Les préceptes qui déterminent l'assujettissement de la femme sont enfouis dans le discours religieux pour les rendre crédibles. C'est ainsi que beaucoup de féministes africains dénoncent la prise en otage de la religion par les institutions patriarcales. Les interprétations androcentriques dénaturent la teneur des textes religieux. Mernissi, dans *Faith and Freedom*, clame la nécessité d'une culture religieuse des femmes. Aussi, par le biais de plusieurs voix féministes comme celle de Fatouma Siré Diakidé, présidente de l'association de défense des droits de la femme au Mali, Benguigui dénonce « l'Interprétation du coran en leur [les hommes] faveur. Ils donnent une certaine légitimité à cette injustice par rapport à la religion. Les hommes ont interprété le coran en leur faveur. » (*Femmes d'Islam*) Aussi, pour ces critiques féministes, c'est une façon pour elles d'exprimer au nom des Africaines « la nécessité d'apprendre le coran pour mieux cerner les contours et les mauvaises interprétations que les hommes en font. » (*Femmes d'Islam*) Elles critiquent la légitimité que les hommes accordent à leurs injustes interprétations des textes religieux.

Ces femmes cinéastes et écrivains font de leurs travaux un outil de dénonciation et de revendication d'une lecture plus juste des textes religieux. Elles font parler leurs personnages et actrices en leur offrant la voie pour désapprouver la défaveur et l'antagonisme suscités par ces interprétations. Cette vision de Yamina Benguigui vient corroborer la remarque du personnage de l'instituteur Ndetare. Face aux propos de son élève, il dit que, « des prédicateurs [...] ont entrepris de traverser le désert pour venir déverser leur obscurantisme religieux [...] je me rends compte que de faux dévots sont en train d'envahir le pays ; pour propager leur doctrine. » (*VA*, 188) Mais dans nos œuvres subsahariennes, contrairement au Maghreb, cette influence religieuse ne fait pas l'objet d'une institutionnalisation au niveau du système scolaire. Dans *L'Interdite*, Dalila explique que l'enseignement donné aux jeunes filles n'est pas à l'image de l'école occidentale qui encourage l'esprit critique et l'expression de soi. Ainsi, pour la Maghrébine, son éducation est renforcée par les instructions patriarcales et les dogmes religieux chargés de plus de morales et d'interdits que de droits. Dans « Le voile et la république », un des chapitres du documentaire *Femmes d'Islam*, Soraya Nini explique que si la culture religieuse se limite ou se résume à des interdits, c'est que tout est mélangé, les traditions et la religion. Elle conclut : « Il est plus difficile d'être libre que d'être soumis. C'est plus facile d'être soumis. Parce que tu t'abandonnes à l'autre quand tu es soumis, il fait de toi, de ton corps ce qu'il veut. Alors que quand tu décides de te battre, d'être libre alors c'est un combat de tous les jours. Tu n'as pas toujours envie de te battre. C'est fatigant. » (Yamina Benguigui) Les acteurs des films documentaires comme les personnages femmes maghrébines et ouest africaines dénoncent le poids accablant et la pléthore des devoirs auxquels elles sont soumises par rapport au peu de droits qui leur sont enseignés. Selon la narratrice de Diome, « certes le champ du devoir et du droit sont mitoyens, mais, le hic, c'est que le premier est si vaste qu'on passe sa vie entière à le labourer, et qu'on n'atteint le second que lorsque la vieillesse rend la liberté sans emploi. » (*VA*, 172)

C'est ainsi que Zerari pense, « La présentation succincte de l'évolution observée au niveau des domaines de l'éducation, de la santé reproductive, de l'emploi et du politique témoigne non seulement du chemin parcouru en termes de changement de perception du rôle et du statut des femmes, mais [qu'] elle permet aussi de voir les écarts persistants à surmonter en termes d'inégalité de genre »[51], cela

[51] Hayat Zerari. "Femmes du Maroc entre hier et aujourd'hui : quels changements." *Recherches internationales* 3.77, 2006, p.69.

témoigne de l'immuabilité de l'habitus une fois enraciné chez l'agent social. C'est le cas chez les femmes sous l'influence du système éducatif traditionnel. L'analyse de Zerari publiée en 2006 soutient l'évolution constatée dans le statut de la femme même si beaucoup reste à faire. Les rôles et le statut de la femme lui sont inculqués dès sa naissance et tout le long de sa croissance vers l'âge adulte. Elle prend conscience de cet enseignement et le plus souvent le reproduit inconsciemment. Elle perpétue la même éducation reçue en la passant à sa fille ; ce qui traduit et entretient la dichotomie inférieur/supérieur, voix/sans-voix dans le rapport homme/femme.

Un autre exemple est celui de Dalila qui se plaint : « ils [ses frères] me disputent et ils disputent même ma mère. Ils me disent toujours : 'Tu [ne] sors pas ! Travaille avec ta mère ! Apporte-moi à boire ! Donne-moi mes chaussures ! Repasse mon pantalon ! Baisse les yeux quand je te parle ! » (*L'Interdite*, 51-52) Elle continue : « ma mère, elle dit, obéis à tes frères, sinon, tu [n'] es pas ma fille ! » (52) La fille explique sa position d'esclave devant ses 'maîtres' qui se trouvent être ses propres frères. Malgré le ressentiment de celle-ci, sa mère lui ordonne obéissance aux « maîtres », car plus loin, Dalila justifie l'opinion de sa mère en se confiant : « ma mère et les gens disent que les frères c'est bien. Ils disent qu'ils te protègent, qu'ils sont un rideau contre la h'chouma[52]. » (134) La remontrance que la mère et les gens (c'est-à-dire la communauté) enseignent met en relief l'impuissance féminine, son incapacité à se défendre, d'où la nécessité d'avoir des frères et de les servir à leur guise.

En plus de cette dimension inférieure inculquée à la femme lors de sa socialisation, Dalila comprend qu'elle est un être associé à la honte, un être qui constamment doit être sous la surveillance d'un homme ; le père, les frères ou encore le mari. De ce fait, la présence de l'homme évite à la fille de commettre l'irréparable: la honte ; donc tout comportement ou attitude susceptible d'engendrer ce sentiment de gêne sociale. Dalila n'a plus élaboré son argumentation sur la 'honte'. Mais Camille Lacoste Dujardin nous éclaire plus sur le fait que la fille soit perçue comme la honte de la famille. Elle explique que la mise au monde d'une fille dans une maison suscite et entraîne le silence, le mécontentement du père, de l'accoucheuse, la consternation. La mère elle-même est saisie de fièvre pour les angoisses qui suivront, des «

[52] H'chouma: la honte

ténèbres [qui] envahissent la maison, tout est froid. »[53] Cette image de ténèbres résume tout l'effet et les ressentiments, à savoir la gêne, le désarroi, le désespoir, la crainte, l'incomplétude que cela fait de mettre au monde une fille dans la société maghrébine.

Cette thématique sur la préférence des garçons s'avère très fréquente dans la littérature maghrébine qui fait ressortir les cas des victimes comme Leila dans *Les hommes qui marchent.* De même, la narratrice dans *L'interdite* décrit la peine de Lalla Fatma, une femme révoltée dont la fille est morte parce que le père Ali Marhba, l'incarnation de l'intégrisme islamique, n'a pas jugé utile qu'elle vive. Il voulait d'un garçon en lieu et place d'une fille. Celui-ci profère à cet effet, « j'en ai marre qu'elle ne me fasse que des filles ! Laisse-la donc à saigner ce sang vicié. Ça va lui remettre à l'endroit son fourbi intérieur. » (240) Ali Marhba est un personnage antithétique en qui deux identités compromettantes, distinctes, controversées, influentes et affluentes se confrontent. Sa volonté de voir mourir son enfant simplement parce qu'il est né fille s'oppose au principe de l'Islam. En patriarche, Ali Marhba ordonne l'extermination de l'être que son titre de responsable musulman autorise à protéger. Il fait ainsi prévaloir son autorité religieuse à des fins personnelles et dans le but de se venger. Au nom de la religion, il abuse en traitant Sultana, fille de son illustre concurrent, de prostituée. Être prostituée est réprimandé par la religion. Ainsi, sous le couvert de la religion, il s'arroge le droit d'accuser et de punir injustement la fille de la femme qu'il a voulu épouser. Cette femme, donc mère de Sultana, a préféré un étranger à lui Marhba l'autochtone. Plus encore, appartenant à une société patrilinéaire, Marhba considère Sultana comme une étrangère, car elle est la fille d'un étranger au terroir. Il menace de la chasser de sa région.

VI. Discours manipulateur au nom sur la maternité

Certes nous avons déjà dit que la culture africaine fait de la maternité une valeur inestimable dans ce qui constitue l'identité féminine, mais il n'en demeure pas moins que c'est un sujet autour duquel se jouent des rhétoriques manipulatoires. Quelque part, elles réduisent la femme à une simple machine procréatrice et font d'elle une marginalisée. Ainsi, le privilège accordé à l'enfant du sexe masculin se

---

[53] Camille Lacoste-Dujardin. *Des mères contre les femmes : maternité et patriarcat au Maghreb*. La découverte, 2013, p.58.

fait aussi récurrent dans la littérature ouest africaine. Dans *Le ventre de l'Atlantique* comme dans *Celles qui attendent*, l'auteur met en relief cette disparité à l'égard des femmes quant au discours sur la maternité. Il est encore plus virulent quand la femme ne met que des filles au monde ou quand elle est stérile, ou encore, quand elle a plus de filles que de garçons. Comme l'explique Lacoste-Dujardin, mettre des filles au monde est ténébreux pas uniquement pour le père, mais pour sa mère encore plus. Diome décrit largement le privilège social dont bénéficient les femmes mères de garçons. Elles sont constamment aux soins du mari qui leur montre une préférence :

> Dix mois à peine après leur mariage, elle l'enorgueillit d'un bébé bien dodu, un garçon. Gnarelle fut fêtée, encensée, couverte de cadeaux par son époux et l'ensemble de sa belle-famille, tous heureux de voir leur patronyme se prolonger dans la postérité. Adulée, Gnarelle devint une magnifique dryanké, une coquette dame pétulante, aux bijoux variés, aux toilettes enviables. Elle se dandinait à travers la grande cour de la maison et sur le chemin du marché ou le balancement de ses fesses cambrées semblait mimer le tangage des pirogues entre les vagues de l'Atlantique. Tout ceci se déroulait sous l'œil de la première épouse, Simâne, qui avait reculé dans son orbite, pour se tenir à distance de cette débauche de joie. Mais ses oreilles, restées ouvertes malgré elle, pouvaient discerner entre les multiples congratulations destinées à sa pétulante coépouse à son intention à elle, qui n'avait jamais donné que des filles à son époux. On l'appelait 'la calebasse cassée', incapable de contenir l'avenir, ses sept enfants n'étant que des morceaux d'elle-même : que des filles (le sexe faible) ! On disait aussi que, par sa faute, son mari nourrissait des bouches inutiles (filles étrangères chez elles) qui, loin de contribuer à la pérennité du patronyme Yaltigué, iraient agrandir la famille d'autrui. (*VA*, 145)

Le message social instruit Simâne sur sa position sociale pour être mère de filles uniquement. Elle ne vaut pas plus qu'un objet inutile, 'la calebasse cassée'. Dans certaines sociétés africaines, la calebasse est le récipient utilisé pour cueillir de l'eau ; source de vie. Donc, le symbolisme lié à la calebasse représente la mère au ventre porteur de garçons, synonyme de perpétuation de la lignée patrilinéaire. Alors que les filles vont porter le nom d'une autre famille au lieu de la leur, ce qui du coup limite l'expansion du patrilignage. C'est là aussi une façon de pérenniser le patriarcat. Parallèlement, une femme n'étant pas à mesure d'assurer cette descendance à son mari n'a pas le « droit » de jouir de tous les honneurs qu'offre ce dernier. L'enseignement est transmis à la femme mère par la communauté tout entière qui fait de la naissance d'un garçon un privilège. A cette occasion, la mère en est félicitée par son mari mais encore plus par sa belle-famille. Ces dispositions réduisant les mères qui ont la 'malchance ou le péché' de ne mettre au monde que des filles se manifestent par des actes et paroles. Les encouragements, la manifestation de joie, la multiplication des cadeaux fleurissent de tous les côtés pour célébrer la venue du garçon. Plus haut, nous avons vu la façon dont la naissance d'une fille est célébrée, dans la monotonie totale, l'angoisse et le mécontentement social. La femme s'affirme par sa maternité en donnant des garçons à son mari. Cela comme le mariage lui procure respect et privilèges dans la communauté.

Cependant, le fait de mettre que des filles au monde confirme l'appartenance de la femme au sexe faible, son incapacité et son infériorité. Ainsi, une double frustration s'en suit pour elle qui résulte de son statut de femme d'abord et ensuite par son incapacité à accoucher de garçons. D'abord inférieure à l'homme, elle l'est aussi dans la catégorie des femmes. L'assimilation d'un tel discours sur la préférence crée la jalousie entre les coépouses qui sont prêtes à tout pour gagner la place convoitée. Une telle compétition pousse tous ces « acteurs » à oublier le côté biologique déterminant le sexe de l'enfant. Cela est illustré par le cas de Gnarelle et Simâne: « Et les femmes persévèrent ! Aveugles ou aveuglées, elles courent au sacrifice, sur l'autel de la maternité, à la gloire d'un dieu qui ne leur a donné que des ovaires pour justifier leur existence. Aux puits, aux champs, sur les marchés, chair à canon sur le front de la pauvreté, elles demandent à leur corps de donner jusqu'à son dernier souffle de vie » (*VA*, 185). Tout ceci dans le but ultime pour elles (les femmes) de se faire une place socialement légitimée.

Aussi, n'être père que de filles, c'est devenir la risée de la communauté qui attribue à ce père le stigma de l'incapacité ou de l'impuissance. Ce préjugé renvoie toujours à cette discrimination entre fille et garçon. La virilité de l'homme est jugée par sa capacité à engendrer des garçons. L'obstination à faire des garçons naît des attentes créées et nourries dans l'esprit des femmes à travers l'esprit de compétition, les exigences et interpellations sociales, les attitudes louables envers la mère des garçons et aussi le blâme à l'endroit de la mère ou du père des filles. Elles sont prêtes à se sacrifier sans pour autant se rendre à l'évidence qu'elles ne sont en rien coupables de ce fait. Le discours socialement émis s'articule ainsi : « Des âmes [qui] ne manquaient pas de rappeler à El Hadji Wagane, polygame, qu'il n'avait toujours pas d'enfant mâle. Sept étant le nombre même de la perfection, concluaient-elles, quand une femme ne donne pas satisfaction après autant de couches, il n'y a plus rien à espérer d'elle. » (*VA*, 146) La plénitude d'un homme est de ce fait définie par la présence des garçons parmi sa progéniture.

Ainsi, la première femme de Wagane embourbée dans ce type de langage est persuadée de son inefficacité pour n'avoir pas pu restaurer cette image socialement acceptée du mari : lui 'faire' des garçons. Celle-ci vulnérable se culpabilise et se blâme dans un monologue : « Voilà qu'une petite pimbêche, épousée vingt-cinq ans après moi, donne à mon mari le taureau qu'il attendait depuis si longtemps ! Maudit soit mon ventre qui n'a porté que mon malheur ! » (*VA*, 146) Par la maternité et plus particulièrement la mise au monde des garçons, les femmes sont entraînées dans un tel circuit d'habitus. Elles en tirent une fierté, car c'est pour elles une source de prédominance, de convoitise, de concurrence et de jalousie à leur propre détriment. Bien qu'elles soient prises dans ce 'jeu d'habitus', c'est dire qu'elles encouragent l'état des faits par leur assimilation des rhétoriques dans lesquelles elles sont endoctrinées depuis leurs bas âges : « les garçons sont un rideau contre la h'chouma. » (*L'Interdite*, 134) C'est-à-dire qu'ils jouent le rôle de contrôleurs et de protecteurs pour les filles. En réalité, à l'intérieur de ces discours, transparaît la fierté de naître homme et, « La femme, [elle], se sent humiliée de n'avoir pas pu donner le jour à un garçon. » (*DMCF*, 58) Cette dépréciation fait d'elle une recluse au sein de sa communauté et elle n'a ni place ni considération aux yeux de la société ; cette société ayant elle-même légitimé ce discours. La femme est dépouillée de sa féminité qui, dans ce contexte, est jugée à sa capacité de 'produire' que des garçons ou au moins un garçon au lieu que ce ne soit que des filles. De ce fait, l'attitude et l'attente sociales causent la malédiction que Simâne s'inflige.

Ainsi, cette culpabilité injustifiée et discriminatoire s'explique par ce droit de regard que la société a sur l'individu. Celle-ci apprend à la femme (en tant qu'agent social) les règles, le code de la conduite, la façon d'être femme accomplie, créant ainsi l'habitus dont Lacoste-Dujardin décrit le processus du développement chez la femme comme suit :

> Dans la petite enfance se constituent en effet les premiers 'habitus', ces systèmes d'habitudes acquises par l'expérience ou l'éducation qui déterminent en grande partie les comportements, les aptitudes, dans le présent et dans l'avenir, des personnes en société. Ils sont transmis au jeune enfant par tout son environnement, par tout son

> entourage dans les discours, les paroles, et aussi les gestes, les comportements. Tout, autour de la petite fille, contribue à marquer ses structures subjectives, symboliques et imaginaires, comme ses habitus, de la conviction de son infériorité, de sa fragilité et des périls qu'elle fait encourir à sa famille. Comment n'intérioriserait-elle pas la nécessité d'être sous protection, dominée, alors que tout dès sa naissance lui tient ce même langage ? (61)

Le développement de l'habitus chez la femme résulte du discours éducatif qui lui est prodigué. Aussi, Lacoste-Dujardin retrace cette force de l'habitus à modeler, c'est-à-dire à culturellement, socialement et subtilement imposer des rôles à la femme. Ainsi, dans une telle circonstance, il lui est difficile de remettre en question des pensées et façons de faire héritées d'un passé récurrent, car transmis d'une génération à une autre.

Ainsi, s'expliquent et se résument les difficultés et les obstacles auxquels font face les protagonistes féminins dans nos œuvres. Dès leur jeune âge, il leur est enseigné les rôles à jouer dans la communauté. S'insurger contre cet enseignement, ou tourner le dos est plus complexe qu'il ne le semble. Cela requiert d'abord une prise de conscience des abus, des inégalités, de l'oppression perpétrée à l'égard de la femme. Ensuite, pour la femme pleinement engloutie, il devient difficile d'apercevoir la tare. Il ne lui est pas aisé de se rendre compte des abus et méfaits de la domination qu'elle subit ou de comprendre le processus. Au contraire, elle les défend et les valorise. Les femmes africaines, dès leur enfance, des idées, des croyances visant à les maintenir silencieuses et soumises à leurs partenaires hommes leur sont inculquées, et ce par les prêches religieux et différents discours androcentriques. Ces genres de discours sont fréquents dans des œuvres comme *Celles qui attendent*, *Moolaadé*.... Ces discours instruisent les femmes à accepter comme étant normales et logiques diverses pratiques telles que l'excision, la polygamie, le lévirat, le mariage arrangé ou forcé. Ces pratiques sont justifiées au nom d'une religion abusée sans compter toutes les injustices, stéréotypes et conséquences qu'entraînent celles-ci. Ces pratiques varient selon les régions africaines.

Malgré cette fermeté des dogmes sur l'éducation des femmes, il y a lieu de mentionner la volonté manifeste d'émancipation de l'Africaine. Cela est répertorié dans toutes nos œuvres et par les critiques ouest africains et maghrébins comme Lacoste-Dujardin, Zerari, et Obioma. L'évolution des trames narratives met en évidence des personnages féminins ambitieux et engagés ; engagement les détachant des dogmes obsolètes, réducteurs, et dévastateurs au sein desquels elles ont crû et ont été initiées. Reed soutient que tout comportement s'enseigne, s'apprend et est la résultante d'un processus d'apprentissage. Elle soutient que c'est

> Through observation and the listening, the child internalizes 'proper' ways of looking at the world, ways of moving (bodily habits), and ways of acting. Children, thus, acquire the 'cultural capital' associated with their habitus. All human children, one assumes from Bourdieu's writings, undergo this process of inculcation in order to acquire the habitus that later guides their adult life
> and its outcome. It is through such inculcation that traditional societies reproduce themselves in subsequent generations.[54]

Cependant, par expérience ou à travers l'éducation moderne reçue, certaines des protagonistes (dans les œuvres littéraires: Salie, Sankele, Arame, Ma, Sultana, Dalila, Samia, Leila ; dans les films : Collé, Kiné, Pougbila, Zouina…) œuvrent à « subvertir » les impératifs socioculturels dans leurs processus de quêtes libérales et de reconstructions identitaires. L'étude de nos œuvres à travers la théorie de l'habitus nous permet tout aussi de comprendre la subalternisation des femmes et la complicité de certaines d'entre elles aux structures structurantes. Des femmes, très souvent les mères bras armés du patriarcat, dotées d'un certain privilège, encouragent et reproduisent inconsciemment la violence féminine. Elles deviennent complices du pouvoir dominant. Par ce fait, elles contribuent au renforcement des principes culturels assujettissants.

Nonobstant ces pages sombres du statut des personnages femmes ouest africaines et maghrébines, il n'en demeure pas moins qu'une évolution est évidente sur leur parcours comme en témoignent les héroïnes de nos œuvres. Plus particulièrement dans les œuvres maghrébines, les femmes dépassent les frontières familiales pour s'engager activement pour l'indépendance en Algérie. Sur cet aspect, la femme ouest africaine reste plus ou moins passive. Quand bien même elles sont plus engagées que les Ouest Africaines dans le combat pour l'indépendance, cela n'exclut pas le fait que les Maghrébines sont tout aussi sujettes à des pressions sociales telles que leur infantilisation, la répudiation, les stéréotypes, la réclusion et l'enfermement au nom de la

[54] Deborah Reed-Danahay. *Locating Bourdieu*. Indiana University Press, 2005, p.46.

religion ou d'une culture patriarcale antiprogressiste. Ce qui pour celles-ci fut un fort moment de désillusion au lendemain de l'indépendance. Ce dont l'Africaine a besoin pour atteindre son autonomie, c'est d'un esprit critique, d'analyse, et de perception. Ce qui lui permettra de porter un jugement personnel en rapport aux institutions tributaires. La culture traditionnelle africaine ne permet pas trop cette ouverture d'esprit, l'expression libre de soi comme le fait l'enseignement moderne. Salah explique la teneur de cette éducation sur lui et ses amis malgré leur niveau d'instruction : « Nos diplômes, nos vêtements étaient censés être des gages de notre modernité. De fait, la misogynie nous restait chevillée dans l'inavoué. Maintenant, je l'énonce et la dénonce. Mais il n'est guère facile de se débarrasser des préjugés qui t'ont saisi à l'état de larve dans le giron de ta mère, avec son lait, avec sa voix et dans sa joie attentive. » (*L'Interdite*, 74) Les diplômes et les vêtements sont des marques de son occidentalisation avec lesquelles Salah défie la misogynie des traditions. Ils sont pour lui une lumière contre l'obscurantisme des traditions. Des personnages, ayant bénéficié de l'éducation occidentale comme exemple de facteur extérieur à l'habitus, échappent difficilement au cocon traditionnaliste pour se livrer à la révolte, d'où l'origine de la résistance aux doctrines oppressives et accablantes pour la femme.

VII. Conclusion

Par cette étude succincte de la vie et du comportement des femmes du corpus, on comprend qu'une étude autour du thème de la femme se révèle complexe, une complexité due à des aspects comme la perception que le féminisme occidental se fait d'elle, mais encore plus du fait des variantes culturelles existant au sein même de l'Afrique. Cela dit, on passera aussi en revue les réalités propres aux résignées de l'oppression.

Aussi, la connaissance ou la maîtrise des facteurs sociaux et environnementaux de la femme s'avère indéniable. Le milieu social a une forte emprise sur l'identité de la femme africaine. Cette emprise sur la femme justifie son intériorisation et sa reproduction d'une manière inconsciente des structures sociales. En effet, les concepts de l'habitus, le capital, les structures objectives et la violence symbolique contribuent à la compréhension des enjeux sociaux au sein des institutions sociales comme l'éducation, le mariage et la maternité. La femme, la mère principalement, ayant assimilé et intériorisé les principes sociaux, devient complice de ces structures objectives. Elle est enfermée dans un mode de pensées relatif à son éducation de jeune fille, au mariage et bien d'autres instances sociales. Des arguments qui lui sont avancés dans les œuvres, l'on retient que la fille ou la femme ne doit pas rester dehors tard la nuit, sortir seule sans être accompagnée par un homme, ne peut pas choisir son mari, ne pas avoir d'enfant hors mariage, elle ne doit pas prendre en premier la parole en présence de l'homme sans autorisation etc. Ainsi, il est question d'un lot d'interdits et devoirs auxquels la femme est souvent soumise.

Ces instances et principes sont le plus souvent régis par des institutions comme le patriarcat qui fait de la religion un outil afin de renforcer l'hégémonie masculine. La femme sans questionnement accepte la domination et essaie de la reproduire sur la génération future. L'absorption ou l'incarnation des structures objectives relatives au domaine du mariage lui-même tributaire de l'institution éducative traditionnelle dans les œuvres définit l'habitus. L'acceptation et la reconduction ou reproduction des attentes sociales prouvent que la mère dominée contribue à sa propre domination en tant que femme. Donc, la soumission de la mère est inconsciemment perpétuée à travers l'habitus et le champ (l'espace social) au sein duquel elle opère. La théorie de l'habitus contribue à élucider la position des mères contre des femmes dans les œuvres. De ce fait, l'étude de l'habitus permet de comprendre le comportement social qu'affiche la femme et dont il ne lui est pas facile de se défaire. Il convient en même temps de percevoir le courage, l'abnégation et l'acharnement de certains de nos personnages femmes qui parviennent à s'en détacher. Ainsi, se défaire du fardeau de l'obscurantisme et de l'oppression conduit au chapitre sur la résistance des héroïnes. Captive de l'habitus des traditions religieuses et culturelles, celles-ci se forcent un passage vers l'émancipation.

Chapitre 2 : Les stratégies de résistance

I. Introduction

La littérature africaine après les indépendances est plus connue par son nom de littérature postcoloniale. Cette littérature se charge de traiter des interactions entre colonisateur et colonisé, surtout des répercussions de la colonisation sur différents aspects des peuples africains, ainsi que des réactions de ce peuple sur ce passé colonial. Circonscrire cette littérature uniquement du point de vue régional, périodique, sans aborder les thématiques, serait méconnaître à la fois sa plénitude et ses spécificités. C'est alors qu'en pensant à cette littérature, il est nécessaire de penser, pas uniquement au style de l'auteur, mais plus encore aux fondements sociaux de cette littérature et son impact sur les sociétés qu'elle examine. Il importe de considérer les différents enjeux politiques et les mouvements sociaux de cette époque, car ce sont bien des problèmes sociaux que traitent le plus souvent les écrivains, dont la question du genre. Datant d'après les indépendances, la littérature de la résistance en Afrique de l'Ouest dénonce la colonisation. Plus tard, naît la question de la résistance féminine dans les années 70 et 80 à travers les écrits et œuvres filmiques des auteurs hommes et femmes. Face aux diverses formes de dominations matérielle, statutaire, ou idéologique telles qu'identifiées par l'anthropologue américain James Scott, la littérature de la résistance caractérise notre corpus. Les auteurs font le portrait de personnages féminins révolutionnaires. La stratégie de résistance à la domination masculine intègre toute une variété de tactiques déployées par les femmes à l'intérieur de la maison. La maison est d'habitude le domaine reconnu pour les femmes. Elle est, dans certains contextes sociaux, le lieu d'enferment réservé à leur soin ultime. En tant que milieu de leur oppression, elles s'en servent pour imposer leur ruse aux hommes, soit à des fins manipulatoires, de contre-pouvoir pour se libérer ou encore pour se garantir un statut respectable au sein de la société. La plupart des stratégies qui seront examinées contribuent à la subversion des normes sociales et poussent le plus souvent le statut de l'oppresseur en dérision. La plus patente des dérisions consiste pour les femmes à se servir des mêmes lois oppressantes pour parvenir à leurs fins. Le féminisme, en plus d'être mouvement, est aussi une stratégie de combat pour la femme. En tant mouvement, il doit inclure des stratégies de sortie de crises. C'est bien de dénoncer, mais il est encore mieux de proposer des plans d'action.

En tant que mécanisme de résistance, le féminisme cherche à affaiblir l'institution patriarcale considérée la plus oppressante pour la femme. L'affaiblissement passe nécessairement par la subversion des lois patriarcales. Cette stratégie subversive fonctionne diversement. Les pionnières de ces stratagèmes œuvrent le plus souvent pour une résistance masquée que James Scott appelle le « hidden transcript », expression que nous élaborerons plus en détail dans ce chapitre. Cependant, d'autres personnages féminins optent plutôt pour une résistance ouverte malgré les répercussions fâcheuses que celle-ci peut avoir. Les personnages féminins se servent de ces deux types majeurs de résistance comme contre-pouvoir à la domination. C'est dans ce cadre que ce chapitre se charge d'explorer les stratégies de résistance menées par les personnages féminins en vue de leur émancipation.

Il y a résistance, parce que la domination existe. Elle se manifeste sous diverses formes. De ce fait, nous proposons d'abord examiner succinctement la domination telle qu'elle s'applique à nos personnages, et ce en relation avec les théories élaborées par James Scott, Pierre Bourdieu et Michel Foucault. Ensuite, nous examinerons le rapport existant entre domination et résistance. En nous basant sur le mécanisme de domination que nous avons largement traité à travers la formation de l'habitus dans le précédent chapitre, nous analyserons les stratégies de résistance chez nos personnages. Cette analyse s'inspire de l'étude menée par Scott dans *Domination and the Arts of Resistance* : hidden transcripts. Qu'elles soient cachées ou publiques, masquées ou ouvertes, bien qu'à des degrés de conséquences variées, les stratégies de résistance de nos personnages constituent une des étapes de leur parcours vers l'autodétermination, la prise de parole, la liberté, l'affirmation de soi, et l'émancipation ; en somme la reconstruction de soi ou identitaire. Ces résistances constituent et décrivent les épreuves parcourues par les héroïnes dans le cadre de leur parcours initiatique ; aspect qui sera traité dans le prochain chapitre. En nous servant des stratégies de résistance féminine comme voies et moyens de leur libération, nous constatons que l'engagement des Maghrébines comme des Subsahariennes les opposent dans leurs relations à la fois aux structures et pouvoirs dominants en place. Aussi, ces stratégies de résistance que nous traiterons en détail conduisent visiblement à l'aboutissement de leur quête qu'est de se libérer des institutions dominantes.

II. La domination

Selon Philippe Corcuff, dans « Pierre Bourdieu et la pluralité des formes de domination», « la société n'est pas un 'système' homogène et fonctionnel, où tout serait intégré autour d'un axe principal. Il y aurait une pluralité de modes de domination intriqués. »[55] C'est dire que la multiplicité de la domination naît des types de rapports sociaux entre les individus ou groupes d'individus. On associera le rapport homme/femme à la relation de type colonial français qui d'après Achille Mbembe, dans *Critique de la raison nègre*, naît de la défaite de la France vis-à-vis de l'Allemagne. La défaite crée un sentiment de frustration et d'humiliation qui ressemble à l'émasculation et à la perte de virilité qu'il lui faut retrouver en colonisant, donc en dominant quelqu'un d'autre. C'est ainsi une façon de relever la face, de se remettre à niveau. Il y a donc un fondement sexuel et phallique dans la question relative au rapport de domination. Cette ascendance dominante explique le rapport relationnel qu'entretient par exemple le père des narrateurs dans *La Civilisation ma Mère…* vis-à-vis de leur mère Ma, personnage principal de Driss Chraïbi. Entrepreneur de profession, il subit l'occidentalisation du système Algérien en même temps qu'il demeure enfermé dans la saumure de ses traditions culturelles, d'honneur et de la morale. Gouverné par ces deux influences occidentale et traditionnelle, il dompte à son tour sa famille en montrant son ascendance sur sa femme enfermée. Très peu d'échange dans le couple nous est rapporté. De même, Hakim, policier au service des colons dans *Les Enfants du nouveau monde* et soumis au pouvoir du commissaire adjoint et victime de l'aliénation sociale, se déchaîne souvent sur sa femme Amna. L'appartenance à une classe marginalisée peut susciter ailleurs le besoin d'assumer la fonction de dominant, cela dans le but de compenser le manque en soi.

De même, ce rapport de force existe chez les femmes. On peut prendre le cas des femmes belles-mères de nos œuvres maghrébines ou encore des exciseuses dans *Moolaadé*. Celles-ci exercent une autorité sur les autres femmes de la communauté étant elles-mêmes soumises

---

[55] Philippe Corcuff. « Pierre Bourdieu et la pluralité des formes de domination », 2009, https://www.preavis.org/breche-numerique/Pierre-Bourdieu-et-la-pluralite-des-formes-de-domination

au pouvoir phallocratique. Les belles-mères remplissent la fonction patriarcale telle que nous l'avons étudiée dans le cas de Zouina dans le chapitre précédent. Dans *Moolaadé*, les exciseuses, régies par le pouvoir patriarcal, supportent mal la disparition de cette pratique coutumière dont elles détiennent le monopole. En raison de leur désir de se sentir en position de pouvoir quand elles-mêmes sont dominées, les exciseuses manquent de discerner les côtés néfastes de cette pratique pour les femmes. Face à ce jeu, on se demande la raison d'être d'une telle soif de domination transcendante, raison que Max Weber trouve dans le souci de légitimation. Toute domination revendique une certaine légitimité par rapport à laquelle elle peut se justifier et asseoir son autorité. Ainsi, pour que ce jeu de domination persiste, il faut que les acteurs dominants parviennent à lui trouver une certaine validation à travers des ressources. C'est en cela que Bourdieu parle de Capital (économique, social, et culturel) se trouvant à la disposition de l'individu. Une fois en possession du capital symbolique s'ouvrent alors différentes dimensions sociales par lesquelles l'individu s'arroge et impose la légitimité de son pouvoir aux moins nantis. Ceux-là deviennent les dominés. Les ressources dont dispose le père des narrateurs de Chraïbi émanent d'abord de son rapport avec le monde occidental. Ensuite, les outils technologiques dont il gratifie sa femme représentent une incarnation de la modernité, de ce rapport avec la puissance coloniale, d'où par ricochet sa supériorité vis-à-vis de sa femme. Enfin, sa fonction et place sociales en tant que chef de famille dans un contexte traditionnel le met en position de dominant. Cette variété de capitaux économique et social dont disposent les hommes est à la base de leur autorité sur les femmes dans presque toutes nos œuvres.

1. Domination selon Bourdieu et James Scott

Bourdieu explique la domination par le système de reproduction de l'habitus. Pour lui, l'intériorisation de la domination est le caractère non conscient d'un processus. C'est-à-dire que le dominé subit la domination de manière inconsciente. Alors que Scott, lui, essaie d'interpréter la réaction, le comportement conforme du dominé par ce qu'il appelle le « hidden transcript ». Pour Scott, le dominé n'est pas nécessairement passif même s'il peut le feindre. Si Bourdieu parle de la domination en tant que système sévissant variablement au sein des rapports sociaux entre les individus et entre l'individu et les structures sociales, Scott quant à lui nous donne la typologie de celle-ci. L'idée de domination tripartite de Scott (matérielle, statutaire et idéologique) rejoint celle de Bourdieu qu'il catégorise en domination élémentaire et domination institutionnelle. En d'autres termes, les luttes pour le statut de la femme africaine et les combats de celle-ci contre certaines idéologies sociales s'affichent dans ses rapports sociaux. Ces rapports sociaux s'inscrivent d'abord d'individu à individu tel qu'entre mari et femme, frère et sœur, ou encore entre l'individu qu'est la femme et les institutions traditionnelles locales.

En plus, nous remarquons dans nos œuvres littéraires comme filmiques que les héroïnes s'engagent d'abord de manière individuelle dans leurs combats contre les formes de domination. Par la suite cet engagement s'inscrit pour la cause féminine, une cause collective, et contre l'institutionnalisation de pratiques comme l'excision, le lévirat, la polygamie, la répudiation, etc. Les Maghrébines comme les Subsahariennes s'insurgent contre certaines lois sociales, par exemple, celles qui empêchent la femme de sortir seule ou de fréquenter des lieux comme l'hôtel, le cimetière, les restaurants, etc. ou encore pour le choix du conjoint, choix à la maternité, etc. L'assimilation de la domination, tout comme l'habitus, peut se faire de manière pas forcement consciente. Ce qui explique l'acceptation de la domination par la plupart des femmes comme la mère d'Aicha, Ma, Zouina, la mère de Salie, de Sankele, Simâne, Bougna, etc. pour ne citer que celles-ci. Ces femmes qui acceptent passivement la domination constituent la majorité du groupe dans la société africaine. Peu sont celles-ci qui s'insurgent ouvertement. Le manque de cohésion et de solidarité entre elles justifie le nombre restreint des héroïnes, résistantes actives, et les difficultés auxquelles elles se confrontent. Cette acceptation peut aussi être la résultante de leur incapacité à faire face aux facteurs dominants. Dans *Moolaadé*, les coépouses de Collé se soumettent aux pouvoirs du mari et de l'institution patriarcale surtout par crainte de représailles. Pour celles-ci, refuser la pratique de l'excision, c'est enfreindre aux lois ancestrales et sociales. Elles craignent les conséquences qui découleront de leur désobéissance. L'une d'elles le dit d'ailleurs, « personne n'épousera une bilakoro[56] ; - les exciseuses vont leur jeter un mauvais sort ; - Ainées, j'ai peur des sortilèges des exciseuses ; - Ainée, Collé a allumé un feu qui ne me brûlera pas…etc. » (*Moolaadé*) Cette crainte et refus ou incapacité de résistance est perceptible chez Nappoko, mère de Pougbila : « les femmes n'ont aucun pouvoir de

[56] Bilakoro : filles ou femmes non excisées, perçues dans certaines traditions africaines comme impures ou immatures quel que soit leur âge.

décision… Tant que les mânes ne l'autorisent pas, les anciens ne vont pas changer les coutumes… » (*Delwende*) Toutes les deux sont conscientes des incidences de cette domination, humaine ou surnaturelle, sur leur bien-être et leur émancipation. C'est de ce fait qu'elles avouent leur incapacité à affronter le pouvoir dominant. Contrairement aux résignées, certaines osent résister mais sous le couvert de celle qui se donne l'audace d'une résistance pleinement ouverte en public. Ainsi, comme c'est possible pour l'habitus, la domination ou la classe dominante peut être confrontée à des influences extérieures, ce qui dans ce cas crée des foyers de résistances de la part des dominées.

2. Définir la résistance

Entre autres conceptions, nous retiendrons de la résistance comme étant un « Refus d'accepter, de subir les contraintes, violences et/ou vexations, jugées insupportables, qui sont exercées par une autorité contre une personne, les libertés individuelles ou collectives ; l'action qui en découle. Résistance à l'abus, à l'arbitraire, à l'injustice, au mensonge, à la tyrannie ; groupe, mouvement, organisation de résistance. » (Ortolang) La résistance est donc une réaction à la violence, à une autorité, à un exercice de pouvoir. La résistance implique donc la présence de la domination.

a. Rapport entre domination et résistance

Ainsi, dans *Histoire de la sexualité* 1: La volonté de savoir, Michel Foucault atteste que : « … là où il y a pouvoir, il y a résistance… celle-ci n'est jamais en position d'extériorité par rapport au pouvoir. »[57] On peut de ce fait déduire que la domination, exercice du pouvoir sur les moins nantis, et la résistance sont liées. La résistance, quelle que soit sa forme, est justifiée par l'exercice du pouvoir. C'est-à-dire que les foyers de résistances naissent de l'exercice du pouvoir. De même, Lila Abu-Lughod confirme que "where there is résistance, there is power/ là où il y a résistance, il y a pouvoir. "[58] Donc, la résistance est implicitement et explicitement liée à l'exercice du pouvoir, de la violence, en un mot à la domination. La femme africaine se trouve être coincée dans de tels mécanismes de domination. Si la femme s'insurge

[57] Michel Foucault. *Histoire de la sexualité, tome I: La volonté de savoir*. Gallimard, 1994, p.125.

[58] Lila Abu-Lughod. "3.10 The Romance of Resistance: tracing transformations of power through Bedouin women." *Women's Studies: Essential Readings*, 1993, p.42.

en protestation, c'est qu'elle est en face d'une quelconque forme de domination. En effet, les personnages féminins du corpus, le plus souvent, cherchent à échapper chacune selon sa stratégie aux exactions et violences sociales dont elles sont victimes. Ces exactions sont souvent d'ordre idéologique, physique, mental etc. C'est en fait à tout un système de « domination intriquée » que se confronte la femme. Quand bien même les deux chercheurs, Bourdieu et Scott, se penchent sur les principes de la domination sociale, le premier s'attèle plus sur le processus de celle-ci pendant que Scott évoque les formes de résistance en rapport avec les formes de domination. Ce dernier explique la façon dont le dominé parvient à opposer une quelconque forme de résistance en présence et en l'absence du dominant.

b. Les types de résistance selon Scott

Scott présente deux formes majeures de résistance que nous tenterons plus loin d'identifier en rapport avec les comportements qu'adoptent nos héroïnes vis-à-vis des structures dominantes. Nous nous intéresserons plus particulièrement à la résistance sous sa forme masquée comme stratégie de défense du dominé. La résistance ouverte, comme épreuves initiatiques parcourues par les novices, sera largement examinée dans le prochain chapitre. Les injustices, violences et différentes autres oppressions dont sont victimes les héroïnes (Salie, Sankele, Daba, Ma, Sultana, Dalila, Aicha, Saadia, Zouina, Kiné, Pougbila, Collé, etc.) appellent aux deux types majeurs de résistances définies par Scott. Pour Scott, il s'agit de 'everyday résistance' ou disons la résistance quotidienne, c'est-à-dire la résistance que l'on constate régulièrement dans les rapports sociaux quotidiens. D'une part, il parle de résistance publiquement orchestrée ; résistance par laquelle le dominé ou le groupe dominé orchestre le discours escompté par l'oppresseur ou l'institution oppressante, car exposer ses vrais plans de révolte face au dominant peut paraitre dangereux et trop risqué. Pourtant, des protagonistes comme Salie, Sankele, Pougbila, Collé, Sultana, Saadia et Leila se sont ouvertement opposées aux institutions dominantes. D'autre part, Scott évoque la résistance qui existe sous sa forme déguisée. Le dominé expose ses vraies intentions et motifs de résistant, une fois à l'abri du pouvoir. Les femmes appartenant à ce type d'opposition évitent de s'attirer l'attention de l'oppresseur ou de rendre publique leur contestation. A cette catégorie peuvent être associées des femmes comme la mère de Salie, celle de Sankele, la mère de Pougbila, les deux coépouses de Collé, Dalila, Leila, Zouina. Celles-ci fuguent, ou s'organisent souvent en sous-groupe ou dans des espaces intimes pour leur protestation. Il arrive aussi qu'elles soutiennent celles qui confrontent le pouvoir. Elles peuvent, plus tard comme c'est le cas de Zouina, ôter leur masque pour ouvertement manifester leurs désaccords. Ainsi, selon la pensée de Scott, « les objectifs poursuivis à travers la résistance sont les mêmes mais les formes diffèrent. »[59] Dans l'une ou l'autre des deux façons, elles résistent contre la domination matérielle, corporelle, contre des pratiques obsolètes, les idéologies dominatrices, la déségrégation de leur statut et pour la prise de parole.

III. Les stratégies de résistance

Tout en conférant une place à la domination au sein des rapports sociaux, nos œuvres, perçues sous l'angle sociologique, révèlent plusieurs stratégies de résistance orchestrées par les personnages féminins. Pour ceux-ci, cette résistance constitue l'épreuve ; un des motifs entrant dans le cadre du parcours initiatique et émancipatoire de ces héroïnes. Communément, la résistance est une réaction aux actes de violence de quelque nature qu'elle soit. Les types de violences, d'agressions, d'oppressions contre lesquelles s'insurgent ces personnages sont de tous genres, à savoir physique, moral, psychologique et idéologique. En l'occurrence, nous relevons l'oppression mentale et physique à travers des pratiques comme l'excision, le lévirat, le mariage forcé ou arrangé, la maternité, l'analphabétisme et tous discours environnant qui cherchent à asseoir leur validité. La violence est tantôt visible, tantôt invisible. La violence invisible, intérieurement vécue par la victime seule, est le plus souvent imperceptible par les autres agents sociaux. A ce type, on peut joindre les oppressions morale et psychologique à l'exemple du silence imposé, les conséquences générées par les pratiques précédemment mentionnées, l'interdiction à la prise de parole, les souffrances affectives et morales engendrées par la préférence des garçons aux filles, des mères de garçons à celles des filles. Ainsi, à différentes violences correspond une variété de résistances. Dans le même ordre d'idée, Spivak soutient lors d'une conférence que, « Resistance is not revealed in the same way everywhere. What looks like resistance for you might not look like resistance elsewhere. Your idea of what can be done as resistance is only yours that even the people around you do not

---

[59] Stellan Vinthagen and Anna Johansson. "Everyday resistance: Exploration of a concept and its theories." *Resistance Studies Magazine* 1.1, 2013, p.5.

represent. » (Columbia Maison Française, 2009) Même si des années après *Can the Subaltern Speak* des critiques lui sont adressées sur l'expression de la résistance. Il lui est reproché de nier la résistance aux subalternes comme les femmes.

Dans son interview à Donna Landry et Gerald Maclean, elle se défend en ces termes: «So, "the subaltern cannot speak," means that even when the subaltern makes an effort to the death to speak, she is not able to be heard, and speaking and hearing complete the speech act. That's what it had meant, and anguish marked the spot. »[60] Par cette réplique, elle reconnaît la résistance du subalterne, mais estime qu'elle reste sans suite escomptée. Cette pensée de Spivak trouve un soutien dans *The feminist Standpoint Revisited* où Nancy Hartsock soutient que le "standpoint indicates a recognition of the power realities operative in a community, and points to the way the ruling group's vision may be both perverse and made real by means of that group's power to define the terms for the community as a whole."[61] Vu que l'oppresseur détient le monopole de la parole, sa voix s'affirme plus en public que celle du dominé. Cependant, comme soutenue par le standpoint theory féminisme qui s'inspire de la théorie marxiste, la réalité est plus probable de la perspective des subalternes. La réalité se trouve bien enfouie par la voix de l'oppresseur qui n'est qu'apparence, souvent loin d'être la réalité du vécu du prolétaire, c'est-à-dire de la classe dominée à laquelle appartiennent les femmes. S'il faut aussi partir de la pensée de Scott quant aux types de résistance, le cri de résistance du subalterne dérange bien l'oppresseur qui se force quand même d'adopter une image forte en public. Il explique que ce côté faible de l'oppresseur qui se dévoile derrière la scène. Raison pour laquelle, la persistance et la persévérance du subalterne doit être encouragée. Ainsi à l'éclaircissement qu'apporte Spivak, nous tenons à apporter des éléments de réponses par des exemples relatifs à la femme. L'Africaine, par des stratégies de résistance qui lui sont propres, peut se faire entendre. Ce faisant, la résistance est diversement justifiée par nos protagonistes femmes. Dans leur dynamique de résistance, elles procèdent aussi bien par le silence, la ruse, la solidarité, le départ, que

---

[60] Gayatri Chakravorty Spivak. "Subaltern talk: Interview with the editors" *The Spivak Readers*. London: Routledge, 1993.

[61] Nancy Hartsock. *The feminist standpoint revisited, and other essays*. Routledge, 2019, p.110.

par l'éducation dont elles ont la charge ; la finalité étant de subvertir les normes des structures dominantes.

1. La subversion comme stratégie de résistance

La subversion comme stratégie de résistance féminine mine et compromet le pouvoir des institutions patriarcales. Elle constitue une menace pour ce pouvoir. Le premier facteur subversif susceptible de menace pour ces institutions se trouve être la violation de l'espace masculin par la femme. Des femmes se sont imposées de force dans des milieux qui socialement et culturellement sont reconnus pour être propres aux hommes. La présence de Sultana à l'hôtel ou aux cimetières pour les obsèques de son ami Yacine, par exemple, représente un défi aux structures patriarcales. Dans beaucoup de contextes culturels et religieux la femme n'est pas supposée être présente dans de tels endroits. L'hôtel, espace public, est culturellement reconnu pour les hommes et non les femmes. Par conséquent, la présence d'une femme évoque des soupçons ou des stéréotypes. En ce sens qu'une femme qui se retrouve dans un hôtel ne peut être que soit une femme de ménage (comme l'explique la narratrice de Diome dans *Le Ventre de l'Atlantique*) ou une prostituée. Ce qui explique l'accrochage et les mésententes entre Sultana et le maire intégriste Ali Merbah, de même que le regard violateur des hommes présents à l'hôtel. Aussi, le rôle de gérante de station d'essence que joue Kiné est une fonction au préalable occupée uniquement par les hommes dans beaucoup de pays africains. Cependant, de plus en plus les femmes occupent cette place. Lors de leurs quêtes, Pougbila comme Collé renversent la tendance traditionnelle en détenant la parole en public, parole qui concourt au changement du discours sur les injustices faites aux femmes et l'excision. Elles occupent des positions sociales réservées à l'homme d'abord par leur présence sur la place publique.

Plus encore, elles prouvent cela par leur prise de parole et de décision dans la recherche de vérité et pour l'éradication de l'excision. L'excision, pratique néfaste pour la femme, est bien accueillie par les notables et hommes du village de Collé. Dans l'imaginaire collectif de cette structure culturelle, il revient aux hommes de prendre la décision par rapport à la pratique de l'excision quand bien même ce sont les femmes qui la subissent. Les femmes sont les seules accusées de sorcellerie dans *Delwende* et sont sans aucun recours familial ni social. Pougbila s'investit personnellement dans la quête de vérité et de justice pour la femme. Ces pratiques et l'imaginaire social qui entourent les femmes et auxquels elles sont soumises privilégient une question d'honneur au nom de la collectivité sans pour autant considérer leurs incidences sur l'individu. En parlant d'honneur, Kwame Anthony Appiah justifie qu'il n'y a pas d'honneur en tuant au nom de l'honneur. L'honneur, profondément en nous et difficile à abandonner, a besoin de réformes pour être cohérent.[62] L'honneur est prépondérant dans la vie sociale de tous les jours. Il se passe parfois des valeurs morales pour asseoir sa légitimité dans les relations humaines. Dans ce cas de figure, la femme est seule devant les circonstances qui l'assaillent. Elle se voit, pour celle qui a le courage, dans l'obligation de forcer son chemin pour la résolution des conflits et vers sa libération. Pour solution aux diverses formes d'oppression qui assaillent les Africaines, Appiah suggère une résistance ou révolte collective. Ce qui implique la nécessité d'un changement dans l'imaginaire social qui passe par une prise de conscience et une reforme collective. Il s'agit d'imaginer des mesures collectives allant à l'encontre des normes sociales contre lesquelles s'érige la résistance. Comme exemple de résistance, Appiah s'inspire de la lutte contre le 'foot binding', une culture jadis pratiquée en Chine. Dans le même ordre d'idées, par leurs attitudes subversives, les personnages féminins, de *Moolaadé* par exemple, organisés en groupe parviennent à boycotter certaines pratiques, croyances et pensées africaines.

Ainsi, pour enclencher leur libération, la subversion est souvent l'arme ultime des héroïnes dans les œuvres filmiques et littéraires. Une perception globale de la situation de la femme montre que la subversion s'inscrit aussi à travers les écrits ou encore dans la réalisation des œuvres filmiques. Elle est pour les écrivains et les réalisateurs une quête pour le changement de certaines valeurs, normes et croyances sociales. Quand Sembène Ousmane ou Pierre Yaméogo décide dans un contexte culturel et traditionnel africain de faire de la femme l'héroïne de son œuvre, cela est fait à dessein. C'est pour eux une façon d'éveiller les consciences et de dénoncer les oppressions et injustices. C'est à cet effet des œuvres de résistance que ces auteurs présentent à travers la dénonciation et la sensibilisation. En créant des femmes engagées en lieu et place de l'homme, ces auteurs imposent à l'institution patriarcale des conduites sociales opposées aux normes préétablies, un renouveau. Le sens jadis donné à l'ordre social se trouve être renversé. Ils veulent

---

[62] Appiah Kwame Anthony. *The honor code: How moral revolutions happen*. WW Norton & Company, 2011.

une contextualisation et reconstruction des mentalités africaines vis-à-vis des traitements et fonctions sociales réservés aux femmes. La position que se réservent ces auteurs dans leurs œuvres justifie de même leurs choix et caractérisations des personnages femmes. Celles-ci se fraient leur chemin de libération par la révolte dont l'une des formes est cette subversion. La subversion du genre ou l'auto-détermination des femmes favorise leur reconstruction identitaire. Elles se définissent au lieu d'être définies ou de se faire représenter. La subversion devient de ce fait une imposition de soi par la femme dans des lieux ou par rapport à des normes ou valeurs sociales qu'elle conteste en vue de son épanouissement. Compte tenu de la division et de la hiérarchisation des sexes dans les sociétés africaines, la femme, le plus souvent, ne parvient à se détacher de certaines exigences sociales qu'en frayant de force son chemin. Ainsi, selon leur personnalité, leur réalité culturelle et le problème du moment, elles adoptent différentes stratégies de résistance. La réaction des femmes aux institutions et règlements en place peut être publique ou masquée. Selon le type d'opposition, nous verrons la façon dont ces personnages femmes opèrent et les répercutions qui découlent de leurs attitudes.

2. Les résistances

a. Résistance masquée

La résistance sous sa forme de texte caché est la stratégie de contournement dont se servent les dominés face aux oppresseurs. D'autres façons de refuser la gouvernance ou l'imposition d'autorité s'inscrivent dans le mouvement, l'immigration ou encore le silence, la ruse, la solidarité et le négo-féminisme, tant de stratégies que nous proposons d'examiner en relation avec les personnages féminins. Elles sont en même temps des stratégies de survie que le dominé met en pratique comme Scott l'explique :

> It is plain enough thus far that the prudent subordinate will ordinarily conform by speech and gesture to what he knows is expected of him – even if that conformity masks a quite different offstage opinion.... Conformity in the face of domination is thus occasionally – and unforgettably – a question of suppressing a violent rage in the interest of oneself and loved ones. For most bondmen through history, whether untouchables, slaves, serfs, captives, minorities held in contempt, the trick to survival, not always mastered by any means, has been to swallow one's bile,

choke back one's rage, and conquer the impulse to physical violence.[63]

Scott nous fait comprendre la pratique du discours caché par les marginaux face à l'autorité. L'idée est qu'ils doivent montrer un certain conformisme au désir de l'autorité et non leur vraie pensée ou réaction. A des fins de survie, les vrais sentiments sont exposés en cachette, donc en l'absence de l'autorité et loin de la perception du pouvoir. Les subalternes jouent souvent le théâtre devant le pouvoir en présentant un visage masqué. Le discours, les paroles tenues, les gestes, les réactions tous sont masqués une fois que le dominé est en face du dominant. Cette stratégie de discours masqué, tout comme dans les œuvres subsahariennes, est hautement représentée dans les deux œuvres maghrébines, à savoir *L'Interdite* et *Les Hommes qui marchent*. Dans cette deuxième œuvre, les femmes, pour exorciser leurs douleurs et atténuer les oppressions vécues en société, s'adonnent à des rituels (qui seront examinés plus en détail dans le chapitre suivant) lors des hadras[64] dans le gourbi[65]. Le gourbi est un lieu et une occasion où les femmes parviennent à se débarrasser du trop-plein de leurs afflictions pour ne pas exposer leur révolte en public. Elles retournent soulagées au sein de leur communauté après ces rituels. Dans *L'Interdite*, *Le Ventre de l'Atlantique* et *Celles qui attendent*, Mokeddem et Diome décrivent et décrient les conformismes religieux et socioculturels auxquels les Africaines sont soumises. Ces écrivaines présentent des personnages qui, dans leurs cercles réduits de femmes et à travers la solidarité féminine, se plaignent et se consolent mutuellement. Cette entente mutuelle leur permet de manifester leur désaccord contre des pratiques comme l'excision, le silence qui leur est imposé, l'inaccessibilité à la prise de décision les concernant, les stigmates posés aux filles-mères, les idéologies misogynes et dictatoriales, etc. En réalité, elles sont très peu celles qui osent affronter ouvertement l'oppresseur. Elles préfèrent agir subtilement et dans le silence à cause de leur vulnérabilité.

---

[63] James C Scott. *Domination and the arts of resistance: Hidden transcripts*. Yale university press, 1990, p.36-37.

[64] Hadras: réunions de femmes consacrée aux chants religieux

[65] Le gourbi : casbah, Cabane, hutte; Habitation misérable et en désordre ; Larousse en ligne: « Dans l'Afrique du Nord traditionnelle, habitation élémentaire, faite de pièces rectangulaires, uniquement éclairées par la porte. C'est l'habitat des classes défavorisées.»

b. Le silence

Le silence c'est le mutisme, l'indicible ou bien encore le langage tu. Le langage écrit, la littérature écrite, peut tout aussi être une forme de silence. C'est-à-dire que le silence a une fonction multidimensionnelle. Le silence est soit imposé soit volontaire. Les deux cas de figure se présentent dans notre corpus. Le silence imposé aux femmes se trouve être le plus récurrent. Compte tenu du contexte patriarcal et religieux, de leur absolutisme idéologique que traitent toutes nos œuvres au corpus, la femme africaine est tue. Cependant, des foyers de résistance sous la forme d'un mutisme volontaire de la part de certains personnages féminins figurent dans quelques-unes de nos œuvres. C'est quand la femme par elle-même décide du silence. Ainsi, le silence volontaire peut être un silence de la résistance. C'est ce type de mutisme que nous proposons d'analyser comme stratégie de résistance féminine. Par exemple, dans *L'Interdite* deux personnages incarnent différemment le silence. Il s'agit de Sultana et de Dalila.

Sultana, narratrice dans cette œuvre, constitue le socle de la révolte féminine. De retour en Algerie après quinze ans d'absence, elle engage une résistance ouverte pour prendre revanche pour avoir été tue pendant son enfance. Ce silence implique l'oppression, l'incapacité de se défendre et de se faire entendre. A la question de son ami Salah, « Comment faut-il interpréter tes silences ? », Sultana répond : « comme des réponses. Comme des défenses ouvertes ou fermées, selon. » (*L'Interdite*, 65) Le silence de la narratrice est l'expression de sa friction d'avec son pays pour cause des menaces et des interdits. Comme elle le dit, son silence est une réponse à toutes les exactions vécues. Ce silence n'est pas qu'oppressif, il traduit aussi un refus de soumission à ces exactions. Cette sorte de quiétisme en même temps oppressant peut tout aussi traduire une expression de résistance. Sultana, jeune, va partir de son pays dans une inaction et passivité totales. Ce quiétisme caractérise le sentiment du néant qu'elle ressent, car dit-elle,

> Quelques îlots de bonheur rongés par des années d'autisme (introversion) et d'aphasie (mutisme, silence) et les brisures (ruptures) des absences et des départs… Avant Yacine, je regardais sans voir. Mes Yeux, couverts d'une pruine tenace de mélancolie, je les avais mis au rebut, dans le grenier de mes rejets. Depuis si longtemps qu'ils étaient ainsi, mes yeux, comme deux fruits pourris sur leur branche. Je ne sais par quel hasard, un jour, je les ai retrouvés au fond de ceux de Yacine. Immergés dans les siens, ils s'y sont frottés, décrottés de l'abstinence, de l'aveugle absence,

> l'absence de tout qui est comme un trou dans le néant. (*L'Interdite*, 60-63)

Sultana avoue vivre dans le vide, dans l'absolu avant de connaître son défunt ami médecin Yacine. Cette sensation du néant commence à disparaître avec l'arrivée de celui-ci dans sa vie. Le néant est caractérisé par son introversion, son renfermement sur elle-même au départ et cette rupture marquée par ses absences dont elle parle. Cette rupture existait en elle aussi depuis son enfance malheureuse. Née d'un père étranger à la région et ayant vécu le rejet, elle exprime cette sensation de non-appartenance par le silence. Elle a préféré résister au rejet et aux menaces en quittant son pays. Son départ silencieux est salvateur, néanmoins pas choisi. Ainsi chez Sultana, le silence a deux sens. Dans ce cas, le silence qui conduit au départ est discrétion. Cette discrétion, sans doute, renferme une haine que la fille ne peut extérioriser à cause de sa vulnérabilité. Il s'agit d'une résistance fermée, car non violente ni agressive.

Le silence, c'est aussi le mutisme auquel sont soumis la plupart des personnages féminins du corpus, à l'exemple de Salie dans *Le Ventre de l'Atlantique*. Certaines s'opposent en cachette alors que d'autres s'érigent en révolutionnaires. Sultana, à deux moments de sa vie, s'oppose à tout ce qui a causé sa sensation du néant, ses angoisses, sa dispersion, sa fracture et enfin son identité mixte. La première résistance fut donc subtile et différente de celle qu'elle a opposée à son retour de France. Celle-ci ne s'est pas faite dans le silence. Alors que le silence de Sultana, traduit par le départ, représente une impuissance. Résignée au départ quand elle était jeune et sous persécution culturelle et religieuse, son silence diffère de celui de Dalila. Celle-ci exprime une révolte à sa manière contre ces mêmes institutions. Elle ne choisit pas le départ. Le silence qu'elle adopte est plus stratégique, car, en public, elle feint le conformisme. Elle exécute les ordres de ses proches en masquant sa résistance. Comme Leila dans *Les Hommes qui marchent*, Dalila s'impose par son refus de communiquer avec sa famille et par le refuge qu'elle trouve sur les dunes désertes.

Le silence chez Dalila est multidimensionnel. Il se présente sous différents angles et renferme plusieurs implications. Son silence est d'abord spatial. Les endroits (les dunes et la maison de son institutrice) qui lui servent de refuges répondent à sa quête. Vincent, un des personnages narrateurs, qui surprend la fillette nous donne une description du refuge de Dalila et de son moment propice, « Au sommeil de la première dune, je distingue une petite silhouette. Si matin ! Est-ce un garçon ou une fille ? [...] Dehors, il fait doux et un silence de cristal règne sur la palmeraie. Je grimpe la dune à la hâte. [...] C'est une fillette. » (*L'Interdite*, 45-46) Elle s'y trouve en quête de silence et de tranquillité. La nature, par ses caractéristiques et son envergure, décrit la quête de cette fillette. De connivence avec son institutrice Ouarda, Dalila nous confie ses plans de fugueuse, « Je me suis louée chez elle. Je garde son bébé. Pas pour l'argent, pour qu'elle m'apprenne. Je travaille beaucoup seule, aussi, et je lui montre quand elle a du temps. Elle est très gentille. Elle dit que je fais de grands progrès. Très vite. C'est calme dans sa maison.... J'aime dormir là-bas. » (51) Cette partie prouve que Dalila cherche le calme. Ce qui donne une idée préconçue et opposée à l'ambiance familiale. Vincent saisissant cette remarque de la fille y met plus l'accent, « c'est calme dans sa maison ? » (51) En opposant la maison de sa tutrice à la sienne, elle nous confie sa réponse en relatant l'atmosphère qui règne chez elle :

> Oui, j'ai trop de frères. Ils font trop de bruit. Ils se disputent tout le temps. Ils me disputent et ils disputent même ma mère. Ils me disent toujours : 'Tu [ne] sors pas ! Travaille avec ta mère ! Apporte-moi à boire ! Donne-moi mes chaussures ! Repasse mon pantalon ! Baisse les yeux quand je te parle !' Et encore et encore et tu multiplies par sept. Ils crient et me donnent que des ordres. Parfois, ils me frappent. Ma mère, elle, elle est contente quand je suis avec Ouarda... (51-52)

Elle décrit l'environnement bruyant de chez elle et explique les raisons pour lesquelles elle fuit sa propre famille, le manque d'accalmie. Elle présente dans cette partie du chapitre 'Vincent' le chaos comme qualificatif de sa famille. Le chaos qui caractérise sa famille ce sont les insultes, les interdictions, les punitions corporelles, les disputes, les ordres, l'interdiction d'étudier, les menaces, les séquestrations etc. L'atmosphère est étouffante, que de peines pour la fille et sa mère qui, de son côté, compare la vie familiale à l'enfer : « L'enfer c'est tous les jours, c'est maintenant [...] elle dit qu'après, dans la mort, elle sera tranquille. » (55) la mère forcée au silence ne peut fuguer comme le fait sa fille. Elle espère trouver la paix, la tranquillité et la liberté une fois morte. La mort serait le seul espace vital et d'accalmie pour elle. Ces contraintes, Sultana aussi les confirme en ces termes : « Peu à peu les menaces et les interdits de l'Algérie me sont devenus une telle épouvante. Alors j'ai tout fui. » (65) Nous avons là trois personnages féminins qui comparent leurs conditions de vie épouvantables à l'enfer. Cependant, dans ce silence qui leur est imposé, elles semblent chacune à sa façon trouver différentes réponses aux épouvantes. Alors que la mère attend la mort comme refuge et Sultana qui fuit vers la France, Dalila, quant à elle, refuse les stratégies de ses aînées. Elle se réfugie sur les dunes, chez sa tutrice ou dans le vide qu'elle construit autour d'elle. Dans ce cas de figure, le silence, forme de résistance, n'est pas imposé mais plutôt volontaire. Il est conçu sous différentes formes et se manifeste par l'absence, par le vide, ou par l'indicible de la fille. Elle déserte la maison sans rien dire à ses parents.

Incapable d'affronter le monde des adultes, cette fille choisit le mutisme comme arme. Elle s'abstient de parler, parce qu'elle craint comme elle le dit les représailles de son père et de ses frères qui, non plus, n'épargnent pas leur mère. Donc, en même temps que ce silence justifie une crainte, il est aussi une sorte d'engagement. C'est un engagement du moment où elle ne cache pas son mécontentement, ses révoltes et prises de position une fois qu'elle se trouve hors du milieu répressif. Elle s'ouvre et exprime sa colère contre les structures patriarcales devant ceux (feu Yacine, Vincent et Sultana) qu'elle pense être en mesure de comprendre ses réactions et sa quête. Ceux-là sont surtout ceux qui œuvrent pour l'éducation, la liberté, et l'expression libre de la femme. L'engagement de Dalila se résume au silence, au vide qu'elle crée autour d'elle et à sa désertion. Elle saisit toutes les occasions familiales propices à son évasion, à savoir la confiance que ses parents placent en son institutrice. Elle peut lui rendre visite à tout moment sans que cela n'éveille des soupçons. Elle brouille ses propres ambitions pour la liberté en la dissimulant derrière les visites chez l'institutrice. Ce déguisement lui épargne les colères parentales. Ceux-ci mis à l'écart du discours produit par leur fille ne parviennent pas à lui soutirer ces moments de liberté délicatement et bien choisis. A la question de :

> Vincent : tes parents te laissent venir ici [sur les dunes] aussi tôt ?
> Dalila répond : ils [ne] le savent pas. Je viens quand je dors chez Ouarda. Le soir, quand ils [ne] me trouvent pas à la maison, ils croient toujours que je suis chez elle.
> Vincent témoigne : Il [Salah] m'a dit qu'elle est toujours seule, un peu sauvage.
> Sultana lui répond à ce propos : seule oui, sauvage non. Elle fuit un certain nombre de choses. Elle s'invente un monde et s'y refugie. (54, 110)

Ce monde relève de sa propre création et du souci de son besoin d'accalmie. Le silence de Dalila est non seulement spatial, mais il est aussi un lieu imaginaire de l'expression libre. Son refus de parler est aussi espace défini par son absence d'esprit fréquente même quand elle est physiquement présente en famille. Ce monde, c'est son espace sur l'erg, ce silence qu'elle aime et dans lequel elle se sent libérée, moins étouffée comme elle l'est en famille. Elle « scrute ceux qui cherchent de l'espace » (*L'Interdite*, 112). L'espace, c'est ce silence libérateur, la tranquillité et l'ouverture contrairement au cloisonnement. L'unicité de Dalila et de Sultana se retrouve dans leur recherche de cet espace de celui « qui [ne] veut pas vivre comme tout le monde. » (112) C'est-à-dire être différent du conformisme religieux et culturel qui étouffe toute liberté d'esprit, de vivre, d'agir, de pensée et d'expression. Ainsi, c'est cette liberté qu'elle recherche à travers ce type de silence. Pour y parvenir, elle cherche l'inspiration auprès de ceux qui incarnent ce silence tranquillisant et en même temps résistant vis-à-vis du conformisme social. D'ailleurs, pour se protéger des maltraitances et de l'esclavage auxquels la soumettent ses frères islamistes, Dalila avoue à Sultana qu'elle se, « sauve sur la dune ou chez Ouarda et ... les déteste sept fois dans [sa] tête. » (135-36) Le silence est exprimé par son vide. Sultana nous le définit : « Ses yeux, agrandis, me fixent sans ciller, sans me voir. Durant quelques instants, elle demeure tendue, toute à ses ruminations, à ses conflits intérieurs.» (136) Elle fait le vide pour ignorer la présence de ses oppresseurs, elle pense que les filles ne peuvent pleinement vivre qu'avec la suppression des pères et des garçons. Ceux-là doivent mourir pour que la femme retrouve sa liberté. Cette pensée du féminisme radical qui encourage la suppression du genre masculin en vue de l'épanouissement de la femme, Dalila l'approuve en ses termes : « Je peux éteindre toute la lumière de la terre, faire disparaître les choses et les gens rien qu'en fermant les yeux. » (136) Elle enchaîne, « quand j'étais petite et que je fermais les yeux, je croyais que j'effaçais tout le monde. Quand j'avais la colère de mes frères, je leur disais : 'taisez-vous, laissez-moi tranquille, sinon je vous éteins.' Je fermais les yeux, je les voyais plus, alors je croyais qu'ils existaient plus. » (136) Effacer, faire le vide autour de soi pour ignorer et faire disparaître les pressions, faire le silence autour de soi, l'invulnérabilité aux agresseurs, telles sont les stratégies calmes de la fillette. Son refuge sur les dunes comme strFatégie vient avec l'âge et la maturité. Les moments de rêveries sont ainsi libérateurs. Elle ne se trouve plus emprisonnée des normes sociales pleines de morale, d'éthique et de codes d'honneur. Plutôt, elle végète dans sa propre raison d'être qui permet d'oser et de rentrer dans tous les domaines de réflexion sans aucune barrière.

Le silence est aussi l'expression d'un désir de renaissance chez Dalila. Il se traduit par une sorte de retraite dans le monde in vitro. Elle veut renaître d'elle-même. Yves Ouallet explique la portée du silence de l'enfant pour Pascal Quignard, poète français :

> Le refus de parole chez l'enfant n'est pas seulement refus d'entrer dans le collectif du langage, mais retraite vers l'avant-naissance, retour en arrière vers un état non-oral : dans le liquide amniotique le fœtus ne respire ni ne mange par la bouche, et a fortiori est incapable d'émettre un son oral – mais cela ne l'empêche pas d'entendre, au contraire il est tout ouïe(s) : c'est le silence qui permet l'écoute et l'entente d'une compréhension qui est imprégnation interne du corps.[66]

Dalida développe une introversion en se réfugiant dans son monde à elle. Elle vit centrée sur ses pensées, ses émotions, ses rêveries, en même temps qu'elle se détourne du monde extérieur qu'est sa famille. D'où toute la portée qu'a la nature pour elle. Dans le livre, elle associe la nature à la liberté et résume tout à l'espace tels que sa conception du paradis, des grands arbres aux grandes feuilles, des dunes, la peinture, la solitude, la personnification de la dune et du sable :

> La dune, elle se déplace. Elle change de forme. Des fois, elle est comme la poitrine d'une très très grosse maman, des fois comme son ventre. Des fois comme des fesses ou un dos qui prient. Elle fait des trous d'ombre et des ronds de feu. Des fois, elle a des frissons. Des fois, la peau lisse. Et puis il vole, le sable. Dans le vent, il va jusqu'au ciel. Il éteint le ciel. Dans le vent, il voyage, il crie, il pleure, il danse, il chante... parce que l'erg c'est la mer [mère] des rêves. La mer c'est un erg d'eau qui, des fois, efface ses vagues… Je l'ai vue sur des photos et sur des livres, la mer. La mer, c'est la mère des poissons et aussi des marins. Et les marins qui sont au-dessus, ils [ne] voient pas toujours les poissons qui sont au fond de l'eau. Ils [ne] voient pas le sel aussi. L'erg c'est la mer d'ici. Et dans le sable, sur le sable, y a les gens des rêves qui vont au ciel et redescendent, qui font la lumière et qui [ne] meurent jamais. Les gens de la vie, ils [ne] savent pas toujours les voir. Moi, je les vois, je leur parle. (*L'Interdite*, 101-02)

---

[66] Yves Ouallet. « Le silence, l'écrit. *Vie secrète, les silences* de Pascal Quignard », Loxias 32, mis en ligne le 28 fevrier 2011, http://revel.unice.fr/loxias/index.html?id=6577

Dalila donne une signification à ces éléments de la nature tout en établissant un rapport entre eux. Pour elle, les dunes de sable représentent ce qu'est la mer pour les poissons et les marins. Au-delà de l'acception maternelle dont elle recouvre l'erg et la fonction qu'il joue, à travers cette comparaison, elle développe une réflexion approfondie de son espace à elle. Elle décrit à la fois sa constitution et le symbole qu'il incarne. C'est dans cet espace tel qu'elle le conçoit que Dalila se définit, « Les gens de la vie, ils [ne] savent pas toujours les voir. Moi, je les vois, je leur parle. » (102) A travers son intériorisation des éléments de la nature, elle démontre qu'elle est différente des autres gens. L'introversion résulte de la situation inconfortable qu'elle vit dans sa famille et vis-à-vis de laquelle elle crée une rupture et observe un mutisme. Elle apprend à aimer et comprendre tout ce qui œuvre pour l'indépendance et la liberté. Ce silence qu'elle nous confie en nous rendant complices est représenté dans le roman par l'absence de communication directe entre cette fille et les membres de sa famille, par son admiration pour tout ce qui est espace, son monde de l'imaginaire. Tout ce que nous apprenons de sa famille nous vient de sa narration. L'auteur tait la famille de Dalila. Celle-ci ne s'exprime oralement que quand elle est en présence de son institutrice et de ses amis le feu Yacine et ensuite Vincent. Le silence de Dalila est donc une sorte de retraire dans le corps et dans cet état premier où règne la sécurité, l'étape avant la naissance. Son silence est nostalgique et est l'expression d'une mélancolie du monde in vitro, d'une insatisfaction et à la longue d'un refus. Elle rejette et se retire de sa propre famille. Ce rejet est aussi un désaveu des pratiques familiales et sociales qu'elle peint.

Vu les conditions de vie au sein de sa famille, Dalila ne se sent libre qu'en se taisant et en se réfugiant sur la dune de sable. Les dunes, espace sacralisé par Dalila, deviennent son espace intérieur. Donc, une fois dans cet espace interne, elle refuse toute perturbation par l'espace externe, d'où ses fuites. L'Autre monde, un monde extérieur qu'est sa famille, elle l'exclut par l'absence. Elle s'absente de ce monde familial qu'elle rejette pour être présente par et pour elle-même. Cette absence refuse le pouvoir manipulateur à l'Autre qui veut l'assujettir et enfermer son esprit dans le cocon traditionnel. La désobéissance, la fuite hors de la famille et la désertion la recreént. Sa vie isolée ressemble donc à une expérience singulière, celle d'avant la naissance. En s'éloignant, c'est le seul moment pendant lequel elle éprouve de la joie, car cette joie est tout simplement, 'je suis'. Une nouvelle sensation d'être. Sur la dune, lieu de recueillement et de silence, elle se débarrasse de tout encombrement familial. L'on peut associer cette façon d'être et d'agir de Dalila au silence des auteurs qui ne peuvent dénoncer haut et fort leur colère et leur désaveu. Par conséquent, ils se réfugient dans le silence de l'écriture, s'y cachent pour s'exprimer. L'écriture devient ainsi la ruse de nos écrivains femmes surtout pour se libérer.

c. La ruse

i. Qu'est-ce que la ruse ?

La ruse est présente à la fois dans les œuvres subsahariennes et maghrébines de notre corpus et est différemment mise en scène par nos personnages. Elle se constate principalement au niveau diégétique des œuvres et les personnages féminins s'en servent pour parvenir à leurs fins. Les motivations de ces stratagèmes se trouvent souvent être l'amour, l'avarice ou l'ambition en général. L'ambition constitue le motif premier pour les personnages féminins dans le cas de figure de notre travail. La ruse peut être une stratégie de survie dans un contexte de conflit, de chaos, là où sévit le mal. Elle permet de vaincre pacifiquement les forces conflictuelles auxquelles l'individu fait face pour avancer. Verbale comme non-verbale, la représentation de la ruse féminine intervient dans les relations sociales entre les hommes et les femmes. La ruse, une sorte de pouvoir, constitue en même temps un moyen de résistance efficace pour les femmes. Il s'agit pour les femmes de se servir de leur finesse d'esprit afin d'atteindre leurs objectifs. Pour des raisons de défense ou de survie, la femme africaine fait souvent recours à la ruse. Les ruses féminines dans notre corpus se présentent sous différentes formes, à savoir la séduction, le mensonge et la dissimulation.

Dans le cadre de ce travail, les personnages féminins s'en servent particulièrement comme une stratégie de résistance face à l'intolérance misogyne des pouvoirs socio-culturels et religieux. Entre autres l'on peut mentionner le cas de Collé qui s'oppose à la pratique de l'excision dans un contexte hautement patriarcal. Cette pratique justifiée, car faisant partie intégrante de l'enseignement de la jeune fille, est associée à des valeurs culturelles et religieuses. Sankele de même s'en sert pour tromper la vigilance de ses parents et en même temps s'ériger contre les structures sociales qui imposent un mari aux jeunes filles contre leur gré. De même, du côté du Maghreb, l'on peut citer le cas de Dalila précédemment examiné. Elles qui s'éclipsent de la maison à la recherche d'un endroit plus tranquille et reposant autre que la maison familiale. Elles utilisent des stratagèmes pour y parvenir.

ii. Les manifestations de la ruse comme stratégie de résistance

La ruse de la séduction et de l'amour

La ruse de la séduction et de l'amour permet de se rapprocher de l'être aimé ou d'éloigner un/une rival (e). Grâce à la ruse, tous les jeux d'adversité sont permis, car elle se présente souvent sous sa forme inoffensive. Elle permet et contribue d'une part aux personnages femmes de nos œuvres de survivre aux obstacles qui les freinent dans leur ambition émancipatrice. Néanmoins, poussée à l'extrême, la ruse emmène certaines femmes à être victimes de leur propre manigance. Ces femmes, à l'exemple de Gnarelle dans *Le Ventre de l'Atlantique*, se servent de la séduction comme ruse pour écarter une coépouse du mari. Gnarelle dont nous avons amplement parlé au niveau de la formation de l'habitus, rappelons-le,

> … appréciait son trône matrimonial, elle s'y plaisait et faisait tout son possible pour le garder. Elle voulait cantonner les fougues de son El-Hadji dans les limites de son triangle. Mais, pour couper les cheveux de Samson, il fallait plus que les gazouillis d'un bébé. Alors elle variait les mets, les coiffures et les petites attentions pour son mari. Le soir venant, les dentelles qui ornaient ses dessous laissaient entrevoir autant de facettes de sa sensualité. Allah Akbar ! disait El-Hadji, en feignant d'éviter de la regarder lorsque, se rendant à la mosquée pour la prière du soir, il la croisait sur le perron ou dans la cour. Heureusement qu'il portait toujours un pantalon bouffant ! Allah Akbar ! Dieu est grand ! Gnarelle vivait épanouie, ignorant les soupirs de sa coépouse, jusqu'au jour où… (*VA*, 147)

Gnarelle veut garder son amour mais aussi protéger et garder intacte sa réputation de la soi-disant femme exemplaire (vision culturelle). Elle se donne aux petits jeux séducteurs, parce qu'elle veut être la favorite du mari. Elle se plait à voir la première femme maltraitée et délaissée par ce dernier. Donna Kuizenga remarque que, « les personnages amoureux dissimulent [leur diplomatie emplie de petites astuces] pour favoriser leur réputation intacte, ainsi que pour séparer leur amant d'un rival. »[67] Gnarelle s'adonne à ce genre de jeu malgré les souffrances de sa coépouse expliquées dans le chapitre précédent. Ce niveau de perception et d'usage de la ruse favorise la rivale en défaveur de son adversaire. Le personnage de Gnarelle développe et reproduit un stratagème qui, sans tarder, se retourne contre elle. Elle sera à son tour délaissée par son mari pour une autre femme plus jeune. La violence

---

[67] Donna Kuizenga. « Ce rusé d'amour: les ruses des Annales galantes », *Écriture de la ruse*. Vol. 13. Rodopi, 2000, p.321.

qu'elle a perpétrée s'est reproduite sur elle. Ainsi, la ruse de séduction peut à la fois être un moyen de survie et destructrice. Il appartient au joueur de savoir s'y prendre en évitant l'extrémisme. Cependant, ce personnage n'étant pas capital pour l'étude de la résistance menant à l'émancipation visée à travers le parcours initiatique, sa ruse destructrice n'impacte en rien le processus émancipatoire de nos héroïnes comme Collé.

Collé

La ruse féminine est associée à l'idéologie misogyne. L'Africaine fait usage de plusieurs pratiques pour se sécuriser et aussi pour parvenir à ses ambitions dans un contexte où les lois et pratiques sociales sont dominées et régies par l'homme. Grâce à la ruse nos personnages féminins évitent les sanctions associées à leur renversement des lois sociales oppressantes. Le changement des normes sociales, à savoir l'éradication de l'excision et la revendication du droit à la parole féminine que Collé poursuit, a abouti vers la fin du film en partie grâce à la ruse. On ne saurait exactement s'il importe de parler de jeu de séduction de la part de Collé dans sa relation avec son mari. Rien dans le comportement de celle-ci ne nous démontre un tel enjeu. Cependant, son mari avoue et confirme qu'elle est sa favorite. Le penchant que le mari a pour Collé contribuerait à son audace et courage d'enfreindre à l'autorité du chef de famille. Quand les échos de la révolte de Collé contre l'excision lui sont parvenus, il ne peut se retenir de confesser à celle-ci en supplique, « Collé, dix-huit ans de mariage… une seule fille. Tu es ma favorite. Tu as refusé de faire exciser notre fille. J'ai accepté. Maintenant tu veux que toutes les filles du village restent bilakoro. Tu m'es montée sur la tête, j'ai accepté. Et tu veux me chier sur la tête… » (*Moolaadé*) Calmement, il lui confit, « Je n'ai jamais battu de femme... ». Celui-ci conscient des infractions de Collé, dont le refus d'exciser leur fille Amsatou dans un village où l'excision est obligatoire, ne parvient pas à changer la prise de position de sa femme. Cela même après le reproche de son frère aîné qui le force à prendre une sanction contre cette dernière, il répond : « Cadet, aurais-tu renoncé à ton autorité de mari ? Cadet, Collé te bafoue… Tu es devenu la risée du village. Pour restaurer ton autorité, tu dois répudier Collé, bouter dehors les quatre fillettes et purifier Amsatou. Tiens ceci ! Tu dois la flageller. Pour qu'elle prononce le mot qui exorcise le Moolaadé. Tiens… Prends… [Chicotte en cuir] … Debout ! Je suis ton ainé. Obéis ! … » (*Moolaadé*) Collé, témoin des remontrances du beau-frère, garde un silence vraisemblablement pas neutre, car elle ne cédera pas à sa mission. Son silence est séducteur. Comme séduction, le silence d'apparence traduit la soumission. Ce signe de soumission de la part de la femme accorde et confirme la supériorité du mari sur ses épouses. Quand dans la scène sur l'aveu le mari adopte un ton menaçant, Collé baisse la tête et reste silencieuse. Elle comprend que lui retorquer instantanément c'est violer des fondements du patriarcat : le respect du mari, la prise de parole par la femme que quand elle y est autorisée. La riposte violente ne joue pas en sa faveur. De ce fait, elle se sert de cette même loi contre l'homme pour parvenir à ses fins. Soumise et conciliante avec les normes sociales, la femme atteint ses ambitions. Donc, tout en transgressant l'autorité du mari, elle lui fait comprendre qu'elle lui est obéissante. Cette ruse permet à Collé d'avancer dans son combat. Vers la fin du film, elle réussit à obtenir le soutien de son mari qui se dissocie des notables. Même si Collé use de son expérience fâcheuse de l'excision, de la radio comme moyen d'instruction, sa ruse et sa force de séduction (silence) sur le mari ont été d'une contribution significative pour son engagement. Le motif de séduction chez Collé n'est pas identique à celui de Kiné.

Kiné

La séduction et le dur labeur résument la démarche empruntée par Kiné pour son engagement. Après les déceptions encourues dans ses relations avec les deux hommes, pères de ses deux enfants, Kiné s'est engagée à faire de sa vie une convoitise face à ses oppresseurs. Du fait de la force de caractère qui lui permet d'occuper des emplois réservés aux hommes, elle parvient à les dissuader et réfuter ceux qui veulent lui imposer leur idéologie du sexe dominant ; celle de la femme au foyer ou celle de la femme figée dans des rôles traditionnels. Des rôles qui souvent la restreignent dans ses capacités et ambitions. Le contraste entre l'Afrique nouvelle et traditionnelle se trouve dès la première scène du film où, dans sa voiture, elle laisse passer une file de femmes porteuses d'eau sur les têtes. Elle rejette l'image de la femme au foyer en faveur de la femme travailleuse, émancipée et autosuffisante. A la station d'essence, le service où elle est patronne, elle décline l'invitation des hommes comme Jean, homme pourtant exemplaire qu'elle apprécie. Pour Kiné l'homme n'est plus qu'un objet de plaisir comme elle le confirme, «Quand j'ai besoin d'un homme, je paie ton mari pour ses services » (*Faat Kiné*) et à Madamba qui vient plaider la cause de sa femme, Kiné rétorque : « je t'ai rétribué pour ton travail d'étalon.» (*Faat Kiné*) La vulgarité que lui reproche monsieur Wade, son amant, s'explique par sa prise de position face à l'homme qu'elle ne considère plus comme un supérieur à présent, mais plutôt comme un être qu'elle tourne en dérision, comme un objet, un objet sexuel qu'elle utilise à sa guise. Quand elle en finit, elle s'en débarrasse, « je t'ai rétribué pour ton travail d'étalon » dit-elle à Madamba. (*Faat Kiné*) Il y a là un travestissement de comportement social par la femme et une transgression des normes sociales. Kiné avance et s'érige en 'guerrière' grâce à son charme séducteur et à ses propres efforts. Elle refuse d'utiliser la séduction dans le seul et unique but d'avoir un mari comme l'enseignent les traditions africaines aux femmes. Plutôt, elle en fait une arme en plus du travail pour annoncer le besoin de changement dans la perception des rôles sociaux et des mentalités.

iii. Le mensonge ou la tromperie comme ruse
Dalila et Leila

Dalila et Leila, respectivement dans *L'Interdite* et *Les Hommes qui marchent* de Mokeddem, se servent du mensonge pour tromper la vigilance des parents. Dalila d'ailleurs avance : « Non c'est pas trop rigolo d'être une fille. Ta mère, tu lui dis que des mensonges ou tu te tais. Heureusement que elle (elle désigne les dunes), elle vient toujours me voir, chaque fois que je suis ici. A elle, je lui dis tout, même ce que je cache à Ouarda et à Yacine. Elle m'écoute. Elle [ne] prend jamais la colère. » (139) Elle explique le lien maternel qui la lie aux dunes et le rejet de la mère biologique. Pour sa dépréciation parce qu'elle est fille, Dalila ne peut que mentir pour se libérer des pressions. Ces mensonges et tromperies constituent la ruse par laquelle Dalila et même Leila échappent aux contrôles et pressions familiales. Elles cachent aux yeux de leurs parents le vrai motif de leurs absences de la maison. Dalila confie à Vincent ses plans d'évasion. Pour retrouver ses dunes, elle profite ainsi de la confiance que ses parents ont pour son institutrice Ouarda. Elle est certaine que quand elle sort, ses parents ne vont jamais vérifier chez celle-ci, « Ils ont peur de la fâcher » dit-elle. Elle poursuit sa confession à Vincent : « Alors moi je peux venir ici [sur les dunes] et être tranquille. » (130) Sultana aussi explique que les évasions de Dalila n'ont rien de sauvage : « seule oui, sauvage non. Elle fuit un certain nombre de choses. Elle s'invente un monde et s'y refugie. » (110) Elle souffre plutôt de solitude, d'enfermement, de discrimination, d'incompréhensions de la part de sa famille. Toujours se confiant, cette fois-ci à Sultana, elle divulgue : « Moi, je n'ai pas de sœur à la maison et j'ai sept frères. Si je les écoute, je ferais qu'obéir et travailler sept fois, tout le temps. Je [ne] le fais pas. Je me sauve sur la dune ou chez Ouarda et je les déteste sept fois dans ma tête. » (135-36) Ces contraintes la poussent à toujours mentir comme elle l'avoue le faire même avec sa mère, soit elle lui ment ou elle se tait simplement. Quand la vie entre une fille et sa mère ne se résume qu'à des mensonges, c'est l'expression d'une vie malheureuse au sein de la famille. La mère est censée être son soutien et sa protection. Ces mensonges et absences répétés, en réalité, sont motivés par le désir ardent de liberté.

La vie familiale silencieuse et solitaire de Dalila exprime sa résistance aux traditions culturelles de sa société. Ce silence en même temps stratégique est une ruse de sa part pour échapper aux pressions familiales. Elle semble docile aux yeux des parents, mais, en réalité, elle leur ment souvent pour se soustraire des contraintes familiales. Dalila, pour ne pas subir les colères répétées de ses frères contre lesquelles même sa mère ne peut la défendre, prétexte sa visite chez Ouarda. Comme elle nous le confie, la maison d'Ouarda n'est pas sa destination finale. Elle va sur les dunes où tout comme Leila, elle retrouve un soulagement, un réconfort, une sorte de protection et une tranquillité d'esprit. De son côté, Leila se soustrait des tâches domestiques, à savoir la garde de ses nombreux petits frères. La ruse de ces deux filles se trouve au centre du motif narratif de *L'Interdite* et *Les Hommes qui marchent*. Cette ruse se dessine dans les mensonges et alibis récurrents dont elles se servent. Elles ont souvent besoin de masquer leurs intentions pour parvenir à leurs fins. Ce motif narratif s'explique par la nécessité de survie et de liberté dans un contexte socio traditionnel imposant pour la femme.

C'est ainsi que dans sa quête de liberté, Dalila aime s'entretenir avec les agents promoteurs de la liberté et de l'ouverture d'esprit, à savoir Vincent, Sultana et Salah. Ceux-ci, par leurs identités, vision et comportements sociaux, représentent le pont entre deux cultures, l'ouverture vers l'Autre, la différence. Ils sont en même temps tout ce que les traditions algériennes critiquent. De ce fait, que Dalila s'associe et s'entende avec ces personnages prouve la tendance qu'elle poursuit ; son ouverture en lieu et place de l'enfermement dans lequel elle se trouve. De l'étape initiale (enfermement) au stade visé (ouverture ou éveil), la ruse se trouve être la seule stratégie sécurisante pour Dalila. La ruse la protège des stéréotypes, insultes dont a été victime sa sœur Simâne qui a quitté pour la France. De même, l'admiration que Leila a pour sa tante Saadia n'est pas fortuite. Saadia dans *Les Hommes qui marchent* est le symbole de la révolte, de la résistance et de la subversion. Elle incarne cette ouverture d'esprit et la résistance féminine pour se libérer des normes sociales traditionnelles. Ainsi, la ruse est utilisée par les femmes comme moyen de passage d'un état de domination à celui de libération.

Les personnages féminins dominés cherchent à tromper leurs oppresseurs par des mensonges et des actes de dissimulation, parce que, « Their vulnerability has rarely permitted the luxury of direct confrontation. »[68] Ils ourdissent subtilement des complots et des simulations. Presque toutes nos héroïnes engagées passent par la ruse pour franchir leurs obstacles, ce dans le but ultime de s'éviter autant que possible des représailles et conséquences fâcheuses. C'est ainsi à une résistance masquée, calme et passive qu'elles s'engagent. La ruse est le moyen plus ou moins sûr pour elles, car elle seule tout comme l'humour et la parodie permet de masquer la vérité, la vraie intention de l'individu dans des contextes sociaux où le pouvoir et les relations sociales encouragent une hiérarchisation du statut individuel ou d'un groupe. Des difficultés de vie sociale telles que les disparités, les difficultés d'expression, de communication, de prise de décision et beaucoup d'autres interdits forcent la femme à dissimuler ses actes. Sinon, comme le dit James Scott, « Without the sanctions imposed by power relations, subordinates would be tempted to return a blow with a blow, an insult with an insult, a whipping with a whipping, a humiliation with a humiliation. »[69] La ruse de ces personnages s'articule principalement autour de leur recherche de possibilité pour contourner les interdits dans le cadre de leur relation avec les pouvoirs influents. Le conflit entre leurs ambitions personnelles ou catégorielles (femmes) et les codes sociaux structurants justifie l'usage de la ruse par les femmes.

iv. La dissimulation

Sultana

Une autre des ruses féminines, c'est celle des femmes dont Salah fait le témoignage en s'adressant à Sultana. Rappelons que pour

---

[68] James C Scott. *Domination and the arts of resistance: Hidden transcripts*. Yale university press, 1990, p.136.

[69] James C Scott. *Domination and the arts of resistance: Hidden transcripts*. Yale university press, 1990, p.38.

reprocher à celle-ci ses confrontations multiples et ouvertes contre les abus de pouvoir de l'intégriste Ali Merbah, Salah lui suggère de faire comme les autres Algériennes qui résistent subtilement et plus sont discrètes que Sultana. Il suggère à celle-ci de persévérer dans l'ombre des hommes comme le font d'autres femmes algériennes. Dans le calme et grâce aux emplois qu'elles occupent, elles évoluent en s'imposant dans le monde misogyne. A l'opposé de Sultana, ces femmes avancent dans l'ombre sans se faire remarquer. Ce stratagème minimise les risques de persécutions dont Sultana est victime. Les risques sont expliqués par Scott à travers son travail sur la résistance dans lequel il soutient : « Conformity in the face of domination is thus occasionnally – and unforgettably – a question of suppressing a violent rage in the interest of oneself and loved ones. »[70] Ainsi, il se trouve que la conformité n'est plus une question de choix pour la femme. Elle se doit de l'adopter pour poursuivre ses ambitions.

Pareillement, dans *Les Hommes qui marchent*, des femmes fréquentent les lieux intimes pour dissimuler leurs intentions. Ce sont des espaces particulièrement retenus pour et par les femmes. Ils contribuent et participent à l'accomplissement des ruses féminines. Ce sont des endroits par excellence où elles se réfugient pour s'opposer à et combattre par leurs danses et chansons rituelles l'oppression. C'est pour elles comme un purgatoire, un lieu de cure et de thérapie en rapport à leurs mécontentements et angoisses. Le gourbi, lieu des hadras, en est un exemple. La narratrice nous confie le vrai motif associé à cette rencontre entre femmes au gourbi, lieu faisant obstruction aux hommes. Par sa définition, « Habitation des classes défavorisées, misérable et mal entretenue » (larousse.fr), le gourbi s'identifie aux malaises des femmes. Les contributions, fonctions et portées symboliques de cet espace en faveur des femmes seront étudiées plus en détail. Ces portées symboliques justifient son adéquation à la ruse féminine. Il est décrit dans *Les Hommes qui marchent* comme un

> Petit subterfuge d'une ruse féminine séculairement sabrée et par la même, affutée et qui, par les chemins tortueux des opprimés, trouvait issue aux plus impérieuses des envies[...]Les hadras sont des réunions de femmes autour de la célébration d'Allah et de son prophète[...]Inattaquable alibi qui avait toujours accule les hommes à une tolérance agacée et suspicieuse[...]Leurs communes prières n'avaient jamais été, au mieux, que des cantiques qui, au fil du temps, avaient tourné en complaintes diverses. En divertissement, en somme. Transes orchestrées par le lyrisme des incantations et les

[70] Ibid. p.37

> battements puissants des bendirs. Danse-délivrance des tensions accumulées. Si des chants liturgiques inauguraient toujours les hadras, ils n'étaient plus que de courts préludes au répertoire féminin [...] Avec la guerre de libération, le répertoire des hadras se transformait en formidable outil de résistance et de propagande. (*HM*, 107- 08)

Le gourbi, un répertoire initialement conçu à des fins religieuses, change au fil du temps et des événements historiques pour être un purgatoire, un lieu de résistance des femmes. De même, il fut pendant la guerre l'endroit où celles-ci s'opposent, par des chants patriotiques, des louanges des héros et hymnes à la liberté etc., à l'occupation coloniale française. La stratégie par laquelle ces femmes associent ce lieu à leur ruse devient remarquable. La connotation de ce lieu tient du fait que la profession de foi est inattaquable. Elle n'autorise pas l'argumentation. De ce fait, les femmes, laissées à elles-mêmes et sans surveillance, s'adonnent à l'exorcisme de leurs douleurs sans crainte de répréhension. L'espace des ruses féminines s'applique de même pour la narratrice Salie qui, elle, prend l'école comme endroit privilégié.

Salie

Salie, en rappel, vit en France après avoir échappé à une enfance malheureuse. Ces études vont plus tard la sauver des affres de sa société qui ne la définit que par les lexiques d'enfant illégitime et étranger à la contrée. Si en narratrice elle pose un regard critique sur la vie sociale des femmes dans le roman, c'est bien en grande partie dû à sa scolarisation qui a frayé son chemin vers l'Occident. La ruse de Salie s'articule d'abord autour de son entêtement à vouloir fréquenter l'école et la contribution que cette scolarisation apporte à sa vie. Disons que la scolarisation des filles à une certaine période de l'histoire en Afrique et surtout dans les contrées les plus reculées n'est pas encouragée. C'est une raison à laquelle est associé le retard accusé par la littérature féminine en Afrique. Le niveau de scolarisation féminine, même cinquante ans après les indépendances en Afrique n'ayant pas trop changé, Salie trouve une meilleure stratégie pour se faire accepter par l'instituteur qui ne voulait pas l'accepter au début. Donc, pour bénéficier de l'instruction, elle passe par des astuces comme le vol, la cachotterie et les tromperies. Salie échappe à la surveillance de sa grand-mère maternelle pour se réfugier dans la classe de l'instituteur à l'insu de celui-ci. Elle nous confie,

> Je ne cessais de le [monsieur Ndétare] harceler, il m'a tout donné : la lettre, le chiffre, la clé du monde [...] La classe de monsieur Ndétare n'était jamais fermée. Mais je n'avais pas le droit d'y entrer, je n'étais pas inscrite. Curieuse, intriguée surtout par les mots que prononçaient ses élèves à la sortie des cours..., je voulais découvrir le génie qui apprenait aux enfants scolarises tous ces mots mystérieux. Alors, j'ai triché, j'ai volé, j'ai menti, j'ai trahi la personne que j'aime le plus au monde : ma grand-mère ! (*VA*, 66)

Salie confie sa subtilité qu'elle avoue être à la fois sa 'clé du monde', c'est-à-dire son ouverture vers le monde extérieur. Après cette révélation, elle explique la façon dont elle a exécuté ces astuces (la tricherie, le vol, le mensonge et la trahison) qui lui ont permis de convaincre l'instituteur et sa grand-mère. La persistance, les larcins et son jeu de cache-cache déterminent sa ruse. Elle y a tenu jusqu'à se faire accepter et en même temps obtenir le consentement de sa grand-mère dont elle a trompé la vigilance. Ayant pu s'introduire dans la classe, elle mène et amène stratégiquement l'instituteur à soutenir son inscription auprès de sa grand-mère. Vu le contexte social qui encourage plus l'éducation des garçons et l'insistance de Salie, une demande de scolarisation simplement manifestée de sa part pourrait être ignorée. Sa grand-mère, d'ailleurs sans bien comprendre la visite de l'instituteur, se confond en excuses quand elle apprend que sa petite-fille assistait clandestinement au cours. En plus, le discours narratif autour de son inscription à l'école nous instruit sur les vols intempestifs des épargnes de sa grand-mère dont elle se sert pour s'offrir le matériel scolaire. Tous ces stratagèmes permettent à Salie de se frayer une voie que l'éducation traditionnelle à elle seule ne lui aurait pas permise.

Sankele

Contrairement à Salie et à Kiné, la ruse de Sankele ne lui permet pas de négocier une place ou une position sociale. Limitée dans ses choix, elle se sert de la ruse pour se libérer de l'enfermement familial et des normes coutumières. Rappelons, Sankele vit un amour interdit avec l'instituteur du village. Elle est contrainte par ses parents, son père surtout, d'épouser le riche homme de Barbès, immigrant rentré de France pour des raisons mercantiles. Grâce à la ruse qu'elle met en place avec la complicité de son amant l'instituteur, elle échappe au mariage forcé. Ce mariage forcé stimule ses potentialités et sa prise de conscience quand enfin, elle décide de prendre son destin en main et de changer le cours de sa vie. Au lieu que les structures sociales pensent et décident de son sort, elle procède à sa façon. Son refus d'appartenir aux pensées obsolètes, son rejet des croyances locales et sa rupture avec l'idéologie traditionnelle, renvoient à la pensée de Jean-Paul Sartre pour qui, l'homme a le choix de se définir et de donner un sens à sa vie d'où sa célèbre phrase, « L'existence précède l'essence. »[71] L'essence de l'homme ne peut être prédéterminée, car l'être humain est doté d'une capacité de pouvoir transformer le cours de sa vie. L'homme n'est pas prédestiné à être ou prédéfini, mais il a la capacité et la liberté de choisir et de transformer sa vie. Ce qu'il appelle 'l'être pour soi', donc la détermination pour ce que l'on souhaite, le choix. Sankele s'est vue refuser cette liberté de choisir son mari. Certaines croyances africaines prédestinent la femme à des modes de vie et attentes sociales. Cependant, dans le même ordre d'idée que Sartre, Simone de Beauvoir affirme : « on ne naît pas femme : on le devient. »[72] La femme ne naît pas avec les attentes qui lui sont destinées, au contraire la société les lui impose. Donc, que de se laisser définir, la femme donne désormais sens à sa vie. C'est ainsi que par sa ruse, elle parvient à s'approprier ce droit ultime d'existence qu'est pour elle la possibilité de choisir. Elle peut choisir d'accepter le mariage forcé ou encore opter pour l'amour de son cœur, Ndétare. Le couple planifie une stratégie qui pousse l'homme de Barbès à renoncer au mariage forcé ou plus ou moins réduire le montant de l'aide financière qu'espéraient les parents de leur richissime gendre.

> Lassée de supplier son père, Sankele décida de combattre. D'abord, il lui fallait renouer le contact avec Ndétare, son aimé [...] Avec lui, dans un manège bien rode, elle goutait discrètement l'ivresse de l'amour partagé. Un délice ignoré par la plupart de ses amies, qui commençaient à s'étonner de ses fréquentes absences lors des danses nocturnes [...] Les bêtises, Sankele n'avait pas attendu pour les commettre. Elle avait décidé de faire de Ndétare son premier homme. Cet honneur, elle ne pouvait l'offrir qu'à celui qu'elle aimait. Mais refuser sa virginité à l'étalon qu'on lui avait choisi n'était pas le seul but de sa manœuvre. Puisque la diplomatie se peaufine entre les jambes des femmes, les déclarations de guerre peuvent aussi venir de là. Sankele le savait. Devenir fille mère était la solution la plus radicale pour détruire à néant la stratégie matrimoniale élaborée par son père. Ndétare appréciait la démarche. (*VA,* 120-30)

La ruse de Sankele, une dissimulation, lui permet de tromper la vigilance de ses parents qui voulaient lui imposer un mari. Ses cris de

---

[71] Jean-Paul Sartre. "L'Existentialisme est un humanisme." Paris: Nagel, 1966, p.2.
[72]. Simone De Beauvoir. *Le deuxième sexe*. Vintage, 1989, p.13.

désaccord, de mécontentement et de colère n'ont aucun effet sur le père déterminé. Intrépide, elle échafaude un plan avec son amant. Seulement autorisée à fréquenter le 'dandali' le soir au crépuscule, elle en profite pour le rejoindre. Elle décide alors de se faire enceinter par lui et hors mariage. Ce plan fait écrouler tout le rêve mercantile du père. Elle décide déjoue le plan orchestré par son père. L'autorité du père se trouve ainsi bafouée et déjouée, la vigilance de la mère trompée. Résolue à vivre son amour choisi, Sankele n'a autre moyen que la ruse pour résister aux pouvoirs dominants. La stratégie de Sankele, mal appréciée au regard des fondements moraux de la société, lui permet de conquérir sa liberté, satisfaire son ambition, d'aimer et de se donner à l'être aimé. Au-delà de son pouvoir décisionnel, cette attitude de Sankele est aussi une critique des structures sociales. Cela révèle l'incapacité des institutions à tout contrôler sans l'implication de la femme. Ainsi s'avère le besoin ardent de changement au niveau des normes et systèmes éducatifs traditionnels. En somme, la première ruse Sankele repose sur la dissimulation et l'obstruction faite aux valeurs sociales. La ruse lui permet de vivre l'amour de l'être qu'elle aime, un amour qui pourtant lui est interdit. Cet acte porte atteinte aux fondements (honneur familial, droit pour le mari, la pureté, la religion etc.) moraux dont la virginité constitue un aspect central.

Le thème de la virginité retient une place capitale dans les cultures subsahariennes et maghrébines. C'est tout un système d'enfermement et de surveillance redoublées qui est, comme le dit Lacoste-Dujardin, imposé par les hommes et reproduit par les femmes dans le but ultime de contrôler leur sexualité. Elle explique à cet effet, « la virginité est institutionnalisée, elle est à la fois une valeur culturelle, religieuse et idéologique. »[73] Le culte de la virginité matérialise ainsi la qualité de l'éducation familiale de la jeune, l'honneur familial et la confiance. Beaucoup d'autres valeurs y sont associées. Cependant, cette question de virginité cache aussi une raison mercantile que Diome explore dans son roman. Outre les stéréotypes et stigmates qu'encourent la fille non vierge et sa famille, la valeur financière n'est pas garantie aux parents. En plus d'être dépossédée de l'intimité de son corps par ce rituel autour de la virginité, la fille se trouve être exposée au plus offrant sous l'égide de sa capacité à demeurer vierge jusqu'au

---

[73] Camille Lacoste-Dujardin. *Des mères contre les femmes : maternité et patriarcat au Maghreb*. La découverte, 2013, p.72.

mariage. Le montant de la dot allouée à une fille vierge diffère de celle d'une femme déjà ayant vécu une relation avec un homme. Ainsi, pour Sankele, donner sa virginité à l'insu des parents implique plusieurs astuces à la fois. D'abord, il est clair qu'elle refuse d'être une marchandise. Son acte représente un déshonneur pour ses parents. Il constitue en même temps une subversion des normes sociales qui imposent le contrôle et l'autorité sur la sexualité des filles.

Ainsi, Sankele se distance et rompt avec ces structures sociales qui font de la virginité un moyen de contrôle de sa sexualité. Elle impose et revendique cette autonomie sexuelle et surtout corporelle par une troisième ruse ; celle de se faire enceinter par son amoureux. La grossesse fonde en eux (Sankele et son amant) un espoir en vue de l'annulation du mariage forcé. En lieu et place d'une fille vierge et couronnée de tous les honneurs, valeur très chère et prisée, c'est du contraire que le dit homme de Barbès bénéficierait au cas où il s'entêterait à vouloir l'épouser. C'est une fille enceinte que ses parents seraient contraints d'échanger contre les largesses financières de cet homme. Elle refuse donc ce privilège à sa famille qui place le bien matériel au-dessus du bonheur de leur fille. C'est là peut-être une leçon de ruse ourdie pour ne pas seulement résister au système dominant et misogyne, mais aussi et surtout pour attirer et sensibiliser une société sur sa conception du rationnel. Le père est démystifié grâce aux trois ruses du couple. La ruse produit ainsi l'effet de surprise et de désillusion au niveau de la classe dominante. Son usage par la femme peut avoir comme fonction de démystifier l'oppresseur.

La ruse résulte en la métamorphose, c'est-à-dire la transformation profonde de l'être. Dans le cas de nos héroïnes, elle intervient comme moyen de lutte lors de leur processus de changement. Par la ruse, elles parviennent à tromper les autres personnages, surtout les parents. La ruse est une arme de résistance et de dissuasion souvent moins périlleuse que la résistance ouverte. En même temps, elle conduit Sankele dans un processus de transformation progressive. De la fille docile, obéissante, c'est une fille aux plans machiavéliques qu'on rencontre. L'usage des ruses n'a pas engendré que des conséquences pour Sankele. Au-delà des répercussions négatives, ces ruses peuvent prendre une dimension symbolique. Sous la pression, elle finit par quitter sa famille et le village pour, plus tard, se retrouver en France. Partir, c'est donc être libre de toutes ces entraves dont elle a pu se débarrasser par la ruse, et ce à des fins recréatrices.

En somme, pour progresser dans ses ambitions, la femme africaine est (culturellement) plus encline à se servir des ruses de la séduction, de la dissimulation contrairement aux femmes occidentalisées comme Sultana. Celle-ci affiche publiquement une résistance ouverte. Cela ne lui a pas été sans conséquences. Ainsi, le climat social est à prendre en compte quant aux choix de stratégies. Sultana pense pouvoir s'imposer aux lois sociales et religieuses en Algérie avec son héritage de la culture occidentale. La culture occidentale, contrairement à la culture intégriste en Algérie, est plus flexible en matière des droits de la femme. Dalila présente largement cette différence à travers l'éducation scolaire des deux systèmes occidental et algérien. Considérant cet aspect, l'erreur de Sultana est de vouloir associer et apporter un jugement et une solution à des problèmes relevant de différentes réalités socioculturelles. C'est à ce niveau de critiques sociales qu'interviennent les féministes africains[74]. C'est l'exemple de la féministe nigériane Obioma Nnaemeka dont nous allons, dans ce chapitre, examiner l'idéologie. Au vu de ces stratégies et engagement féminins, l'on se pose la question de savoir la nécessité d'une rigueur des institutions sociales qui tiennent et insistent dans l'enfermement de la femme, dans la prise de certaines décisions la concernant. Celles-ci restent fermées sur leurs idéaux traditionnels et déprécient toute initiative œuvrant pour le changement. Malgré la présence de ces structures rigoureuses, certaines femmes parviennent et cela de plus en plus d'ailleurs à se libérer des maillons du conformisme. Ainsi, les stratégies féminines rendues possibles grâce à leur finesse d'esprit ne sont-elles pas assez déterminantes dans la remise en cause de l'infantilisation des femmes ? A elles seules, certes, les femmes ne se suffisent pas comme nous allons le voir avec l'approche de Nnaemeka. Contraindre la femme à un certain extrémisme de nos jours ne résout pas non plus le problème des institutions dominantes qui se voient perpétuellement défiées. Ainsi, il serait peut-être meilleur de voir, de percevoir, et de considérer la femme et l'homme comme des partenaires dans tout processus de résolution de conflit.

Aussi, de l'analyse des astuces féminines, la question en droit d'être posée est de penser le type de résistance adéquate pour l'Africaine. Cela implique évidemment la prise en compte du contexte socioculturel, à savoir normes patriarcales et religieuse, le processus

---

[74] Féministes africains : ceux qui sont originaires d'Afrique, mais aussi ceux qui soutiennent l'idéologie et la diversité culturelle africaine.

d'intériorisation de ces valeurs sociales, mais aussi des moyens de combat à leur disposition, des résultats atteints dû à ces stratégies de lutte. Des femmes africaines, à l'image des personnages féminins examinés dans le corpus, vivent les mêmes péripéties relatives aux aspects géographiques, historiques, culturels et religieux. Comme le présente Salah à Sultana, des facteurs socioculturels doivent faire objets de considération quant à la meilleure stratégie à adopter. Il exprime cela en termes de contexte social et de la période que traverse l'Algérie, celle de la guerre de libération. C'est la période de guerre où le pays se trouvait sous tension contre l'envahisseur. C'est aussi une période de la montée intégriste avec l'avènement du FLN et du FIS. C'est en Algérie où sévissait un intégrisme radical dont les lois islamiques mises en avant ne se négocient pas. Pour Salah donc, l'heure n'est pas propice aux querelles internes, mais plutôt de faire front commun contre l'ennemi colonisateur, d'où la participation des femmes aux côtés des hommes pour l'indépendance. Ce facteur politico-religieux aussi bien que culturel de ce pays, tout comme c'est le cas en Afrique subsaharienne, place l'homme au-devant de la femme. La narratrice et le personnage de l'instituteur dans *Le Ventre de L'Atlantique*, rappelons-le, déplorent cette même influence culturelle et religieuse sur le besoin d'émancipation de la femme et de la jeune fille. De même dans le film maghrébin *Inch'Allah dimanche* et ceux de l'Afrique subsaharienne *Moolaadé* et *Delwende*, *Faat Kiné* les mêmes pressions socio-culturelles et religieuses constituent respectivement l'obstacle qu'affrontent Zouina, Collé, Pougbila et Kiné. Celles-ci, dans leur engagement, procèdent par une autre ruse qui œuvre en leur faveur, c'est l'approche négo-féministe.

d. Négo-féminisme comme stratégie de résistance

Le féminisme peut être à la fois mouvement et idéologie de résistance contre le patriarcat, contre l'hégémonie et la misogyne perpétrée vis-à-vis de la femme. Le féminisme, loin d'être uniquement une approche critique en vue de l'analyse d'un texte littéraire, est aussi un mouvement social qui œuvre contre les oppressions sexistes. Comme forme de résistance contre la domination patriarcale, il sert de moyen de lutte pour les femmes africaines qui s'en approprient à leur façon, c'est-à-dire compte tenu de leurs réalités sociales. En ce sens, l'Africaine a toujours été une féministe, car elle a toujours su défendre à sa manière ses intérêts. Cependant, cette défense d'intérêts féminins auprès des différentes institutions patriarcales se présente sous sa forme la plus passive et très souvent passe inaperçue. On peut de ce fait classer ce type de résistance dans la catégorie que Scott présente sous la forme masquée. C'est donc une stratégie de contournement pour les dominés, les subalternes, marginalisés et les opprimés face aux contraintes qui leur sont imposées. Comme mouvement de défense, le négo-féminisme est un des multiples démembrements qui abonde le féminisme en général et le féminisme africain en particulier. Le négo-féministe dont se sert la femme africaine, consciente des exigences et impositions des structures dominantes autour d'elle, emprunte une démarche similaire à celle décrite par Scott. Dans sa forme idéologique et activiste, ce type de féminisme a un cadre géographique et culturel et est différent du féminisme occidental. Le négo-féminisme est ancré dans les réalités locales. Cette conception constitue une réponse à l'hégémonie du féminisme occidental vis-à-vis des femmes dites du Sud. Ce sont donc les limites du féminisme occidental qui ont donné lieu au développement du féminisme noir africain, ouvrant la voie à une meilleure compréhension de l'Africaine et de ses écrits. Elizabeth F. Oldfield soutient et cite la pensée de Chandra Mohanty sur la façon dont l'image de la femme africaine a été faussée par la pensée universaliste du féminisme occidental.[75] On peut ainsi retracer l'origine du négo-féminisme, en tant qu'idéologie, dans l'hégémonie du féminisme occidental. Comme le féminisme noir américain, le féminisme africain reproche au féminisme occidental le manque d'inclusion, de prise en compte des réalités propres à la femme africaine dans ses luttes ; facteur ayant occasionné une ségrégation et une frustration des féministes noirs. Comme les féministes noires américaines Patricia Hills et Alice Walker, Nnameaka récuse l'exclusion de l'Africaine et propose l'inclusion. Si pour les noires américaines, le reproche fait au féminisme occidental s'articule autour de la reconnaissance de la race, de la classe, et du genre comme des systèmes d'oppressions interdépendants qui permettra d'inclure différentes formes de discriminations de la femme, l'Africaine propose d'inclure la culture, la géographie, la religion, l'histoire, etc.

A l'image d'Alice Walker, Nnaemeka pense que le concept féministe ne doit pas être circonscrit aux femmes uniquement ou être séparatiste. Il doit inclure hommes et femmes à la fois. Pour résoudre les soucis assaillant la femme, l'homme doit constituer une composante

[75]Elizabeth F. Oldfield, and Christine Eyene. "Réelle et imaginaire, la quête des femmes pour l'indépendance et l'autonomie." *Africultures* 3, 2008, p. 98-102.

fondamentale. Ainsi au cœur de la conception de cette stratégie de lutte féministe se trouve cette pensée critique de Nnaemeka ; se départir d'un féminisme purement occidental tout en sympathisant avec l'idée d'inclusion et de Womanisme de Hills et Walker. Nnaemeka exprime l'inadéquation des stratégies d'apprentissage du système occidental appliqué aux Africains. Ce qui décrit une sorte de ridicule pour l'Africain quant à la connaissance de soi-même. Celui-ci devient aliéné à ses propres origines, ses réalités et connaissances socioculturelles en faveur des connaissances occidentales. Dans « Nego-feminism: Theorizing, practicing, and pruning Africa's way », elle exprime et décrit la condescendance de ces connaissances occidentales, comme le modèle à suivre à l'exemple de l'élaboration des textes théoriques. Cependant, elle ne rejette pas totalement l'apport occidental. L'Africain est amené à analyser les réalités, ses expériences et connaissances à partir de ces textes qui souvent ne reflètent ni sa culture ni son vécu. C'est en cela que Nnaemeka critique cette vision unilatérale de la conception des théories occidentales au nom du peuple africain en général et de la femme africaine en particulier. Ainsi, elle défend: "We cannot assume critical thinking without asking crucial questions about what is being thought critically and who is thinking it critically. But Western feminism is also caught up in its ambivalence: fighting for inclusion, it installs exclusions; advocating change, it resists change; laying claims to movement, it resists moving."[76] Elle pose la question de qui critique quoi. C'est-à-dire qu'il y a nécessité de voir, de penser et analyser un problème en le percevant tout aussi de la perspective du concerné, de l'Autre comme différent, en lieu et place uniquement de celle du traitant qui souvent se trouve être l'extérieur, l'Occident. Cette notion de regard, d'invisibilité et de condescendance impose la relation de domination que Nnaemeka rejette. Beaucoup de féministes occidentaux pensent l'Afrique et les Africains en ignorant les questions fondamentales à se poser dans la recherche de solutions aux problèmes propres au peuple africain ou encore à une entité sociale bien ciblée au sein de l'Afrique. Il s'agit de chercher d'abord à comprendre quel est le problème, le contextualiser, le circonscrire par rapport aux concernés, connaître et comprendre leur identité culturelle dans sa plénitude. En fonction de ces paramètres, il convient de trouver qui est habilité à participer à la résolution du problème. Celui-ci doit prendre en compte

[76] Obioma Nnaemeka. "Nego-feminism: Theorizing, practicing, and pruning Africa's way." *Journal of Women in Culture and Society* 29.2, 2004, p.364.

les réalités autour de l'Autre qui lui est différent. Ce qui en résumé illustre une invitation mutuelle de l'Autre, une invitation à la négociation, à la recherche et « ...à la construction de l'en commun », comme expliqué par Mbembe dans *Les politiques de l'inimitié*. C'est-à-dire, mettre ensemble des parts jadis considérées séparées pour trouver ce que celles-ci ont en commun.

Comme évoqué tantôt, en négociatrice et conciliatrice, Nnaemeka ne rejette pas totalement l'apport Occidental. Elle pense qu'il serait bien de chercher un bon milieu qui puisse aider l'Africain dans sa quête sans pour autant se refermer sur soi-même. De cette ouverture d'esprit, Nnaemeka épouse la notion du 'Tiers espace', c'est-à-dire la jonction de soi avec l'Autre pour fonder une vision non extrémiste ; pas totalement africaine et pas entièrement occidentale. Cet espace hybride est donc celui de la négociation, du compromis entre deux entités différentes, d'où le néologisme du négo-féminisme en référence à la thématique féminine. Cependant, toute pensée sur la femme africaine doit d'abord privilégier les spécificités culturelles africaines. Nnaemeka déconstruit l'idéologie du féminisme occidental pour asseoir les bases du négo-féminisme. Pour ce faire, elle soutient la pensée du professeur nigérian Claude Ake qui se base sur l'authenticité africaine. Ce qu'Ake appelle le 'indigenous'. Selon l'explication qu'Obioma offre du terme, il ne reflète pas le traditionnel ou tout ce qui est figé, obsolète, archaïque ou rétrograde. Selon lui, "The indigenous refers to whatever the people consider important to their lives, whatever they regard as an authentic expression of themselves."[77] Ainsi, pour créer une vision susceptible de résoudre des conflits africains, celle-ci doit être basée sur l'identité africaine et les besoins des Africains. Le négo-féminisme doit s'appuyer sur cette image des conceptions théoriques et vision qui s'inspirent des réalités africaines. C'est-à-dire partir des connaissances indigènes du terroir pour construire/bâtir des visions adaptables à l'Africaine. En même temps, une négociation avec l'Autre reste possible.

Par ailleurs, l'homme, pour sa construction biologique et socioculturelle, ses fonctions et positions sociales, constitue la première différence à laquelle la femme doit savoir faire face. L'Africaine veille à ne pas exclure l'homme dans ses luttes et revendications. Loin d'être

---

[77] Obioma Nnaemeka. "Nego-feminism: Theorizing, practicing, and pruning Africa's way." *Journal of Women in Culture and Society* 29.2, 2004, p.376.

“l’ennemi à abattre” comme le présentent beaucoup d’écrivains féministes, l’homme est perçu comme un partenaire. Les premières écrivaines africaines, malgré leurs critiques sévères des institutions dominantes, émettent tout de même une réserve quant à l’implication de l’homme en soutenant que : “For women, the male is not ‘the other’ but part of the human same. Each gender constitutes the critical half that makes the human whole. Neither sex is totally complete in itself. Each has and needs a complement, despite the possession of unique features of its own.”[78] Tout comme Filomina Steady, l’écrivaine francophone camerounaise Calixthe Beyala avance: “Soyons clair: tous les hommes ne sont pas des salauds, ni des machos et ne rêvent pas forcément de nous soumettre.”[79] Pourtant, référence faite aux œuvres de Beyala, *C’est le soleil qui m’a brûlée* et *Comment cuisiner son mari à l’africaine*, laisse comprendre une position radicale vis-à-vis de l’être homme. Force est de constater que toutes, quand bien même de différents terroirs africains, incluent l’homme dans la résolution des conflits inhérent à la femme.

C’est dans cet ordre d’idées que le négo-féminisme appelle la femme à négocier la solution à ses problèmes avec son partenaire, à user de stratagèmes pour éviter des confrontations dans des circonstances où elle part déjà perdante. De cette vision négociatrice, cette idéologie négo-féministe peut être appliquée aux rapports relationnels entre l’homme et la femme africains. D’où l’image occidentale de « la femme sexuellement soumise [...], ignorante, pauvre, inéduquée, tenue par la tradition, par son foyer, sa famille, la femme persécutée »[80] n’est pas forcement valide. Le silence ou encore la soumission de la femme africaine à l’exemple des certains de nos personnages féminins, peut être synonyme de conciliabule, de performance de valeurs africaines, de négociation ou de moyens d’atteindre ses ambitions. En exemple, comme examiné plus haut, le silence ou la ruse n’implique pas que faiblesse. Il/elle peut être une arme pour le dominé. Dans ce cas de figure, il importe de concilier la démarche avec les impératifs culturels et les revendications du moment. De ce fait, Nnaemeka définit plus les spécificités du négo-féminisme, à savoir que c’est un féminisme de

---

[78] Andrea Cornwall, ed. *Readings in gender in Africa*. Indiana University Press, 2005, p.34.

[79] Calixthe Beyala. *Lettre d'une Africaine à ses sœurs occidentales*. Spengler, 1995, p.7.

[80] Elizabeth F. Oldfield, and Christine Eyene. "Réelle et imaginaire, la quête des femmes pour l'indépendance et l'autonomie." *Africultures* 3, 2008, p.98.

négociation (sens de « donner et recevoir / échanger » et « faire face avec succès / faire le tour »), « sans ego » dont les principes de concessions mutuelles, de compromis et d'équilibre sont à la base des valeurs partagées dans plusieurs cultures africaines. Il sait quand, où et comment faire exploser les fondements du patriarcat ; c'est-à-dire le moment propice pour remettre en cause le patriarcat.[81] Dans ces valeurs, le partage, le compromis et la recherche de l'équilibre excluent l'ego qui lui invite le plus souvent l'intérêt personnel et l'égoïsme. Nnaemeka identifie cette idée de négociation à la démarche du caméléon, un animal reconnu pour sa lenteur, cependant, qui atteint son objectif. L'Africaine peut adopter cette approche comme moyen de résistance. Ce qui lui permettra de poursuivre ses ambitions sans violemment bousculer les institutions dominantes. Salah, rappelons-le dans *L'Interdite*, invite son amie Sultana à se conformer aux comportements et attitudes résistantes des 'vraies algériennes' (190). Selon lui, les 'vraies algériennes' agissent doucement et lentement. Elles passent inaperçues comme le caméléon. Nnaemeka explique que:

> The chameleon is an interesting animal to watch. As it walks, it keeps its head straight but looks in different directions. It does not deviate from its goal and grows wiser through the knowledge gleaned from the different perspectives it absorbs along the way. If it sees prey, it does not jump on it immediately. First, it throws out its tongue. If nothing happens to its tongue, it moves ahead and grabs the prey. The chameleon is cautious. When the chameleon comes into a new environment, it takes the color of the environment without taking over. The chameleon adapts without imposing itself.[82]

La patience et la droiture, l'objectivité dans la revendication, sans précipitation, nourrir minutieusement son plan dans le calme, sans bruit sont autant de démarches observables dans l'approche du caméléon. Celles-ci constituent des valeurs fondamentales prônées par la culture africaine. Cela correspond aussi aux raisons avancées par Scott dans sa proposition du 'hidden transcript' en vue de limiter les risques que peut engendrer la résistante ouverte. Comme le caméléon, dans son rapport avec son partenaire homme, l'Africaine sait tâter le terrain pour

---

[81] Obioma Nnaemeka. "Nego-feminism: Theorizing, practicing, and pruning Africa's way." *Journal of Women in Culture and Society* 29.2, 2004, p.377-78.

[82] Obioma Nnaemeka. "Nego-feminism: Theorizing, practicing, and pruning Africa's way." *Journal of Women in Culture and Society* 29.2, 2004, p.382.

s'assurer de sa malléabilité, de sa texture accidentée ou dangereuse. Elle doit s'assurer de quand, où, et comment négocier, revendiquer, demander ou encore se soumettre à une exigence. Le 'où', sans pour autant négliger le 'quand' et le 'comment' procéder, est très fondamental pour les clauses de la négociation.

Par exemple, on se demanderait pourquoi Collé dans *Moolaadé* est parvenue à mobiliser la population conservatrice autour de sa lutte contre l'excision. Ce que Collé peut obtenir auprès de son mari est confiné à l'intérieur de la case. Cependant, à l'extérieur, dans la cour de la maison, le mari la traite comme toutes ses autres femmes. Donc, l'intérieur de sa case doit être pour Collé le lieu de ses enjeux et là où elle peut parvenir à prendre le dessus sur son mari, pas pour lui nuire mais pour simplement obtenir ce qui lui est fondamental, le soutien de celui-ci dans la quête qu'elle mène pour l'abolition de l'excision. Elle use à cet effet des avantages en sa possession, ses ruses féminines, par exemple, pour le séduire. C'est le jeu auquel s'est donnée Gnarelle dont nous avons détaillé le parcours dans le chapitre précédent. La scène dans laquelle le mari appelle Collé, nous voyons bien qu'elle baisse la tête pour se soumettre à ses reproches et conseils. D'une perspective extérieure à sa culture, l'on verrait en elle une femme traumatisée et muselée peut être. Cependant, cette attitude de la femme met l'homme en confiance, imbu du sentiment d'autorité, et lui restore sa position sociale. Donc, la réaction calme de Collé rassure le mari que son autorité d'homme n'est pas menacée. Elle reconnaît la différence (dans l'être et la fonction) que constitue son mari et les lui accorde tout en maintenant ses idéaux contre l'excision. Cette équivoque levée permet au mari de voir progressivement l'objectivité et le fondement dans la lutte que mène sa femme. Finalement, il se joint à sa femme dans cette lutte malgré toutes les tentatives ourdies contre elle. Il avance en public et s'adresse aux notables garants et conservateurs de cette tradition sur l'excision : « Collé Ardo n'est plus une gamine. Le pantalon à lui seul ne fait pas l'homme. » (*Moolaadé*) Imaginons la réaction du mari si, malgré son amour pour sa femme, celle-ci s'insurge vaillamment et ouvertement contre ses intérêts en le défiant. Au contraire, par sa délicatesse, elle parvient à le convaincre. Sa conviction se résume au fait que la femme peut grandir au sens de la maturité et que 'être homme' n'est pas que 'porter un pantalon', plutôt être mûr, inquisiteur, curieux, critique et apte au changement des valeurs nuisibles à la condition humaine. Cette prise de précaution lui permettra d'avancer sans obstacle majeure.

A l'image du caméléon comme décrite par Nnaemeka, la femme s'assure donc de l'atmosphère qui prévaut dans son environnement, elle s'y conforme et s'adapte aux lois en vigueur. Ce qui lui permet de se servir des ruses purement féminines et les avantages à sa disposition, afin d'avancer vers son but sans trop se faire remarquer, ni perturber la tranquillité de ceux que ses ambitions sont censées déranger. Cette stratégie consiste en fait à avancer sans déranger. Pour dire que la femme africaine, à l'image de la perception de Sembène Ousmane, peut revendiquer ses droits sans s'occidentaliser. Pour cela, elle a besoin de se positionner par rapport aux réalités et valeurs culturelles africaines. La femme africaine peut négocier sa place sociale par la ruse.

Par ailleurs, Mokeddem ainsi que Sembène présentent des personnages femmes occupant des emplois jadis réservés aux hommes (médecin, pompiste). De telles garanties constituent une sorte de démarche stratégique. Dans le village d'Aïn Neklah, seul médecin, Sultana impose aux hommes son assistance médicale, un village hautement conservateur. Aussi, Sembène crée le personnage de Kiné qui réussit sa vie financièrement. Pour négocier son espace, la femme parvient à subvertir les normes sociales. Elle les subvertit sans directement les attaquer. Les femmes algériennes dont parle Salah dans *L'Interdite*, par leur stratégie de résistance, critiquent et prouvent leur sentiment inavoué de dominées. Leurs réactions passives s'opposent en sourdine au texte public des dominants, c'est-à-dire aux discours dominants et assujettissants. Le comportement de Sultana étant contraire à la stratégie de ces femmes, il lui est reproché de s'exposer à un système répressif et dangereux. Sultana reproche à ce système son oppression et son écartèlement culturel, son identité écartelée, la confusion de son être née de ce déchirement. Tout en demeurant et sympathisant avec les souffrances de Sultana, Salah déplore son opposition farouche contre les pouvoir dominant en place. Il suggère qu'elle adopte cette stratégie négociatrice pour pouvoir avancer sans se faire broyer dans un contexte conservateur, intégriste et de guerre. Son témoignage de l'évolution des femmes algériennes relève leur avancée dans les domaines du savoir et de travail en vue d'une indépendance financière. Dans une interview, sur *France culture* en 1975, accordée à Jean-Louis Servan-Schreiber, de Beauvoir souligne que l'indépendance économique de la femme œuvre contre sa dépendance vis-à-vis de l'homme. Cela, selon de Beauvoir, est libérateur de toute obligation ou idéologie sexiste. Le besoin constant crée la dépendance, donc la servitude. L'occupation de l'espace par les femmes dont parle Salah n'est ni violente ni menaçante pour l'autorité patriarcale. C'est ainsi à une sorte de ruse que Salah invite son amie.

De son côté, Diome présente suffisamment cette dépendance de la femme vis-à-vis de l'homme dans *Le Ventre de l'Atlantique* et *Celles qui attendent* sous forme de critique sociale. La société africaine, par son idéologie culturelle et les préceptes religieux, encourage ce rapport de pouvoir entre l'homme et la femme. A l'exemple, la réponse de l'élève à l'instituteur Ndétare dans *Le Ventre de l'Atlantique*. Dans cette partie, Diome explique le rapport du pouvoir économique de l'homme à la dépendance féminine. Ainsi, pour combattre ces idées de dépendance féminine vis-à-vis de l'homme, l'écrivaine crée des exemples de personnages féminins forts et indépendants comme la grand-mère de la narratrice Salie et Arame. Arame, rappelons-le mariée à un vieillard, se charge du devenir et de la bonne marche de sa famille.

En outre, à l'instar des femmes négociatrices de leur émancipation dont parle Salah dans *L'Interdite*, Kiné du film *Faat Kiné* calmement fait de l'occupation de l'espace reconnu jusque-là masculin sa stratégie de résistance passive contre une société misogyne. Son cas traité plutôt dans ce chapitre atteste de son indépendance reconquise par le travail et l'autonomie financière. Zouina de *Incha'Allah dimanche*, on peut dire, a négocié sa liberté étant en France. Elle s'est doucement et délicatement imposée au pouvoir de son mari et de sa belle-mère pour qu'à la fin du film, elle nous fasse savoir qu'elle sera, dorénavant, en charge de certaines missions auxquelles jadis elle n'oserait penser ; amener et chercher les enfants à l'école ; donc sortir de la maison. Ses stratégies étaient la ruse, la fugue et le mensonge. Elle parvient tout au long du film sous l'image d'une femme visiblement soumise, ignorante et innocente à tromper la vigilance du mari. C'est ainsi qu'elle s'est finalement réappropriée sa liberté.

Outre l'occupation des emplois et l'autonomie financière des femmes, la maternité constitue un facteur déterminant dans les principes de négociation vis-à-vis du patriarcat. Elle constitue très souvent une arme pour la femme africaine. Loin d'être perçue comme un moyen d'oppression et de possession du corps féminin, la maternité constitue un moyen par lequel la femme parvient à asseoir son autorité. Elle l'utilise pour manipuler les structures patriarcales. Précisons que la perception que l'Africaine a de la maternité n'est pas pareille à celle des féministes occidentaux. Nnaemeka, dans son analyse des théories féministes, évoque cette notion de regard croisé quant à la conception faite autour du thème de la maternité d'un côté par l'Occident et de l'autre par les Africains. Occidentalisée, Sultana critique l'institution de la maternité en ces termes : « Malgré mes fonctions et mon apparence [de femme émancipée, indépendante et travailleuse], mon corps appartient à la confrérie des candidates à la boursouflure du ventre, aux fidèles du culte de la matrice » (*L'Interdite*, 126). Malika Mokeddem exprime cette critique de la maternité comme étant une sorte de possession et d'oppression du corps féminin. La maternité est conçue comme une entreprise par rapport à laquelle la femme manque de choix. Pareil, dans *Les Hommes qui marchent*, la narratrice de Mokeddem explique les complaintes de la protagoniste Leila et de ses agissements contre les grossesses et les accouchements multiples de sa mère. Elle se sent privée de sa liberté, car le fardeau de sa mère victime d'innombrables maternités la subjugue aussi aux travaux multiples. Obligée d'assister sa mère, en même temps, cette tâche prépare Leila à ses prochaines fonctions de femme et la prive de son enfance. Leila refuse cet enfermement idéologique qui fait du corps de la femme une 'machine pondeuse'. Cependant, cette conception de la maternité se lit chez les femmes émancipées comme Leila et Sultana. Dans le contexte contemporain, cette fonction sociale de la femme tend à perdre sa rigueur et ses valeurs traditionnelles. Des femmes africaines, de plus en plus, décident du choix de la maternité et du nombre d'enfants qu'elles veulent. Ce sont le plus souvent celles qui sont en contact avec la culture et l'idéologie Autres. Celles-là même qui prônent une sexualité libérée et la réappropriation du corps féminin. Il arrive aussi que la femme, forcée dans un mariage, refuse la maternité. En témoignent les personnages de Cherifa dans *Les Enfants du nouveau monde*. En rappel, c'est aussi le cas de Sultana. Les cas de refus de la maternité apparaissent plus dans nos œuvres maghrébines. Choisie ou non, la maternité est une institution non négociable dans la plupart des contextes sociaux africains. Les femmes qui contestent l'enfantement ou qui sont stériles sont souvent sujettes à des stigmas. Malgré tout, pour celles qui la refusent, ce refus décrit leur façon à elles de négocier ou disons imposer leur choix.

Concomitamment, la maternité pour bon nombre de femmes africaines, traditionnelles comme contemporaines, est positivement perçue compte tenu de l'imaginaire social. Elle est censée procurer joie et fierté aux parents. De ce fait, la production et reproduction de cette idéologie tant valorisée met la femme africaine dans son rôle de négociatrice à travers sa fonction de mère. C'est par celle-ci qu'elle parvient à changer de statut social, elle passe de la soumission à l'autorité. La maternité surtout d'un garçon la réinvestit d'un pouvoir par lequel elle manipule le mari et même la structure patriarcale. Dans le Maghreb comme en Afrique subsaharienne, la maternité sert de moyen de négociation à la femme dans ses rapports sociaux avec l'homme. Elle s'en sert pour un meilleur statut social ou, encore plus, pour le pouvoir comme c'est le cas dans nos œuvres maghrébines. Grâce à la valeur sociale accordée à la maternité, la femme s'en sert pour imposer une certaine influence sur l'homme. Dans le chapitre précédent, une bonne partie est consacrée au thème de la maternité. En même temps elle est source de conflits entre femmes quant à la recherche d'enfant male. Lacoste-Dujardin argue que, « Dans une société patrilignagère et patriarcale, de domination affirmée des hommes sur les femmes, une catégorie de femmes, les mères de garçons, avaient pu jouer le rôle de grandes prêtresses de cette domination des hommes et de l'oppression des femmes. »[83] Le respect et les honneurs qui sont conférés à la femme dépendent fortement du nombre d'enfants males qu'elle met au monde. Christine Risi confirme que, « En effet, [qu'] une femme voit son existence reconnue honorable par les hommes dominants une fois qu'elle est mère, encore faut-il idéalement qu'elle soit mère de garçons [...], et qu'elle assure ainsi la pérennité de la patrilinéarité. »[84] Cette vision est encore plus significative dans un contexte de polygamie. Les femmes sont au centre d'attention après du mari et, dans leurs jeux de conquête, cherchent chacune à se l'exproprier de la rivale. La maternité, le nombre de fils, marquent la différence et la préférence. On se rappelle le jeu auquel se prête Gnarelle dans *Le Ventre de l'Atlantique*.

Aussi, malgré la rigueur de son mari dans *Inch'Allah dimanche*, Zouina parvient à tisser une complicité avec ses enfants chaque fois qu'elle sort clandestinement. C'est au nom de cette même maternité que sa belle-mère gère le foyer malgré la présence de son mari. La femme belle-mère peut accéder à un statut intermédiaire. Il arrive aussi que grâce à la maternité, la femme acquiert un statut égal à celui de l'homme. La belle-mère dirige le foyer de son fils sur qui elle exerce vraisemblablement une autorité totale. Elle abuse parfois de cette

---

[83] Camille Lacoste-Dujardin. *Des mères contre les femmes : maternité et patriarcat au Maghreb*. La découverte, 2013, p.15.

[84] Christine Risi. "Lacoste-Dujardin, Camille (1985) *Des mères contre les femmes: maternité et patriarcat au Maghreb*. Paris, La Découverte, 267 p." *Cahiers de géographie du Québec* 31.83, 1987, p. 317.

autorité filiale qu'elle impose à sa belle-fille. La belle-mère de Zouina est le parfait exemple de la nature des rapports entre mère, fils et bru. Christine Risi explique qu'« On voit bien, mais sans en saisir toute l'ampleur, la soumission extrêmement intériorisée du fils ainsi que la passivité presque entêtée de la jeune fille. On s'interroge sur la curieuse absence des pères pour une organisation sociale de type patriarcal. »[85] Risi soutient que cette relation mère/fils et la répercussion qu'elle peut avoir sur les autres membres de la famille, la belle-fille en l'occurrence, est une relation de pouvoir. Elle avoue ne pas être à mesure de cerner toute la portée de la valeur sociale allouée à l'institution de la maternité et les enjeux qu'elle implique. Un des enjeux du rapport relationnel implique la domination. La mère prend le dessus sur son fils et sa belle-fille supposée être sous la domination du mari. L'auteur fait disparaître l'image du père que nous pouvons attribuer au besoin de réinvestir la femme d'un certain pouvoir. La belle-mère use des avantages que lui offrent la maternité et l'amour filial pour les manipuler à sa guise. La présence de la figure du père incarne une image patriarcale de la société. La représentation que Mokeddem fait de l'homme est infime si elle n'est d'ailleurs totalement absente du texte narratif. La même représentation de la figure masculine se trouve chez Diome. Dans *Le Ventre de l'Atlantique* et *Celles qui attendent*, la figure paternelle présente l'homme avec une image négative. Il est le patriarche, le vilain qui maltraite la femme ou le paresseux, alors que les personnages femmes représentent l'espoir de leurs progénitures. Arame et Bougna se battent inlassablement pour voir leurs enfants réussir en Europe à travers l'immigration clandestine sans la représentation d'une présence paternelle. Une grande partie de la narration présente Arame en charge du foyer en présence d'un mari handicapé et presque fantôme.

A première vue, la lecture de ces œuvres dépeint des femmes opprimées. Cependant, l'analyse profonde démontre la négociation de l'espace masculin par des femmes telles que représentées par les écrivains. L'apparence présente donc l'espérance sociale, celle d'investir l'homme du statut supérieur de patriarche. Toutefois, à travers les fonctions nouvelles que la femme s'assigne, elle parvient à reprendre les reines et à se faire une place prépondérante dans la société. Concrètement comme le suggère Salah à Sultana, c'est une prise

---

[85] Christine Risi. "Lacoste-Dujardin, Camille (1985) *Des mères contre les femmes: maternité et patriarcat au Maghreb*. Paris, La Découverte, 267 p." *Cahiers de géographie du Québec* 31.83, 1987, p. 317.

d'action qu'il faut à la femme africaine sans trop faire de bruit. Le négo-féminisme ainsi se résume plus à l'action et aux stratèges qu'à la parole simple. Cette stratégie pour la femme africaine relève souvent de l'indicible. Les actes, les sentiments, les émotions, ou les comportements gestuels sont plus mis à l'œuvre. Dans ce cas de figure, le négo-féminisme, en tant que moyen de résistance, s'associe au hidden transcript de Scott. Bien que présent sur sa forme la plus masquée, il est pour l'Africaine une arme redoutable qui l'investit de pouvoir et d'autorité. Plus que stratégie de négociation, la solidarité féminine dans les œuvres se trouve être une arme de résistance pour les femmes.

e. Solidarité féminine

La solidarité entre femmes peut être une stratégie de résistance par laquelle les femmes se confient les secrets, les douleurs et solutions. Simone de Beauvoir préconise que « les femmes se parlent entre elles pas avec les hommes pour une prise de conscience des femmes sur leurs problèmes et la recherche de solution, se débarrasser de l'aigreur qui les assaillent, deviennent moins résignées... » (*France Culture*, 1975) Compte tenu de l'éducation culturelle, la femme africaine est plutôt encouragée à se taire et à ne pas divulguer ses souffrances, de rester patiente. Simone donne l'exemple de la vie des femmes au harem et explique que « l'entente des femmes provient de ce qu'elles s'identifient les unes aux autres : mais par la même chacune conteste sa compagne. »[86] L'entente, la complicité ou encore la solidarité entre femmes naît du souci commun qui les unit. Cet échange d'angoisse partagée entre les femmes est plus structuré et représenté dans les œuvres maghrébines avec la présence à dessein des espaces purement féminins et les rituels qui y sont exécutés. Cette solidarité féminine va transparaître dans les œuvres subsahariennes pour soutenir une sœur, une mère ou une fille en difficulté. Par exemple, dans *Delwende*, la sorcellerie semble être une affaire de femmes. Pougbila soutient et vient au secours de sa mère, une entente qu'on peut attribuer aussi bien au lien maternel que féminin, car d'autres femmes comme sa mère en sont victimes. L'unicité féminine dans *Moolaadé* s'exprime au niveau de la complicité existante entre Collé et ses coépouses. Vers la fin du film, Collé bénéficie du soutien des autres femmes de sa communauté

[86] Simone De Beauvoir. *Le deuxième sexe*. Vintage, 1989, p.414.

rassemblées sur la place publique. Diome, quant à elle, parle de Dandali dans *Le Ventre de l'Atlantique*. C'est une occasion nocturne pendant laquelle seules les jeunes filles se retrouvent pour danser, échanger des nouvelles du village et jouir de l'entretien qu'elles peuvent avoir avec leurs partenaires. Cette rencontre sert de moment de révélation et de partage de secrets entre filles ainsi que de purgatoire d'angoisses. Comme l'explique de Beauvoir, l'union autour des douleurs et le partage aident d'abord ces femmes à se libérer et de se renouveler avec la recherche de solution collective.

Dans *Les hommes qui marchent*, la narratrice décrit ces moments de transe pendant lesquels, la femme divulgue en extériorisant toutes ses souffrances,

> Au bout d'un moment, des mains amies se tendaient et les aidaient à se révéler. Elles regagnaient leur place dans l'assemblée. On leur donnait un verre de the brulant qu'elles sirotaient en silence. Puis elles reprenaient à leur tour chants et beindirs pour que d'autres se libérassent de tous les maux, de toutes les détresses rentrées par l'expression violente et furtive des corps au langage muselé, loin du regard castrateur de l'homme. Toutes ces manifestations ailleurs interdites restaient là. (*HM*, 109)

Cette partie exprime le soutien mutuel qui existe entre les femmes maghrébines. Elles se vident des maux qu'elles ne peuvent exprimer 'ailleurs', l'ailleurs étant leur entourage social. Le soutien s'exprime par leur présence dans ce lieu où l'homme est exclu ; par le relais qu'elles prennent au milieu du cercle de danse. C'est un monde dans lequel elles seules se retrouvent et se soulagent mutuellement avant de retourner dans 'l'ailleurs'. Par ce rituel, elles se libèrent en résistant ainsi à leur oppresseur et aux maux qui les assaillent : « Haletantes, vidées de toute énergie, de toute volonté, de tout désir, les femmes gisaient au sol. Quelques-unes, leur angoisse enfin désamorcée, éclataient en sanglot. » (*HM*, 109) C'est là l'expression d'une guérison et d'une libération, d'un corps purgé de tout ressentiment, d'un corps inerte qui revit par l'éclat en sanglot. C'est ainsi le signe d'un retour des émotions positives et de renouveau. Comme le dit la narratrice, ce sont « des séances de libération d'énergie, de blanchissement des corps et des esprits » (*HM*, 110). Ce sont donc des moments de purgation pendant lesquels les secrets sont partagés et gardés uniquement entre femmes présentes aux hadras. De même, une affinité se tisse entre Leila, sa grand-mère et Saadia dans *les Hommes qui Marchent* pour leur résolution de nombreux interdits ; entre Amna et Cherifa dans *Les enfants du nouveau monde* pour leur soutenir aux hommes en guerre contre l'envahisseur.

La solidarité entre femmes se manifeste par la promesse mutuelle de garder le silence, cela dans l'optique de tenir secrète toute information susceptible de nuire. C'est d'ailleurs par solidarité qu'Amna sauve la vie du mari de Cherifa ; une voisine qu'elle appelle sœur. Ainsi, le secret constitue une sorte de pouvoir de résistance contre l'autorité de l'inspecteur de police Hakim, mari d'Amna. Révéler le secret bouleverserait la vie de son amie et changerait de même son statut social. Youssouf, mari de Cherifa et recherché par Hakim, serait peut-être enlevé et torturé. Par conséquent, Hakim serait en position de force et de pouvoir aux yeux de ses proches, de sa famille auxquelles il inflige la frayeur. De ce fait, l'entente féminine sauvegarde l'union sociale nécessaire contre l'ennemi envahisseur. De même, en choisissant de se taire, Amna s'arroge le pouvoir vis-à-vis de l'autorité maritale à laquelle elle nie un secret. Elle prend le dessus en acceptant les tortures de son mari à qui elle crée une obstruction dans l'exercice de son pouvoir de policier. En tortionnaire et aliéné de sa société, la réaction de sa femme l'exclut systématiquement du cercle social. Personne ne lui fait confiance. Pour se protéger de lui, la population surtout féminine refuse de parler en sa présence.

Par ailleurs, la lutte de Collé, on l'a vu plus haut, a réussi grâce au soulèvement collectif des femmes. Celles-ci s'unissent à la fin du film en une et unique voix. La culture qui décide que les hommes n'épouseraient pas de femme non excisée s'est vue défiée par cette complicité féminine. L'obstacle à l'émancipation féminine provient donc du manque d'entente et d'union entre les femmes. Il faut comprendre que pas toute femme accepte de prendre seule le risque. Cette entente ou solidarité entre femmes qui finalement se manifeste vers la fin du film porte ses fruits. La voix des femmes s'impose sur la place publique. Également, la dénonciation des abus perpétrés par Ali Merbah de *L'Interdite*, les injustices et les discriminations contre les filles a suscité une révolte collective des femmes, quand celles-ci finalement acceptent d'écouter et de supporter le combat que mène Sultana. De ce fait, la solidarité s'impose aux femmes africaines vu le caractère structurel et traditionnel de la société ainsi que les idéaux communs aux femmes. *L'Interdite* finit par une sorte de solutions proposées face aux problèmes qui minent les femmes. Entre autres, la prise de parole et la solidarité féminines que la narratrice martèle en ces termes : « Il faut qu'on parle ! Il faut qu'on se donne de la solidarité.

Une main seule ne peut applaudir et nous ne pouvons en supporter davantage ! » (245) La communauté féminine doit œuvrer d'une et unique voix pour une cause commune.

Les héroïnes, Salie, Sultana, Pougbila et Collé, opposent toutes une résistance à la fois sur le plan individuel et face aux structures sociales. Elles s'obstinent d'abord individuellement à la défense des causes personnelles. Salie lutte pour fréquenter l'école à l'insu de sa grand-mère et impose sa présence dans la classe au maître d'école. Celui-ci sensible au dévouement de la petite au travail et de son insistance finit par l'accepter et l'épauler vers le succès. Elle ne cesse d'attribuer tous ses exploits à cet instituteur à qui elle doit ses entreprises de romancière en France. Narratrice du roman, elle condamne l'interdiction et la répression de la sexualité, l'institution du mariage, la maternité, l'oppression des enfants illégitimes, la préférence des garçons sur les filles, le choix de mari refusé aux jeunes filles, le mariage arrangé des filles etc. A travers cette condamnation, elle nous présente le cas du personnage révolté de Sankele. Dans le même ordre d'idées, Sultana s'oppose à l'intégrisme et aux normes traditionnelles tout comme Pougbila qui lutte contre les injustices, l'accusation pour sorcellerie dont les femmes sont les cibles. Collé, elle, s'oppose à la pratique de l'excision. Chacune d'elles défend des idéaux qui socialement exigent de la femme de lourds tributs. Toutes, d'une manière ou d'une autre, dénoncent l'idéologie et les abus perpétrés sur les individus et les femmes en particulier tant aux plans socioculturel et religieux.

IV. Conclusion

Le refus des personnages féminins examinés s'inscrit comme la représentation de leurs résistances aux diverses structures dominantes en place. L'étude des résistances révèle toute une variété de stratégies en mesure de décoloniser l'esprit de la femme africaine. Ce qui la dispense de tout conformisme strict aux stratégies de lutte occidentales. D'abord, au vu de l'inaptitude du féminisme occidental à bien situer les problèmes de la femme africaine et à satisfaire ses besoins ; ensuite vu les cas de figures des héroïnes que nous avons étudiées ; du fait de leurs résistances ouvertes et des conséquences que ces résistances engendrent, la stratégie négo-féministe conviendrait plus à l'Africaine. Celle-ci a besoin de se conformer aux réalités de son vécu pour que les résultats de sa lutte soient plus probants. En général, il est remarquable que la notion de hidden transcript s'applique plus au combat de la femme africaine dont la priorité est d'éviter ou contourner les pièges des institutions patriarcales, culturelles et religieuses encore en vigueur dans nombre de sociétés africaines.

A cette idée de résistance masquée, nous associons des catégories de stratagèmes au service de l'Africaine dans son rapport social. L'homme, pour elle, demeure un partenaire de lutte et non un adversaire ou un ennemi. En plus de l'acceptation de l'homme comme partenaire, pour des raisons sociales et au regard du contexte culturel varié, la femme africaine se trouve dans la position où elle doit forger sa propre stratégie de survie, une stratégie à la mesure de ses réalités. Des astuces en question, nous avons exploré la portée du silence quand il est décidé par la femme, les ruses féminines, le négo-féminisme comme résistance, la solidarité féminine, etc. De ces démarches, nous constatons d'abord que l'Africaine n'est pas obligée de s'identifier à l'Occidentale pour défendre ses idéaux. Le féminisme occidental devrait, pour se joindre aux débats ou solutions sur la femme africaine, tenir compte des vérités et perspectives africaines. Tel est le combat féministe mené par les Africaines comme Nnaemeka et bien d'autres. En dépit de l'inclusion de l'homme dans le processus émancipatoire de l'Africaine, une complicité entre femmes africaines s'avère nécessaire pour comprendre les institutions sociales rigides desquelles souffrent beaucoup d'Africaines. Aussi, il est impératif que les Africaines s'unissent autour de leurs problèmes pour un meilleur aboutissement. Individuellement menés, leurs combats renferment d'innombrables conséquences avec toutes les chances de se voir bannies, exclues ou forcées au départ.

Les critiques dépassent la simple authentification de la culture africaine. Elles ressortent tout aussi un besoin urgent de changements de certaines valeurs traditionnellement ancrées dans l'imaginaire du peuple. Il s'agit d'un éveil du peuple, surtout des auteurs et plus particulièrement des femmes engagées pour leur prise de conscience et acharnement à se redéfinir. Dans leurs luttes pour des idéaux communs, celles-ci deviennent des héroïnes collectives. Elles refusent la marginalisation sociale. Cette démarche et l'engagement des héroïnes sont marqués en même temps, surtout au cinéma, par l'image visuelle et sonore. Leur détermination aux combats est de mise ainsi que la fermeté dans leurs expressions devant le pouvoir : « je suis et resterai une bilakoro » (*Moolaadé*) ; « Les hommes ont fait les lois, les hommes doivent les changer » (*Delwende*) ; « Dorénavant, c'est moi qui emmènerai les enfants à l'école. » (*IAD*) La tonalité dans le langage décisionnel marque la détermination, la différence et le changement de statut de la femme. La femme, d'abord représentée comme victime sacrifiée aux coutumes de la société, finit par se donner une voix. Les héroïnes individuelles au début des œuvres se sacrifient pour l'identité collective féminine. Pour y parvenir, il est question pour ces femmes d'un processus ; un processus par lequel leur identité subit une métamorphose, d'où l'idée de parcours initiatique, objet du prochain chapitre.

Chapitre 3 : Le processus initiatique des personnages féminins

> *« Un homme qui vit chez lui vit dans le profane ; il vit dans le sacré [il flirt avec] dès lors qu'il part en voyage et se trouve en qualité d'étranger à proximité d'un camp d'étrangers » (Van Gennep, 1981, 16).*

I. Introduction

Dans le premier chapitre, nous avons établi les différentes catégorisations de femmes par rapport à leur représentation sociale à travers nos œuvres et aux traitements qui leur sont réservés. Entre autres, des femmes comme Collé, Pougbila, Kiné, Zouina, Salie, Sankele, Sultana, Leila que nous qualifions d'héroïnes s'insurgent, chacune selon sa stratégie, contre l'oppression et les excès dont elles sont socialement victimes. Aussi, nous avons élaboré dans le deuxième chapitre les différentes stratégies de résistance utilisées par celles-ci pour leur émancipation. Ce faisant, partant de leur situation initiale d'opprimées, de persécutées, de victimes et des résistantes, nous nous proposons d'élucider le processus par lequel elles atteignent leur objectif. L'on peut identifier ce processus à un parcours initiatique.

Comme le dit si bien Eliade, « Il existe des initiations féminines. Il ne faut pas nous attendre à retrouver dans les rites initiatiques et les mystères réservés aux femmes le même symbolisme ou, plus exactement, des expressions symboliques identiques à celles des initiations et des confréries masculines. »[87] Cependant, pour marquer un contraste, il poursuit en ces termes : « Mais on découvre facilement un élément commun : une expérience religieuse profonde qui est à la base de tous ces rites et mystères. C'est l'accès à la sacralité, telle qu'elle se révèle en assumant la condition de femme, qui constitue le point de mire autant des rites initiatiques de puberté que des sociétés secrètes féminines. »[88] Cette pensée prouve que le concept initiatique et de la sacralité s'applique à la quête féminine. C'est-à-dire percevoir la manière dont la femme se construit un monde propre à elle, le sacralise et partant de là s'auto définit. L'exemple représentatif de Collé dans *Moolaadé* traduit la création d'un espace sacré par celle-ci et sa délimitation purement féminine en est illustrative. Cette délimitation de

---

[87] Mircea Eliade. *Le sacré et le profane*. Paris: Gallimard, 1965, p.164.
[88] Ibid.

l'espace sacré féminin s'avère également déterminant chez les personnages maghrébins de Malika Mokeddem.

Ainsi, en maintenant la perspective initiatique chez les femmes, nous émettons l'hypothèse que le processus que suit la femme dans le cadre de son épanouissement peut être perçu sous l'angle de l'allégorie initiatique. Ainsi, nous assistons à l'évolution des personnages féminins sous la forme d'une structure initiatique que nous associons au voyage, donc un voyage initiatique. La structure appliquée à tout parcours ou voyage initiatique étant la même, nous examinerons en quoi ce voyage est initiatique pour ces héroïnes. S'il l'est, il importe alors de voir les différentes composantes initiatiques, c'est-à-dire les symboles et les différentes étapes (le départ, la mort symbolique et la renaissance) du processus.

1. Le processus initiatique

a. Généralités

La structure narrative dans les œuvres (films : *Delwende*, *Moolaadé*, *Inch'Allah dimanche* ; les romans *L'Interdite*, *Le Ventre de l'Atlantique* etc.) est fondée à l'image d'un parcours initiatique, soit physique, soit philosophique. Nous essayons de définir ce parcours comme étant initiatique pour celles que nous qualifions d'héroïnes. On peut les qualifier d'héroïnes selon la définition de Khaldia Belkhei. Celle-ci soutient que les héroïnes se distinguent de la foule en tant qu'êtres ordinaires « par les épreuves difficiles qu'elles subissent sur leur parcours et dont elles triomphent… et leur pouvoir d'incarnation de l'aspiration […] pour atteindre la magnificence. »[89] Ainsi, pour examiner le parcours des héroïnes, nous nous servirons des théories sur l'initiation. Le parcours initiatique est censé aboutir à la renaissance symbolique du néophyte. Celle-ci, selon Fréderic Vincent, passe par certaines étapes qu'il explique :

> Le voyage initiatique désigne donc la chose suivante : il s'agit d'abord de l'histoire d'un jeune enfant ou adolescent, simple de nature et totalement neutre, ni bon ni mauvais. C'est en général un jeune naïf qui ne sait pas grand-chose du sens de la vie. Mais le destin lui fait rencontrer un maître ou une voix divine qui lui indiquera la quête qui lui est assignée : il devra d'abord trouver des compagnons pour poursuivre son chemin, puis avec un long travail sur lui-même, avec de nouvelles expériences, il apprendra à progresser, à se détacher de la neutralité caractérielle de son

---

[89] Khaldia Belkheir. "La quête d'une identité chez Malika Mokeddem: une revendication de différence et de ressemblance." *Synergies Algérie* 16, 2012, p.78.

> ancienne vie profane, à comprendre certaines valeurs humaines comme l'amitié, le respect de l'adversité, la liberté. (La structure initiatique du Manga, 60)

Des mots clés utiles à l'épreuve initiatique sont relevés dans la définition du concept initiatique, à savoir la naïveté, la nécessité d'un maître, d'un guide ou d'une voix divine, l'objet de la quête, les compagnons de quête, l'introspection du néophyte, l'acquisition de nouvelles expériences, le détachement de la vie profane, la compréhension de la vie et puis la liberté. De cette définition du voyage initiatique, il est important de retenir l'état initial de l'enfance qui représente la naïveté, sa mutation vers un autre état de son être. Cela est possible grâce aux éléments susmentionnés, le guide, les compagnons, d'un objet du voyage ou de la quête, les expériences vécues lors du voyage. Les expériences vécues concourent au devenir-homme dont parle Vincent. Elles entrent dans la construction et la modification de l'être. Dans ce cas de figure, le voyage est physique (l'enfant qui se déplace avec un guide et des compagnons) et en même temps allégorique (le sens et la finalité accordés à ce voyage physique, le processus de la mutation spirituelle de l'être).

Cette conception du voyage initiatique prise au sens allégorique, l'on peut attribuer l'immaturité ou l'inexpérience au concept de l'enfance. Dans ce cas, l'enfance ne se limite pas à l'âge, mais évoque aussi l'état d'être de l'individu. Dans le contexte de l'initiation rituelle, Mircea Eliade qualifie de profane ce statut de l'individu. Ainsi, ce stade profane implique un manque, une insatisfaction. L'homme, se sentant inachevé, se trouve constamment en manque de quelque chose. Il désire entreprendre une quête qui va l'amener à se compléter, à assouvir ce désir et à combler le manque qui sévit en lui. Eliade parle de « mutation ontologique » du régime existentiel. On passe donc de l'existence profane à l'existence sacrée. A partir de cette étape, l'individu se dit ne plus être un simple individu profane ou naïf, mais plutôt celui qui est doté d'une certaine expérience. Définissons d'abord ce qu'est l'initiation.

b. L'initiation : définition

Communément, être initié signifie commencer ou être introduit à un nouvel état d'être ou à des faits nouveaux susceptibles de changer l'être initial. Cela implique le fait de sortir d'une situation présente ou l'état profane pour entamer un autre état d'existence. Dans cet esprit de mutation, Eliade entend « par initiation un ensemble de rites et d'enseignements oraux, qui poursuit la modification radicale du statut religieux et social du sujet à initier. »[90] Cette définition renvoie aux pratiques rituelles dans le contexte de l'initiation dite religieuse, car c'est par ces rites que l'initié sort du monde profane pour rejoindre le monde sacré. En d'autres termes et dans une perspective philosophique, il se libère de son ignorance pour atteindre la maturité. Nous nous limitons à l'étude de quelques cas de pratiques rituelles présentes dans les œuvres, car celles-là, le plus souvent et contrairement à la conception philosophique du parcours, ne contribuent pas nécessairement à la progression de nos héroïnes. Au contraire, nous verrons que des rituels comme ceux de l'excision vont à dessein œuvrer contre l'émancipation et le bien-être de la femme. Aussi, au sens allégorique du parcours initiatique, la renaissance de nos personnages féminins passe le plus souvent par la subversion des normes sociales.

2. Aperçu du voyage initiatique des personnages

Examinées de près, nos héroïnes sont généralement en quête de liberté (d'expression orale et corporelle, de prise de décision, de circuler, de s'auto-définir). Elles s'engagent à s'approprier des droits au sein du monde masculin, un monde souvent qualifié de misogyne. Au début de chacune des œuvres, la représentation des personnages filles, Pougbila, Kiné, Zouina, Sultana, Leila, Sankele, incarne un état de naïveté, d'insouciance et de neutralité, c'est-à-dire l'état profane de l'être. Rien dans leur comportement ne présage ce qu'elles seront en mesure d'accomplir à la fin de l'œuvre. En fait, à travers cette représentation de l'innocence, l'auteur attire l'attention de l'audience sur ce qu'est le statut du personnage au début, son état initial, pour, par la suite, nous convaincre de la mutation survenue le long de la trame narrative. C'est surtout en cela que le parcours initiatique acquiert une importance capitale, car il nous permet d'élucider le processus de mutation émancipatrice des personnages féminins de notre corpus. Au fil de cette mutation, ces personnages acquièrent un certain état d'esprit qui les sort de leur état initial de femme dominée et réduite au silence. Un processus de transmutation de leurs êtres, ou disons de leurs personnalités, s'opère.

Dans cet ordre d'idées, Fréderic Vincent soutient que : « Le voyage initiatique est le reflet du chemin spirituel qui mène de l'enfant

[90] Mircea Eliade. *Naissances mystiques: essai sur quelques types d'initiation*. Paris : Gallimard 1959, p.10.

à l'homme et aboutit à cette réponse finale et énigmatique qu'est le devenir-homme. »[91] De cette définition, deux étapes se dégagent : l'enfant et l'homme (c'est-à-dire l'être adulte caractérise la maturité d'esprit). Le problème, pour la femme africaine, se situe au niveau de cette conception de croissance, car elle est socialement infantilisée. Dans nos œuvres, prise comme l'inférieur de l'homme, la femme est perçue comme un être immature qui a souvent besoin de l'homme pour la soutenir, l'élever et la guider vers cette grandeur spirituelle. Elle est un être subalterne et infantilisé. Pour parvenir à s'approprier cette démarche vers sa maturité, la femme passe nécessairement par le renversement de l'ordre social préalablement établi. Par conséquent, le voyage initiatique chez la femme est une sorte de subversion de l'institution patriarcale.

Ainsi le schéma initiatique, dans *Delwende* par exemple, mène à la dénonciation de l'abus que fait l'homme du privilège social (capital) en sa possession. Cette critique a pour dessein de responsabiliser la femme et la placer au-devant de son destin. La femme doit elle-même se frayer le chemin de sa croissance, de sa maturité et se doter d'une force spirituelle la menant de cet état de l'enfance à l'être adulte. C'est ce à quoi ressemble le parcours spirituel de l'héroïne du film, Pougbila. De même, comme nous l'avons vu dans le premier chapitre, l'infantilisation de la femme est aussi récurrente dans *Le Ventre de l'Atlantique* et *Celles qui attendent* de Fatou Diome, ainsi que chez les écrivains et cinéastes maghrébins, à savoir dans *L'Interdite* et *Les Hommes qui marchent* de Malika Mokkedem et *Inch'Allah dimanche* de Yamina Benguigui. Lacoste-Dujardin fait cas de ce point dans *Des mères contre les femmes*, tout comme le fait Benguigui dans son documentaire *Femmes d'Islam*. A l'image de Pougbila, les personnages héroïnes luttent pour transcender cette stagnation imposée par la culture et les pratiques politiques et religieuses. Nier aux femmes cette expansion de soi, c'est une façon de nier leur mutation sociale et spirituelle, donc les maintenir enfermées.

Cependant, contre toute attente sociale, des personnages comme Pougbila, Kiné, Zouina, Sultana, Leila, et Sankele vont entamer ce parcours vers leur auto-libération. Plus que toutes nos œuvres au corpus, *Delwende* et *Inch'Allah dimanche* illustrent mieux le parcours initiatique féminin via l'engagement de Pougbila et l'acharnement de Zouina à conserver ses origines algériennes étant en France. Des œuvres

---

[91] Frédéric Vincent. "La structure initiatique du manga." *Sociétés 4*, 2009, p.60.

littéraires, nous retiendrons principalement le parcours de Sultana et celui de Sankele. Ainsi, nous nous servons de ces œuvres comme référence pour analyser le processus initiatique de la femme. Le même motif allégorique est perceptible chez d'autres héroïnes comme Collé (*Moolaadé*) dans sa lutte contre l'excision et l'intégrisme. L'intégrisme, un des obstacles dans le parcours de ces révolutionnaires, est une thématique commune aussi aux personnages de Salie dans *Le Ventre de l'Atlantique* et de Leila dans *Les Hommes qui marchent* pour ne citer que ces quelques références. Ainsi, afin d'examiner le parcours plus en détail, il est essentiel de voir la façon dont les œuvres elles-mêmes (ré) présentent le motif initiatique.

II. Dimension initiatique des œuvres

Percevoir le récit initiatique renvoie à deux perspectives selon lesquelles l'on compte mener l'analyse. D'une part, la lecture d'un texte peut elle-même constituer un processus initiatique du lecteur, car ce faisant celui-ci peut subir une transformation. Les réflexions, compréhensions et analyses que le lecteur fera de ce texte constitueront les épreuves. Les connaissances tirées de ces épreuves contribuent à sa transformation. En fin de lecture, il acquiert d'autres savoirs qui, peut-être, vont œuvrer au changement de ses visions préalables. Ce qui n'est l'objectif poursuivi dans ce travail. D'autre part, le récit présente et mène le lecteur à percevoir le processus initiatique des personnages. Dans l'un et l'autre des deux cas de figure, le parcours initiatique fait ressortir deux principes essentiels, à savoir la mort et la renaissance du néophyte. Evoquant l'aspect initiatique dans son œuvre, Amadou Ouédraogo s'attelle sur le symbolisme commun aux deux types majeurs de l'initiation : rituelle et allégorique. Cet aspect symbolique aide à appréhender tous les éléments qui soutiennent le motif initiatique dans son essence. Ainsi, il explique que l'initiation vise à « opérer en l'être une transmutation ontologique assimilable à une renaissance, lui permettre d'accéder à un mode d'être qui soit en totale rupture d'avec son statut antérieur, lui ouvrir la voie à des vérités et à des connaissances qui ne lui étaient pas accessibles tant qu'il était profane. »[92] L'ambition première de toute initiation est la mutation ontologique de l'individu. Il ressort ainsi les caractéristiques de l'initiation, c'est-à-dire la mutation subie par les néophytes à travers les différentes étapes

---

[92] Amadou Ouédraogo. *Rites et allégories de l'initiation: visions africaines et caribéennes*. Paris : L'Harmattan, 2009, p.219.

initiatiques (le départ ou la séparation, le voyage ou la mort symbolique avec les épreuves en cours et le retour ou la renaissance). De ce fait, pour 'renaître', c'est-à-dire échapper à leurs conditions ordinaires et se reconstruire, nos héroïnes vont inéluctablement passer par ce schéma initiatique qui implique tout aussi la présence des symboles.

Ces symboles qui varient selon la quête et le contexte confèrent une certaine envergure à la quête, parce qu'il va s'agir d'une quête pour ces femmes qui aspirent aux changements de leurs conditions de vie, de leur identité de soumises, opprimées et marginalisées. Ce sont donc des femmes œuvrant pour une métamorphose de leur être, un être jadis défini et perçu à travers les prismes d'une société machiste. C'est ainsi qu'en optimiste Pougbila pense que, « Le monde change et les coutumes doivent changer aussi. Les hommes ont fait les coutumes, les hommes peuvent les changer. » (*Delwende*) Ce changement dont parle Pougbila fait appel à son engagement, à sa détermination face aux diverses épreuves. Comme chez Pougbila, les parcours des autres personnages seront tous aussi parsemés d'embuches et d'épreuves. A terme de ces obstacles, elles parviennent à se départir de leur statut profane pour acquérir une certaine connaissance, un certain éveil d'esprit. Ces connaissances et cette conscientisation s'acquièrent progressivement grâce aux expériences rencontrées et vécues lors des épreuves. Equipées de ces connaissances nouvelles, ces néophytes vont amorcer leur nouvelle vie en tant qu'êtres métamorphosés et changés ; prêtes à défendre leurs intérêts, leurs causes et à se libérer. De cet engagement s'opère une reconstruction identitaire de l'être libéré. Elle s'auto définit au lieu d'être définie.

La poursuite de ces quêtes libératrices, ayant pour finalité la reconstruction identitaire, ressort une structure initiatique à trois étapes : la séparation ou le départ, le voyage, et le retour ou la renaissance. Au niveau du voyage, étape la plus longue du processus, intervient la mort symbolique. Ces étapes fondamentales s'imposent à tout néophyte qui aspire à réussir sa quête. Au-delà de la dimension rituelle qu'on rencontre dans quelques-uns des récits filmiques et littéraires, ce schéma couvre une dimension philosophique. Des deux formes initiatiques, celle qui va être au centre de notre travail est l'initiation allégorique. Cependant, avant d'examiner en profondeur l'allégorie qui explique le parcours des héroïnes, nous évoquerons autant que possible les pratiques rituelles qui se rapportent à nos œuvres.

1.De l'aspect religieux de l'initiation dans les œuvres

De tout notre corpus, les films *Delwende* et *Moolaadé* sont ceux qui font prévaloir le plus l'usage des pratiques rituelles. Symboliques principalement, les cérémonies rituelles qui caractérisent l'initiation religieuse n'interviennent dans ces films que pour enrichir la narration et non l'évolution des protagonistes Pougbila et Collé. Elles contribuent au contraire à élucider les différents obstacles à leur progression. Cependant, il importe de percevoir la façon dont Collé parvient à délimiter, lors de sa quête, un espace sacré, son « Monde » par excellence. Cet espace sacré va concourir à la poursuite de son parcours.

2. Les rituels dans *Moolaadé* et *Delwende*

a. L'espace rituel de Collé

Moolaadé milite contre la pratique de l'excision. Le protagoniste Collé, ayant refusé depuis sept ans l'excision de sa fille, en plus, offre la protection à quatre filles qui ont fui depuis le sanctuaire de cette pratique. Pour leur assurer la protection, elle sanctifie son espace domestique par l'instauration du 'Moolaadé'. A cette fin, Collé initie le rituel de fils de différentes couleurs devant sa demeure. Ce faisant, elle délimite son espace, un espace qu'elle fait sien et qu'elle rend infranchissable pour tout adepte de l'excision qui entreprendrait de soustraire les filles de sa protection. Ainsi est instauré le moolaadé qui fait de cet espace délimité un endroit sacré. Selon Mircea Eliade le sacré s'oppose au profane. Il perçoit le profane comme : « L'espace homogène et neutre : aucune rupture ne différencie qualitativement les diverses parties de sa masse...L'espace profane maintient l'homogénéité et donc la relativité de l'espace, manque d'orientation, le point fixe ne jouit plus d'un statut ontologique unique… où l'homme se meut, commandé par les obligations de toute existence intégrée dans une société industrielle. »[93] L'espace profane s'oppose à l'espace sacré par son insignifiance et le manque d'unicité. Il est homogène et chaotique. En ce sens, on comprend qu'il est un tout sans distinction ni particularité. Il invite au conformisme. Alors que le sacré permet d'obtenir un 'point fixe', de s'orienter dans l'homogénéité chaotique, de 'fonder le monde' et de vivre réellement. Espace à sens unique. Il invite à une certaine démarcation par rapport au conformisme, au chaos.

---

[93] Mircea Eliade. *Le sacré et le profane*. Paris: Gallimard, 1965, pp.26-27.

La sacralisation de l'espace devient problématique surtout quand celui-ci est délimité par la femme, car cet acte constitue un bouleversement. La délimitation de l'espace implique son appropriation alors que la gestion de l'espace dans le contexte africain est reconnue aux hommes, donc relève de leur compétence. Ce qui peut justifier l'acte de Collé comme étant une transgression des normes sociales. A partir du moment où elle attache les fils de différentes couleurs à la porte de la maison, l'espace délimité devient alors sacré, il n'est plus homogène. Cet espace appelle tous ceux qui soutiennent la lutte de Collé à une séparation du monde profane, à la rupture d'avec le conformisme et est pour eux fort et significatif. Dès lors, l'espace n'est plus perçu comme un simple espace physiologique, mais plutôt comme un espace symbolique et sacré. La délimitation de cet endroit est destinée à assurer la protection à quelqu'un qui cherche secours, d'où le concept du moolaadé. Le droit à la protection accordée à autrui en cas de besoin est culturellement sacré en Afrique. Souvent placée sous serment, la protection est supposée être respectée et inviolable. Quand elle est accordée à quelqu'un, surtout par un adulte, il n'est pas permis de la violer sous peine de sanction. Ce qui confère cette nouvelle dimension sacrée à la concession de Collé sitôt les fils attachés à la porte. Le pouvoir dont s'est accaparé Collé suscite le dégoût et la frustration chez les notables.

Ainsi, à plus d'un titre, l'entreprise subversive de Collé devient menaçante pour l'ordre social patriarcal. Pour Collé donc la délimitation de cet espace est expressive. D'abord, elle peint le monde dans lequel elle évolue comme étant un espace chaotique à cause des pratiques dégradantes et néfastes à l'évolution de la femme. Ce monde chaotique est donc un ensemble homogène qui n'épargne pas la femme des maux qui la minent. Ainsi, la société au sein de laquelle elle vit manque d'unicité. C'est une société où il n'y a pas de 'Monde' œuvrant pour la femme, un monde qui puisse lui reconnaître ses droits et défendre ses idéaux. Il est question d'un monde qui puisse plaider en sa faveur. Par conséquent, il revient à la femme de se créer et d'établir une réalité unique et propre à sa cause. Pour Collé, cette conscientisation passe par la sanctification de son domaine. La création de cet espace sacré lui procure, ainsi qu'à celles qu'elle protège, une sensation de sécurité, sécurité par rapport au monde homogène et extérieur au sien; un monde qu'elle considère injuste et misogyne. Son espace sacré lui confère de ce fait une certaine puissance pour contrer le chaos qui sévit à l'extérieur.

Ensuite, en sacralisant l'endroit, elle s'autorise une puissance qui lui permet de défier l'autorité des hommes qui dans le contexte africain sont maîtres des lieux. Elle instaure une rupture d'un espace jusque-là perçu comme homogène et dont l'homme a le contrôle. Du moment qu'elle installe cette rupture, elle se fait une réalité absolue de cet espace, un espace sien, un espace infranchissable. Cette sanctification de l'espace fait que les Salindés[94] ne peuvent y accéder pour retirer les filles fugitives. Pour Eliade, « le sacré équivaut à la puissance et en définitive à la réalité, à la réalité par excellence. L'homme religieux désire profondément être, participer à la réalité, se saturer de puissance. »[95] Après toutes les souffrances vécues à la suite de son excision (incapacité d'accoucher sans césarienne, morts de ses deux enfants, rapports conjugaux douloureux...), Collé se fait une réalité, une résolution qui du coup l'arme de force et de puissance à faire face aux adeptes de l'excision et à l'institution de l'excision en tant que telle d'une part.

D'autre part, la création de son monde réel la met en position de force défiant l'institution structurelle sociale. C'est cette même structure sociale qui accorde à l'homme le pouvoir décisionnel en ignorant les particularités et réalités singulières à la femme. Si le sacré accorde à l'homme la puissance, donc le pouvoir décisionnel, on comprend pourquoi la femme (Collé) est privée du droit d'instaurer le « moolaadé », une pratique reconnue puissante et sacrée. Les notables, par la flagellation, ont exigé la parole expiatoire de cet acte protecteur de/par Collé. Ainsi, accorder la protection aux filles est une manière de s'approprier une certaine autorité et contrôle sur son corps, sa sexualité, ainsi que vis-à-vis de l'autorité patriarcale. Elle s'arroge ainsi un pouvoir au vu et en présence des hommes, de ces notables du village qui pensent punir toutes les non-excisées en refusant de les prendre en mariage. S'autoriser le « moolaadé » sans la présence ni le consentement de son mari est un pouvoir décisionnel dont Collé s'investit. De ce fait, il marque un défi à toute la communauté patriarcale.

Aussi, les fils colorés que Collé attache à la porte de la concession constituent ce qu'Eliade définit comme « le seuil qui sépare les deux espaces. [Ce seuil] indique en même temps la distance entre

---

[94] Les salindés: terme qui désigne la congrégation des femmes exciseuses

[95] Mircea Eliade. *Le sacré et le profane*. Paris: Gallimard, 1965, p.18.

les deux modes d'être, profane et religieux. Le seuil est à la fois la borne, la frontière qui distingue et oppose les deux mondes, le lieu où ces deux mondes communiquent, où peut s'effectuer le passage du monde profane au monde sacré. »[96] C'est dire que tous ceux qui ne sont pas du monde de Collé sont dans le profane par leur soutien à cette pratique considérée archaïque. C'est-à-dire qu'ils sont exclus de la réalité, et de l'opposition construites par Collé autour de la pratique de l'excision. Ils appartiennent donc au monde de l'obscurantisme. Le sacré est ici perçu comme le seuil de la lumière, de la connaissance, de l'éveil face et contre des pratiques obscures, destructrices et réductrices pour la femme. Ceux-là (les notables, les exciseuses et les conformistes) appartiennent encore à ce « monde homogène » dont parle Eliade, où règnent le chaos et le désordre ; un monde dont le relativisme contribue à nuire à la femme.

De même, ces fils qu'attache Collé assurent une fonction cosmologique. En ce sens, ils permettent la création d'un monde sacré, unique et signifiant. Les fils séparent les deux espaces (profane et sacré). Symboliquement, ils mettent fin à l'anxiété dont souffrent les filles. Il limite la relativité, l'influence, c'est-à-dire le conformisme entre les deux espaces de même que la confusion née de l'appartenance à cet espace homogène, l'espace où l'excision est tolérée. Par exemple, la confusion dans l'esprit des fillettes fugitives est exprimée à travers les masques diaboliques qu'elles seules distinguent sur les visages des exciseuses dès que celles-ci approchent de la concession de Collé. Cependant, la concession est l'espace que les exciseuses ne peuvent violer, car sacralisé. Le réalisateur nous montre ce contraste dans la perception à travers un jeu de scènes. La vision des fillettes est opposée à celle des autres membres de la concession regardant tous vers la porte de la maison. Et les filles, seules atterrées, anxieuses et confuses se mettent à crier pour attirer l'attention des gens sur la présence des exciseuses à la porte. Pour les filles, ces exciseuses ne représentent que leurs bourreaux, des êtres diaboliques, leur chaos. Le sacré et le profane sont distanciés. Ainsi, comme le dit encore Eliade,

> Une fonction rituelle est dévolue au seuil des habitations humaines, et c'est pourquoi il jouit d'une telle considération. De nombreux rites accompagnent le passage du seuil domestique : on lui fait des révérences ou des prosternations, ou le touche pieusement avec la main, etc. le seuil a ses 'gardiens' : dieux et esprits qui défendent

[96] Mircea Eliade. *Le sacré et le profane*. Paris: Gallimard, 1965, p.28.

> l'entrée aussi bien à la malveillance des hommes qu'aux puissances démoniaques et pestilentielles… le seuil, la porte montrent d'une façon immédiate et concrète la solution de continuité de l'espace ; d'où leur grande importance religieuse.[97]

Le seuil ritualisé assure une certaine protection divine ou spirituelle. La violation de cette protection entraîne des conséquences. On a l'intervention du surnaturel, une force au-delà de la capacité des humains, des forces auxquelles les humains doivent révérence, et auxquelles ils se soumettent. Ainsi, tester leur 'puissance' peut valoir des conséquences à l'offenseur. Dans *Moolaadé*, c'est au regard de cette considération et crainte des forces divines et spirituelles qu'un des anciens notables se détache du groupe des notables en public pour exécuter un monologue. Il rappelle les conséquences qui peuvent découler de la mise en place du « moolaadé » par Collé. Celui-ci témoigne à cet effet,

> Kabako ! MOOLAADE tu t'incarnes dans cette termitière ! Notre premier roi, Yérim Dthié Kodé Ndiak… le peuple s'est révolté… et l'a transformé en cette termitière ! C'est le MOOLAADE qui l'a puni. Kalifa ! Les sujets révoltés ont tué le roi… il a été enterré ici… son corps s'est enflé… et s'est transformé en cette termitière… Des années plus tard, nos ancêtres ont embrassé l'Islam, et édifié cette mosquée, maison d'Allah… près de la tombe du premier roi. Le MOOLAADE est inviolable… Son esprit est redoutable… Pour calmer les esprits… il faut faire couler du sang… eskey, eskey, C'est tout ce que j'avais à dire. (*Moolaadé*)

La termitière que le notable pointe lors du monologue est l'exemple vivant du courroux en cas de transgression du moolaadé. C'est en témoin de la mort horrible de leur premier roi, enseveli dans la termitière, qu'il explique à la cour les conséquences de la violation du serment sacré, le moolaadé. Le notable est conscient que rompre les fils pour couper court à la protection serait encourir la colère des forces invoquées lors du rituel exécuté au seuil de la maison. Pour Eliade, « que l'on brise le poteau (ici les fils rituels de Collé) c'est la catastrophe, c'est en quelque sorte la « fin du monde », la régression dans le Chaos. »[98] Comme elle-même Collé le dit en menace aux exciseuses : « quiconque franchira cette corde, sera punie par le MOOLAADE. »

[97] Mircea Eliade. *Le sacré et le profane*. Paris: Gallimard, 1965, pp.28-29.

[98] Mircea Eliade. *Le sacré et le profane*. Paris: Gallimard, 1965, p.35.

(*Moolaadé*) ce qui laisse les exciseuses quiètes, indécises, et impuissantes sans autre alternative que de retourner et porter plainte contre Collé auprès du chef de village. Donc, toutes ces craintes du mystique et de la spiritualité expliquent pourquoi les notables insistent et forcent Collé à prononcer la phrase expiatoire. Expier le sort, c'est briser le serment du rituel, donc briser la frontière entre les deux espaces. Cela l'obligera à retomber dans le conformisme, le silence, la confusion, le chaos du monde obscur duquel elle vise à se détacher et à libérer les femmes. C'est donc retourner au point de départ, à son état profane. En exemple, voyons l'interprétation religieuse que l'on peut faire de la mort de la petite fille Diatou. Diatou est une des filles à qui Collé a offert la protection. Lors de la cérémonie de flagellation de Collé, la mère de Diatou en a profité pour soustraire sa fille de cette protection. Vu que la phrase expiatoire n'a jusque-là pas été prononcée par Collé, cette mort imputable à la mère peut être perçue comme une conséquence de la violation du serment rituel. La mère a franchi la ligne interdite en rentrant dans la concession de Collé avant la rupture des fils. La mort de la fille par l'excision explique d'abord le chaos dans lequel la mère l'a entraînée en la séparant du monde sacré construit par Collé. Ensuite, elle démontre le côté diabolique et insupportable de l'excision qui matérialise le chaos, la catastrophe pour les femmes. La mort de la fille sombre la mère dans une angoisse marquée par ses pleurs vers la fin du film.

Conséquemment, être à l'intérieur de l'espace circonscrit par Collé permet aux filles de transcender le monde profane. Ces filles concrétisent cette transcendance par leurs réponses édifiantes aux questions que leur pose Collé :

> **Collé** : pourquoi êtes venues vous refugier chez moi ?
> **Nafi** : nous étions six à vouloir aller en ville… mais n'y connaissant personne, nous sommes venues chez toi. Les deux autres sont allées ailleurs.
> **Collé** : Quoi ? Vous êtes six à avoir déserté la purification ? Vous avez toutes eu la même idée ? **Oumy** : on nous a dit que tu as refusé de faire couper ta fille. C'est pourquoi nous cherchons ta protection.
> **Collé** : Oumy, on dit beaucoup de choses au puits… Sachez que l'excision est une chose… et le MOOLAADE en est une autre. Diatou et toi ?
> **Diatou** : mon aînée est morte de l'excision, c'est pourquoi je n'aime pas être coupée. Awa ?

Awa: Mère, tu n'as pas fait couper Amsatou. Son fiancé qui est en France est le fils du Dougoutigui. Il revient avec beaucoup d'argent et il va l'épouser.
Diatou : Est-ce vrai qu'une bilakoro ne peut pas avoir d'enfant ?
Collé : ce n'est pas vrai.

Cet échange constructif entre Collé et les filles exprime et contribue plus à l'ouverture d'esprit des filles par rapport à l'excision. En même temps, il édifie l'audience quant aux perceptions que les gens ont de cette pratique. Ces filles participent et œuvrent à faire la lumière sur cette pratique de l'excision. Progressivement, la lutte vers la lumière se fait sentir avec Collé qui remporte sur la place publique la bataille dirigée par le chef de village et ses disciples. Malgré la flagellation, Collé refuse de lever le serment de protection. Ainsi, la progression de Collé vers l'émancipation de la population (pas uniquement les femmes) ne se fait pas sans heurts. Jusque-là, nous avons vu la portée de l'espace extérieur au seuil de la porte de Collé, des fils et du rituel. A l'intérieur de la maison, à ciel ouvert, Collé, les enfants et quelques autres femmes de la maisonnette dansent en signe de victoire au titre de la confrontation avec le groupe des exciseuses voulant reprendre les filles. Collé certifie aux mères des filles qui accompagnent les exciseuses que leurs filles sont en sécurité.

L'intérieur à ciel ouvert est l'endroit associé à la sécurité. Pour cette protection, « de l'intérieur de l'espace sacré, il doit exister une 'porte' vers l'en-haut, par où les dieux peuvent descendre sur la Terre et l'homme peut monter symboliquement au ciel. »[99] C'est dire que l'homme peut être en contact, en communion avec les forces divines pour enfin solliciter comme dans la quête de Collé, la sécurité et la lumière pour ces filles. La référence au ciel est divine, ce qui implique la recherche de la sécurité et de la lumière, la lumière de comprendre les méfaits de l'excision pour la femme. Ainsi conçu sur un angle allégorique, « Les modes d'être sacré et profane dépendent des différentes positions que l'homme a conquises dans le cosmos; ils intéressent aussi bien le philosophe que tout chercheur désireux de connaître les dimensions possibles de l'existence humaine. »[100] Pour de ce fait dire que la délimitation spéciale de type rituel initiée par Collé permet d'étudier d'une façon allégorique son ascension à une dimension supérieure de son existence.

---

[99] Mircea Eliade. *Le sacré et le profane*. Paris: Gallimard, 1965, p.29.
[100] Ibid., p. 20

b. Le rituel de l'excision

La sacralité et le rituel qui soutiennent la pratique de l'excision diffèrent de l'idéologie qui entoure la pratique de la circoncision chez le jeune garçon. La connotation associée à l'acte d'exciser est réductrice. Pratique détenue par les femmes, elle traduit le désir de débarrasser la femme de 'saleté' comme le laissent comprendre de nombreux adeptes de la pratique. Alors que la circoncision chez le jeune garçon revêt des valeurs symboliques positives.

L'institution de l'excision, au regard d'interminables débats qu'elle suscite, donne lieu à diverses interprétations. Pratique positive, néfaste, ou sacrée, la réalité est que le sujet est d'actualité et le débat très diversifié. Des conceptions faites de cette pratique, la place et l'avis de la femme sont souvent ignorés lors des débats au niveau des instances traditionnelles et de prise de décision. Cela se reflète dans *Moolaadé*. La décision d'exciser la femme appartient aux hommes et elle est exécutée par des femmes ; associées de l'institution patriarcale. Elles justifient la nécessité et la continuité de cette pratique par ses bienfaits pour l'homme au détriment de la victime elle-même. L'excision, pour certains comme les notables dans le film qui la soutiennent, est une institution sacrée classée parmi les institutions religieuses féminines. Perçue à l'image de ce qu'est la circoncision pour le petit garçon, l'excision est pour les jeunes filles un rite de passage de l'enfance à l'âge adulte. C'est par la cérémonie rituelle que ces filles sont initiées aux secrets des femmes, donc à l'éducation des futures femmes qu'elles deviendront. Manquer cette étape de sa vie, la fille est perçue comme inculte et ignorante. Pour franchir le cap de l'immaturité, la jeune fille doit vivre l'expérience de la vie d'excisée. Ce point de vue explique la réaction des hommes et des notables dans *Moolaadé* quant à leur réticence à épouser des 'bilakoros', des non-excisées. Par sa fonction éducative, le rite de l'excision est ainsi perçu comme étant indispensable pour la maturité féminine, par conséquent, nécessaire pour accéder à l'institution du mariage et à la reproduction sociale.

Il convient cependant de s'interroger sur la nature de cette reproduction sociale. Celle-là même que nous avons tantôt succinctement étudiée dans le chapitre précédent et qui démontre le maintien de la femme dans un état de soumission totale à travers la reproduction de l'habitus. Aussi, au titre de cette même reproduction sociale, il n'est nullement mis en relief dans nos œuvres en quoi elle est bénéfique pour la femme elle-même autre que de la tenir dans un processus de violence symbolique en être opprimée, enfermée, tue, marginalisée au sein de sa couche sociale. C'est peut-être là une stratégie de dénonciation de la part du réalisateur. Toutefois, il se trouve aussi que les rites autour de l'excision tels que nous les avons perçus dans *Moolaadé* ne contribuent pas à l'émancipation libératrice de la femme. Au contraire, elle consiste en une opération chirurgicale sur celle-ci sans tenir compte de ses effets néfastes (sur Collé par exemple), mais plutôt pour le bien d'une culture conservatrice, une culture qui encourage et perpétue la misogynie et la domination masculine sur les femmes. Collé refuse cette reproduction sociale quand elle s'insurge d'abord contre l'excision de sa fille et quand elle offre la protection aux filles. Ainsi, par le rejet de cette pratique rituelle, nous percevons la quête et les aspirations de l'héroïne. A partir de cette résistance qui en fait constitue une subversion, Collé entame un parcours vers l'accomplissement de ses idéaux contre la structure soutenant la pratique aux détriments des femmes. L'excision dans *Moolaadé* et les pratiques rituelles dans *Delwende*, toutes nuisibles à la femme, constituent un défi pour celle-ci et pour les autorités modernes en Afrique, où certains aspects des traditions africaines demeurent encore inattaquables et immuables.

c. Sacrifice aux ancêtres

Delwende débute par une cérémonie rituelle. La première séquence est celle de la description du monde ordinaire et du cours de la vie normale dans le village, avec une cérémonie de remerciement adressée aux ancêtres. Du coup, dans les scènes qui vont suivre, les événements ordinaires se mêlent au sacré et au mystique avec des offrandes et sacrifices adressés aux ancêtres. De ce fait, le déroulement du film implique deux mondes (du visible et de l'invisible) qui concourent à la justification de cette quête de notre héroïne Pougbila. De ces pratiques et croyances occultes naissent les maux dont souffre la femme. Dans ce contexte, au lieu que les rites contribuent à la formation du néophyte, ils vont au contraire aller vers la destruction de la cause féminine. Dans la scène du rituel aux ancêtres, deux mondes s'entrecroisent : le monde matériel, monde des profanes, du visible se confronte au monde mystique, celui des forces invisibles. Celui-ci, distinct du premier par son aspect sacré, est difficilement accessible par les êtres humains. Il est généralement le domaine et le privilège des initiés.

L'homme, le plus souvent, faute de trouver la réponse à certains mystères de sa vie, se réfère au monde des forces invisibles. Dans ce film, la maladie qui s'abat sur le village, qui en réalité n'est autre que la méningite, constitue un mystère pour la population, car les gens n'y trouvent aucune justification tangible. Face aux nombreuses morts injustifiées et inhabituelles, le recours aux rituels prouve l'incapacité des humains à bien cerner le fléau. En effet, un mystère jamais élucidé s'abat sur le village, ravage et emporte les enfants et les bras valides de cette contrée. Les savants, à savoir médecins traditionnels et charlatans ou devins qui d'habitude sont censés communiquer avec le surnaturel et les forces invisibles, demeurent tous impuissants face à ce nouveau fléau et ses calamités.

En fait, en plus de la volonté de ce peuple à préserver ses mœurs, cela démontre l'inaptitude des pratiques traditionnelles à résoudre les maux sociaux surtout dans un monde contemporain. L'attachement excessif aux valeurs traditionnelles compromet une certaine ouverture d'esprit. En témoigne le personnage du fou qui, plus renseigné que tout le reste de la population, est marginalisé. L'on remarque aussi que le personnage du noceur, bien que citadin, reste toujours attaché aux croyances. Sans aucune analyse ou réflexion préalables, il fuit Pougbila ; fille de la présumée 'sorcière'. Cet enfermement dans les coutumes et croyances, en plus du manque d'ouverture, concourt à l'obscurantisme néfaste qui mine cette population. Pour les 'savants' du village, cela relève du mystère, car la cause et les symptômes de la méningite qu'ils qualifient d'étrangère demeure insondable. Donc, la clé de l'énigme se trouve ailleurs. Il faut interroger les mânes et initier le rituel du Siongho. Ainsi, un défi se présente aux anciens, notables et chef sorcier du village. Le seul recours face à cette inconnue, la maladie, c'est forcément chercher un bouc émissaire, une justification, d'où la sorcellerie.

d. Quand la coupable est connue d'avance

La sorcellerie est une pratique rituelle, car basée sur des actes et des croyances occultes. Cependant la pratique rituelle en elle-même ne constitue pas le point focal, mais plutôt, nous voyons la façon dont la sorcellerie en tant que fait social participe dans la dynamique des relations sociales. Elle est une manifestation de pouvoir sous différentes facettes. Une étude sur les *Approches anthropologiques de la sorcellerie*[101] ressort que plusieurs types de sorcelleries sont pratiqués.

---

[101] *Approches anthropologiques de la sorcellerie* : Éric de Rosny, s.j., Justice et Sorcellerie.

Le film se base sur la relation de pouvoir qu'elle entretient entre l'individu et son groupe social. Il s'agit plus précisément de la femme contre sa communauté. Napoko, mère de Pougbila, sans preuve tangible et sous la base des soupçons est accusée de sorcellerie, ce qui la rend victime du pouvoir de l'homme. Evoquant la sorcellerie, Séverin Cécile et Claude Abe expliquent que « Nous la rencontrons par le biais des accusations, des soupçons, des procès en sorcellerie... »[102] Selon ses variantes, comme l'indiquent Cécile et Abe, « il est donc évident qu'en parlant de sorcellerie, on évoque surtout la peur, le conflit, la violence. »[103] Cette peur envahit aussi bien la communauté villageoise qu'urbaine. Quand bien même la sorcellerie revêt une image à la fois positive et négative. Dans ce film, elle est néfaste et porte une identité féminine. Il s'agit d'une sorcière. Parallèlement à la sorcière accusée de 'manger les âmes des gens qui meurent', il y a le maître sorcier dont les services sont sollicités et vénérés. Quand la sorcellerie est masculine, c'est-à-dire portée par l'homme, elle a plutôt tendance à être bénéfique. C'est-à-dire qu'elle est positive, pratiquée à des fins de guérisons ou soi-disant utilisée pour contrer le mal. En fait, étant donné que la sorcellerie relève de la pratique mystique, l'inculpé est décelé par la pratique de quelques rituels dont le Siongho et la potion de vérité[104] que nous trouvons dans *Delwende.*

e. Le Siongho et la potion magique

Le Siongho est une cérémonie rituelle qui consiste à promener un cadavre afin de retrouver le meurtrier. Le rituel est initié par le sacrifice d'un poulet. La position du poulet sacrifié doit donner le signal, une sorte de message (accessible seulement aux initiés comme le chef sorcier) qui consiste à promener le Siongho. Lors de cette procession, le défunt, porté par deux jeunes hommes encore vierges, désignera au féticheur la personne responsable de sa mort. Pour pratiquer le Siongho, il faut en fait avoir la permission des mânes, divinités infernales et forces invisibles en charge de la tâche. Il est déplacé sous leur directive. L'interrogation des mânes passe par le

---

Colloque international de Yaoundé (17-19 mars 2005)

[102] Eric De Rosny. *Justice et sorcellerie: colloque international de Yaoundé* (17-19 mars 2005). No. 8-10. Karthala Editions, 2005, p.40.

[103] Ibid., p. 41

[104] Potion magique ou potion de vérité : boisson à base de plantes utilisée pour tester des
potentiels coupables de sorcellerie

sacrifice, ici celui d'un poulet. Le sacrifice du poulet est suivi de la récitation de certaines paroles (incantatoires) par le maître sorcier qui est le trait d'union, de liaison entre le visible et l'invisible. La vision unitaire est ainsi créée de l'union des humains, des forces invisibles auprès desquelles les ancêtres sont appelés à intercéder au profit des humains pour créer un certain équilibre. Cet équilibre permet de résoudre et de panser des maux face auxquels les humains manquent de réponses. Il se trouve que dans ce village, même les savants (charlatans) ne trouvent pas d'explication aux multiples morts subites. D'où la nécessité pour eux de passer au sacrifice du poulet associé aux paroles magiques. Le Siongho aussi bien que la potion magique, sorte de détecteur traditionnel de mensonge, sont tous deux des pratiques rituelles qui consistent à dévoiler la source du mal.

Cependant, comme dans *Moolaadé*, si ces rituels sont néfastes à la femme, il n'en demeure pas moins qu'ils participent à l'expérience initiatique de l'héroïne. Pour marquer la différence entre les deux types d'initiation, Amadou Ouédraogo mentionne que, « ici [dans le cas de l'allégorique], il s'agit certes des mêmes types de quêtes et d'aspirations évoquées plus haut [dans le chapitre sur les rituels], mais avec la particularité qu'elles ne s'inscrivent pas dans une perspective rituelle ou religieuse formelle, mais sont plutôt envisagées dans une optique, [...], purement philosophique.»[105] De ce fait, dans *Delwende*, les deux pratiques initiatiques sont mises en évidence au tour du thème de la sorcellerie avec comme personnage central la femme. Il faut tout d'abord percevoir qu'ici la sorcellerie constitue en elle-même une pratique négative et qui est associée à la femme, car ce sont les femmes qui en sont les victimes. Ainsi, le rapport entre les deux types d'initiation s'établit à travers le combat que l'héroïne mène contre cette accusation de sorcellerie. Une investigation est menée par le rituel du Siongho censé être le moyen efficace pour trouver la sorcière.

L'initiation rituelle est matérialisée par des rituels (Siongho et potion de vérité) alors que l'initiation allégorique, elle, ressort un schéma antagonique à la première. La première, au lieu qu'elle serve de fil conducteur dans l'accomplissement de la deuxième, est mise en œuvre pour dénoncer, critiquer et freiner, taire et détruire l'élan innovateur et formateur de la deuxième. Alors que l'initiation

---

[105] Amadou Ouédraogo. *Rites et allégories de l'initiation: visions africaines et caribéennes*. Paris : L'Harmattan, 2009, p.215.

allégorique dans nos œuvres concourt à démontrer la grandeur des héroïnes impliquées dans le combat contre l'injustice, les rituels pratiqués au titre de l'initiation religieuse eux concourent à accuser la femme, donc à la maintenir dans son état initial sinon dans un état diminuant. Dans ce cas, on ne peut plus parler de concept initiatique, car l'initiation, surtout rituelle, vise à la naissance d'un être adulte et mature. Dans ce contexte, la pratique des rites (Siongho, potion) a pour finalité l'incrimination de la femme ; son accusation et son bannissement social alors que celle-ci, à travers un voyage physique et spirituel, essaie de relever le défi, de combattre l'injustice, et dans un déterminisme sans faille déceler la vérité, ressortir les failles que renferment ces pratiques rituelles. Celles-ci sont susceptibles de manipulations humaines. Ainsi s'annonce la quête de Pougbila dans *Delwende*. A travers l'initiation allégorique, les héroïnes œuvrent contre les accusations et traitements injustes afin d'établir un certain équilibre social ou encore s'octroyer une image distincte de celle qui leur est imposée. La fin de toute initiation annonce la renaissance du néophyte avec un ensemble de connaissances et d'expériences acquises lors de la quête, c'est-à-dire une prise de conscience et un éveil d'esprit.

3. L'héroïne Pougbila

Pougbila, protagoniste dans *Delwende*, est aussi la fille violée par son père Diahrra. Elle doit relever un défi causé par celui-ci ; l'incarnation parfaite du patriarche, car misogyne et endrocentrique de son état. Face au pouvoir patriarcal, la femme n'est sujette qu'au silence et à la soumission devant toutes sortes d'oppression. Cet être qui du fait de sa constitution identitaire et sociale est condamné au silence et à subir les exactions du père qui plein de fierté avance : « Pougbila est ma fille, j'ai droit de vie et de mort sur elle, emmenez-la ! » (*Delwende*) Il s'agit en fait pour Pougbila de faire la lumière sur l'accusation pour sorcellerie portée contre sa mère ; une accusation orchestrée par son père lors du rituel arbitraire du Siongho afin de taire sa femme qui compte dénoncer le violeur de sa fille. Ainsi, lors de la cérémonie rituelle du Siongho, le père dirige ou disons 'détourne' le Siongho qui heurte sa femme. De ce fait, il la rend coupable des innombrables morts, causées en réalité par une épidémie de méningite. Elle est accusée d'être la sorcière, mangeuse d'âmes, puis pourchassée du village et de toutes les contrées environnantes. Dans sa revue du film documentaire *The Witches of Gambaga*, Sokari Ekine exprime et explique les causes de telles accusations en trois grands points : l'ascension des pouvoirs religieux, la justification de certains problèmes sociaux par le moyen des pratiques traditionnelles et spirituelles ; problèmes socio-économiques, par exemple, face auxquels beaucoup de pays africains ont failli.[106] Un autre facteur déterminant qu'Ekine évoque, c'est la puissance de l'autorité masculine, des traditions patriarcales et du statut inférieur de la femme.

Pougbila décide de passer outre ce troisième facteur. La réinsertion de sa mère au village sera pour elle l'objet du défi. Pour ramener sa mère au village, elle doit faire transparaître la vérité et restaurer la justice par rapport aux torts causés à sa mère. Face aux exactions que vit sa mère, la fille s'insurge contre cette accusation. Cette accusation se trouve être la conséquence de l'insurrection de la mère contre le viol d'abord, et ensuite le mariage forcé de Pougbila dont le père se trouve encore être l'orchestrateur. Le père a ainsi à son actif trois maux dont souffre la femme : le viol, l'accusation pour sorcellerie et le mariage forcé. Au-delà de l'image et des souffrances de ce personnage de la mère, c'est en même temps la lumière sur l'obscurantisme d'une société traditionnelle à valeurs archaïques que Pougbila s'attèle à établir. Olivier Barlet, dans une entrevue, fait une analyse du film et perçoit sa dimension universelle en ces termes :

> A la faveur d'une caméra serpentant en douceur parmi les femmes filant inlassablement le coton où s'arrêtant sur certaines pour de brefs portraits, le film y prend une dimension cosmique : la vision de ces vieilles rejetées et agglutinées évoque au-delà du scandale de l'exclusion une implacable loi humaine qui croit pouvoir s'associer aux dieux pour projeter sur certains la source des malheurs de tous. (*Delwende*, 2005)

Cette loi humaine constitue l'incapacité des humains à résoudre les problèmes sociaux et qu'Ekine rejette sur les gouvernements africains. Comme Olivier Barlet, Ekine soutient que le maintien et croyance aux pouvoirs surnaturels s'inscrivent pour imposer un control social ou pour pérenniser des structures patriarcales. En temps de crises, elle soutient que les femmes sont souvent les premières incriminées.[107] C'est ainsi que devant l'incapacité à justifier certains problèmes sociaux, les femmes deviennent alors les victimes faciles des autorités traditionnelles. Cette injustice déploie ainsi la nécessité de la quête pour

---

[106] Sokari Ekine. " Review Witches of Gambaga." *Feminist Africa Issue* 16, 2012, p 154.

[107] Sokari Ekine. " Review Witches of Gambaga." *Feminist Africa Issue* 16, 2012, p 154.

Pougbila. Loin d'être purement individuelle, sa quête s'avère collective et multidimensionnelle. Pour y parvenir, Pougbila doit partir ! Partir sur le chemin de la quête. L'évolution de la femme est marquée par le mouvement filmique perceptible surtout dans les séquences où Pougbila entreprend le voyage de son village au centre où sont internées les femmes accusées de sorcellerie. D'une manière déterminée, elle affronte lors de ce voyage des obstacles afin de faire éclore la vérité et la justice. Elle décide de combattre la soumission, la fuite en avant et le silence des femmes face à des pratiques et accusations abusives et rétrogrades pour la femme. Pougbila et sa mère doivent subir ces injustices parce qu'elles inquiètent le pouvoir patriarcal et doivent, par conséquent, être réduites au silence et mises 'hors-jeu'. Dans nos œuvres, la génération des mères, ou l'ancienne par rapport à leurs filles, est plus encline à la soumission.

Cette ancienne génération, contrairement aux jeunes, peut compatir et déplorer les maux qui troublent la femme. Cependant, elle demeure passive et plus encline à accepter et subir l'assujettissement. Des femmes de cette génération s'associent et deviennent solidaires du patriarcat. Ces dernières perçoivent parfois les abus dont elles sont victimes, mais manquent d'initiative ou de courage et d'engagement. Le plus souvent, elles ne sont pas conscientes de l'existence ou de la sévérité des problèmes propres à leur identité féminine. Elles estiment que tout est normal. En plus, des femmes assumant l'identité de belle-mère, par exemple, ou encore les exciseuses, trouvent plutôt leur intérêt dans une sorte de pouvoir de domination au niveau de leurs relations avec les autres femmes. Ce faisant, elles gagnent mieux dans ce que Bourdieu qualifie de 'jeu social'. Elles se rangent du côté de l'institution patriarcale et assurent en même temps les intérêts de celle-ci. Du coup, elles s'y affilient et sont perçues comme 'Des mères contre les femmes' tel que Lacoste-Dujardin intitule son ouvrage. Ainsi, à l'exemple de Aïcha, belle-mère de Zouina dans *Inch'Allah dimanche*, celles-ci trouvent normal et justifiables les sévices qu'encourent les femmes.

Cependant, contrairement à la première génération de femmes dont nous avons amplement parlé au premier chapitre, les jeunes héroïnes résistent au système de reproduction de l'habitus. Les écrivains et réalisateurs fondent l'espoir pour le changement sur ces personnages. Dans *Delwende*, on remarque que contrairement à sa mère, Pougbila se 'lève et marche'[108] vers le changement ; dans *Le Ventre de l'Atlantique*, Sankele refuse le silence de sa mère face à l'oppression ; Zouina se débat dans un contexte de l'immigration contre l'enfermement et la répression de sa belle-mère ; Leila déteste le silence et la soumission de sa mère. En lieu et place de leurs aînées, les filles comme Pougbila refusent et décrient la domination et le rapport de pouvoir qui les forcent au silence. Ainsi, la plupart du temps, le changement ou la mouvance émancipatrice de la femme ne peut être tangible et perceptible que dans la représentation que font les auteurs de leurs personnages jeunes. La révolte de la femme africaine contre sa marginalisation et les injustices se nourrit plus au sein de la nouvelle génération. Les héroïnes dont nous avons tantôt évoqué les noms représentent les figures de la résistance. Le long de leurs quêtes de liberté et de reconstruction identitaire, elles procèdent par diverses stratégies pour faire face aux multiples obstacles. Pour la plupart de ces personnages la quête est subversive.

4. La quête subversive de Pougbila

A l'issue de l'accusation pour sorcellerie portée contre sa mère, Pougbila se lance dans une quête. C'est une quête qui va en contradiction avec les valeurs sociales de la fille. La contradiction dans le cas de figure de *Delwende* se présente à deux niveaux. Le premier niveau est que cette quête va révéler un nouvel ordre d'idées. Un renouveau qui est susceptible de bousculer l'ancien ordre social avec tout ce qu'il comporte d'obscurantisme, principalement par rapport à la situation sociale de la femme. A un deuxième niveau, cette initiation censée rétablir un nouvel ordre social est enclenchée par une femme (Pougbila). Cet être appelé à subir, à écouter et à se taire maintenant décide et veut prendre la parole. Pougbila veut se faire justice, ainsi qu'aux autres femmes opprimées comme sa mère. Sans sa ténacité à vouloir apporter la lumière sur l'accusation de sa mère, Pougbila n'y parviendrait pas, car les autorités traditionnelles ne voulaient rien entendre ni discuter surtout pas de sa part, une fille ! Son attitude défiante conteste les consultations rituelles du maître sorcier, c'est-à-dire qu'elle défie les traditions en les remettant en cause. Sa contestation du verdict contre sa mère est subversive, car c'est un renversement des valeurs sociales et de l'ordre patriarcal. Ce

[108] Se lève et marche: sous-titre, en référence au titre du film *Delwende* qui veut dire lève-toi et marche.

bouleversement menace encore plus les structures sociales qui régissent les valeurs sociales. L'intégrité, la valeur, le sens, le respect, l'équité, et le pouvoir du système patriarcal sont ainsi questionnés par l'être jadis perçu inférieur, dominé, opprimé, réprimé et tu.

L'expression (qu'elle soit verbale, orale, gestuelle, spirituelle, mentale) féminine dans le contexte social auquel appartient Pougbila est marginalisée. Elle n'est en aucune façon perçue comme une prise de position encouragée, encore moins valorisée socialement. L'ordre social incarné par les notables tente à plusieurs reprises de réprimer, refouler et même étouffer la prise de cette parole féminine. Plusieurs scènes dans le film le prouvent. En exemple, nous retenons la communication entre la mère et le père : la mère est une première fois tue par le père quand elle voulait lui annoncer le viol de sa fille. Une deuxième fois, dans la cour de leur maison, la mère est interrompue quand elle voulait insister sur l'histoire du viol. La troisième fois, elle le menace de dénoncer le coupable du viol. La quatrième fois, il force le mariage de sa fille Pougbila devant la mère silencieuse et impuissante. La parole féminine est aussi sanctionnée au niveau de la communication entre Pougbila et son père au sujet du viol, de l'intimidation et du mariage forcé. Pougbila fuit le mariage et revient dans son village, mais le père voulait la retourner chez son mari ; encore une façon de la faire taire. Également, les notables lui coupent la parole sur la place publique. Ceux-ci ne veulent pas l'écouter du tout avant d'entendre la version du père qui en fait est le coupable du viol. En définitive, sentant toutes les évidences contre lui, il se suicide. Cette mort peut avoir une portée symbolique, car elle survient sans que Diarrha, le père, reçoive une réponse à ses prières auprès des dieux. Ne comprenant rien au nouvel ordre social, celui auquel appartient sa fille Pougbila, il implore l'aide de ses dieux. Sa mort annonce le changement de l'ordre social, la prise de parole de la femme, la justice. Les péripéties derrière la mort de Diarrha annoncent la naissance d'un éveil de conscience féminine et la victoire de Pougbila sur l'injustice.

Prise dans le contexte allégorique, cette victoire est initiatique, car remportée au bout de son parcours parsemé d'épreuves. Elle marque la renaissance de Pougbila qui dorénavant est porteuse d'une voix, la voix féminine. L'une des épreuves est de combattre les idéaux du père, incarnation de l'archaïsme traditionnel, présenté sous l'image d'un monstre. Des caractéristiques qui lui sont attribuées dans le film, rien ne le diffère du monstre-humain qu'elle a combattu avant de poursuivre son chemin dans la forêt. L'on peut associer cette victoire à la perception qu'Eliade se fait du terme victoire. Quand bien même le mot est utilisé dans le cadre de l'initiation rituelle, l'idée reste la même sur une dimension symbolique : « La victoire rituelle (initiatique) contre le monstre-gardien équivaut à la conquête de l'immortalité. »[109] Pougbila vise la survivance de la vérité et de la justice envers les femmes et pour toujours. Aussi, Pougbila affronte et survit au combat contre le Moussomourgou, une sorte de monstre humain. Ce qui symbolise la victoire rituelle qui l'immortalise et immortalise l'objet de sa quête : faire la lumière.

Le monstre humain, pour son histoire, représente l'image sacrée. C'est « un homme maléfique dont la femme est décédée en couches... pour se débarrasser de son maléfice, il doit violer une femme. » (*Delwende*) Le film nous fait comprendre que pour redevenir normal, il lui faut exécuter cet acte, celui de coucher avec une quelconque femme pour ainsi se débarrasser de la malédiction qui le hante. C'est une façon pour lui d'enterrer son péché. Cela équivaudrait à une nouvelle naissance pour lui en cas de succès. Il va ainsi se débarrasser de ce péché en l'enterrant et faire prévaloir la justice. Comme le dit Eliade, « l'opération garde la même efficacité lorsqu'il s'agit d'effacer une faute grave ou de guérir une maladie d'esprit. L'initiation comporte une mort et une résurrection rituelle. »[110] Comme la femme guide l'explique à Pougbila dans la forêt, le monstre humain redeviendra normal une fois le rituel du viol accompli sur sa victime. Sinon, il en mourra en cas de victoire de sa victime. Cela fut ainsi, car Pougbila a su surmonter cette épreuve. L'évolution de la femme est marquée par le mouvement filmique perceptible surtout dans les séquences de Pougbila lors du voyage de son village au centre d'accueil où sont internées les femmes accusées de sorcellerie. D'une manière résolue, elle affronte lors de ce voyage des obstacles afin de faire éclore la vérité et la justice.

L'accusation injuste de sa mère en plus du silence dont sont victimes les femmes suscite ce que Fréderic Vincent caractérise d'« un appel à l'aventure qui vient bousculer toutes les croyances mondaines [du héros]. »[111] Les maux dont souffre la femme constituent le manque qui invite l'héroïne au départ pour l'aventure. Donc, l'aventure initiatique de Pougbila consiste à l'investir du droit à la parole, ce qui

---

[109] Mircea Eliade. *Le sacré et le profane*. Paris: Gallimard, 1965, p.124.
[110] Ibid.
[111] Frédéric Vincent. "La structure initiatique du manga." *Sociétés 4*, 2009, p.60.

sans doute comme tout parcours doit présenter des épreuves telles que celles subies par l'héroïne. La quête chez Pougbila, comme celle de beaucoup de femmes africaines aujourd'hui, est en même temps recherche de vérité, de liberté ; la liberté de diverses expressions. Outre le chemin parcouru en quête de vérité, la quête en elle-même constitue une épreuve. En effet, hormis les épreuves physiques dangereuses qu'encourt Pougbila, la répression de la parole en elle-même constitue une adversité qu'elle doit affronter. Entre autres épreuves, on peut citer son voyage à travers la forêt, sa rencontre avec le corps d'une vieille femme, sa rencontre avec le Moussoumourgou, la vie dure à laquelle elle est confrontée une fois arrivée en ville, etc. Au préalable, l'auteur place la femme dans un contexte social répressif qui justifie le motif de sa quête. Le long du film et à travers le parcours, se dessine progressivement l'aboutissement de la quête qui se caractérise par la prise de parole de l'héroïne. Ainsi, de l'enfant qu'elle est, Pougbila émerge en un être adulte, spirituellement forte et épanouie, d'où la perception et la grandeur philosophique ou allégorique du film *Delwende*.

5. La quête subversive des héroïnes maghrébines

Plus encore dans les œuvres maghrébines que sub-sahariennes, le rituel de chant et de danse qu'exécutent certains personnages comme Zouina dans *Inch'Allah dimanche*, ou encore les lieux de congrégations des femmes dans *Les Hommes qui marchent* contribue à leur quête libératrice.

a. Le rituel de danse dans le processus initiatique

Dans *Inch'Allah dimanche*, la scène où Zouina reste accrochée au fil séchoir présente celle-ci en train d'exécuter une danse vraisemblablement dans un état d'évasion. Le réalisateur nous fait vivre les scènes d'images qui défilent dans sa tête. Les images dans ce qui est comme une situation de rêve la montre loin de la France alors qu'elle y est physiquement présente. Dans ce moment d'extase, elle revit ses instants fabuleux en famille. Elle vit aussi le déchirement, la séparation d'avec ses proches, sa mère et son origine. Cet instant, qui ne dure que quelques secondes, la détache de sa méchante belle-mère et du milieu où elle se trouve. Elle s'est en même temps soustraite un peu soit-il de la vie d'enfer qu'elle vit jusque-là en France. Ce moment d'évasion lui est libérateur.

b. Le choix de l'espace dans le processus de quête

A l'instar du rituel de danse, le rituel créé autour de l'espace (comme le harem des femmes et le désert) sert de lieu pour la solidarité entre femmes, de moment de liberté et de résistance. C'est le lieu et la façon pour elles de se soustraire du contrôle des hommes. La hadra que Mokeddem présente est plus qu'une réunion de femmes. Il est le lieu, le gourbi, de prières où l'isolation permet qu'elles « se libérassent de tous les maux, de toutes les détresses rentrées par l'expression violente et furtive des corps au langage muselé, loin du regard castrateur de l'homme. Toutes ces manifestations, ailleurs interdites, restaient là. » (*HM*, 109) C'est donc un espace qui les libère des violences, de l'enfermement et de la misogynie mutilatrice des hommes. Là, elles se sentent libérées de tout asservissement et de toute angoisse. Il s'inscrit en opposition à la maison qu'elles partagent avec leurs 'bourreaux'. La maison représente alors pour elles le chaos où, après le cérémonial, « elles repartaient vers les solitudes tannées des bêtes de somme. Elles reprenaient d'elles-mêmes les harnais dont les dotaient les hommes. Elles repartaient vers une vie de rien. Elles n'étaient venues chercher que l'épuisement salvateur, pour retrouver le visage sans rictus de la fatalité. » (*HM*, 110)

De ce fait, l'espace intime féminin est à la fois sacré et subversif dans le processus initiatique de ces femmes. Les femmes accordent à l'espace une dimension différente de celle que lui octroie le reste de la communauté. Elles le sacralisent. Deux espaces où évoluent ces femmes s'opposent l'un à l'autre et sont tous déterminants pour la vie de celles-ci. La maison est le contraste du 'gourbi'. Elle symbolise leur musèlement, leur prison, leur enfer, là où elles sont réduites à 'rien'. Cependant, au hadra, elles recouvrent toute leur identité féminine et la liberté d'expression. Pour elles, c'est le lieu de la liberté d'expression sous toutes ses formes. Le gourbi représente leur lieu sacré qui s'oppose à la maison, symbole du monde profane et de leur chaos. La narratrice annonce la sacralité de ce lieu par cette question : « Quel sacre attendre des femmes, emblème même du profane ? » (*HM*, 108) Le retrait des femmes dans ce lieu intime, sous prétexte d'adoration religieuse, n'est en réalité que « subterfuge d'une ruse féminine. » (*HM*, 107) Une fois que les femmes se retirent dans ce milieu, elles donnent une connotation différente à l'endroit. Les prétendues prières tournent en complaintes et divertissements. Les danses frénétiques des femmes sont exécutées dans ces sortes d'espaces ainsi sacralisés. Ainsi, la narratrice explique la nature et la fonction des supplices et danses démoniaques auxquels les femmes se laissent aller librement une fois au hadra :

> Ces réunions devinrent une thérapie des tourments par la gestuelle du corps... Imprégnées de la forte saumure des chants ... les femmes balançaient leurs bustes en communion ... le balancement des corps se transformait en danse frénétique ... la femme soumise accouchait d'une déesse éruptive. Visage tout à l'orgasme de ses convulsions. Elles déchiraient leurs robes, elles libéraient un ventre, une hanche, depuis si longtemps relégués aux oubliettes. Elles mangeaient de la terre par poignées... elles mangeaient des braises, les femmes, jusqu'à la brulure de l'inconscient, jusqu'à l'irréel... La terre était une chose vivante qui menaçait de se rompre... Un coup de sang remontait de son tréfonds, des respirations faites de vieilles souffrances silencieuses, de gémissements jamais poussés, de fatigues jamais dites...Tam-tams et chants roulaient leur hargne, taraudaient les corps jusqu'à ce qu'ils tombassent, décimés. Alors seulement ils se calmaient aussi, se faisaient apaisants et s'épuisaient en une longue plainte nostalgique. Haletantes, vidées de toute énergie, de toute volonté, de tout désir, les femmes gisaient au sol. Quelques-unes, leur angoisse enfin désamorcée, éclataient en sanglots... des mains amies se tendaient et les aidaient à se relever. (*HM*, 108-09)

La narratrice nous fait voyager dans les moments les plus intenses de la vie dans cet espace sacré féminin. L'espace sacré, ritualisé par des danses et chants de possessions, est le domaine par excellence inaccessible aux hommes. Ainsi, c'est l'occasion pour elles de comploter contre ceux-ci, de s'exprimer librement sans crainte aucune. C'est le lieu où se libèrent l'expression du corps, de sa nudité, de la parole libre, de purgation de toutes douleurs et angoisses encaissées depuis longtemps. L'intensité des moments est associée à la terre qui les subit et qui sous le poids des pas de danse frénétique 'menaçait de rompre'. C'est le lieu par excellence de la délivrance pour ces femmes. La hadra, à la différence d'un autre espace où évolue la femme maghrébine, a plutôt une fonction religieuse. Seulement, il est aussi similaire au harem dans sa fonction séculaire de voir la femme s'octroyer une sorte de liberté. Le harem, un peu à l'image du lieu de hadra, est l'un de ces lieux ou espaces féminins dont parle la féministe maghrébine Fatima Mernissi dans *Rêves de femmes*. En critique libre de ce roman, Aidaa explique la notion de l'espace pour la vie des femmes au sein de ce qui paraît être une prison. Cependant, celles-ci trouvent le moyen de transformer cet espace en une sorte de 'paradis', donc espace vivable et allégorique.

> Une femme devrait passer son temps à œuvrer pour s'extorquer ce bonheur grâce à ses mille et une malices et non à chercher les murs pour s'y cogner la tête, parce que le bonheur est toujours possible même si on se trouve dans un harem visible et invisible… le harem offrait le vivre et le couvert a beaucoup de femmes et que celles-ci devraient se sentir privilégiées de vivre entourées de tant d'égards et surtout de s'être épargnées de travailler dur pour gagner sa vie… Fatima apprenait alors que 'la vie de femme était une suite de pièges' et qu'elle 'devait penser s'envoler en intégrant dans son désir de changer le monde un plan d'atterrissage.[112]

Dans ces prisons, le harem ou le hadra, les femmes ont su s'arracher une certaine joie, une liberté de vivre. Ce qui visiblement est un espace clos paraît être tout le contraire pour la femme maghrébine. Celle-ci parvient à sacraliser, c'est-à-dire à rendre vivable et viable certains espaces pour mieux supporter la domination ou la relation de pouvoir. Ainsi, un des forts de l'Africaine, c'est de déconstruire le sens et le contexte donnés à la relation de pouvoir qui l'oppose aux structures patriarcales. De cette déconstruction, par exemple, elle se crée une conception de son espace dans lequel elle parvient à mieux vivre.

Par ailleurs, le désert dans *Les Hommes qui marchent* et dans *L'Interdite* prend l'allure d'un lieu sacralisé respectivement par les personnages de Leila et de Dalila. Il est aussi espace sacré, espace de subversion et de libération pour celles-ci. Le désert, en plus d'être espace aride et zone transsaharienne, constitue pour ces personnages féminins de Malika Mokeddem un espace sacré. Elles en ont fait un refuge. C'est là qu'elles viennent se confier et déverser leurs angoisses, leurs rancœurs, leurs secrets et douleurs. Dalila confie ses secrets dans le sable chaud de la dune à la recherche de l'espace, c'est-à-dire une place libre de toute oppression. Dans la même veine, en ce qui concerne Leila, « Prenant à peine le temps de jeter son cartable dans la cour, elle s'élança vers la Barga, sa dune. Et seul le sable sourd et le ciel muet furent témoins de son immense douleur, de son désarroi, longtemps. » (*HM*, 128) Tout comme Dalila, quand Leila s'enfuit de la maison familiale, elle se réfugie sur les dunes de sable où elles retrouvent toutes les deux une certaine solitude, paix et quiétude qui leur manquent à la maison. Pour s'opposer aux injustices et contrairement à sa mère, « elle [Leila] irait loin jusqu'au bout de ses forces, loin de tout et de tous. Le désert la coucherait sur sa nudité, allumerait son couchant pour apaiser

---

[112] Aidaa. « Un voyage de rêve envoûtant dans les rêves des femmes d'un harem Marocain », 27 décembre 2008.

son angoisse et lui fermer les yeux avec sérénité. » (*HM,* 167) Dalila de même fuit les exactions familiales. Les deux personnages, du même auteur d'ailleurs, se ressemblent beaucoup dans leur quête libératrice. Elles se mettent toutes sur les dunes à l'abri des injustices qu'elles vivent à la maison. Face à ces injustices, elles enferment leur colère dans les dunes de sable pour ainsi se soulager et se libérer, car les personnalités de leurs mères telles que les deux filles les décrivent sont loin de leur offrir une telle protection. Par extension, le désert est tout ce que leurs mères ne leur offrent pas. Incarnant la symbolique de la mère protectrice, le désert n'est plus un simple espace géographique. Ainsi, du rituel religieux des pratiques traditionnelles chez la femme subsaharienne au rituel dit allégorique de l'espace, des danses lors des hadras de la femme maghrébine, nous apprécierons la façon dont se déroule l'expérience initiatique des personnages.

III. De l'initiation allégorique

Eliade apporte une dimension philosophique à l'initiation selon laquelle, le néophyte jouit d'une autre existence différente de celle d'avant son initiation. Elle l'introduit à la fois à la communauté humaine et aux valeurs spirituelles de sa tribu. Pour atteindre ce degré de plénitude, de l'être adulte, il lui faut nécessairement transcender son statut initial, celui de l'ignorance, de l'inexpérience, pour manœuvrer entre deux mondes différents : le monde des profanes et celui de la spiritualité dans lequel l'image et la grandeur philosophique des choses lui sont perceptibles.

Ainsi, par les deux définitions d'Eliade, l'initiation (religieuse ou allégorique) implique un processus de métamorphose de l'être à la suite des épreuves surmontées lors du parcours. A la fin du processus, il ne sera plus donc à son état initial. Il est important que les deux types poursuivent les mêmes motifs structurels vers une mutation de l'apprenant. C'est en cela que le thème de l'initiation sera rattaché au devenir de nos héroïnes qui, après leur conditionnement dans l'habitus, essaient de se libérer et de se recréer une identité individuelle, c'est-à-dire une identité de la femme, par la femme, pour la femme et pour le bien-être de sa communauté féminine. La femme qui décide de poursuivre ses propres ambitions et non celles d'une communauté toute entière. A son début, l'initié, ici Pougbila, ignore le sens de certains aspects de la vie. Le destin ou un quelconque événement de sa vie le pousse dans une situation nécessitant une quête. Il réussit sa quête à l'aide d'un maître, généralement un guide averti, un formateur ou une voix divine. Au cours de cette quête, il n'est qu'un apprenant à l'écoute de son maître. Partant de là, l'initié doit travailler sur lui-même, s'armer de courage et de détermination pour progresser dans sa quête.

Cependant, pour l'initiation individuelle, il arrive que le néophyte soit seul face à son expérience, seul dans la solitude comme c'est le cas de la plupart de nos héroïnes. Donc, la présence d'un maître lui fait défaut. Dans ce cas de figure, Eliade fait comprendre que,

> L'expérience religieuse du novice est déclenchée par son immersion dans la vie cosmique et par son ascèse ; elle n'est pas dirigée par la présence et l'enseignement des instructeurs. Plus que d'autres types d'initiations de puberté, l'introduction du novice à la vie religieuse est le résultat d'une expérience personnelle : les rêves et les visions provoquées par l'entrainement ascétique dans la solitude.[113]

Gardons toujours à l'esprit que rituelle ou allégorique, l'initiation comporte le même scenario structurel. Dans le cas de nos héroïnes, l'initiation du novice n'est pas nécessairement religieuse, mais plutôt philosophique. Ainsi, la femme en novice, son évolution peut être perçue sous un contexte allégorique. Souvent seule, sans compagnon ni guide, elle emprunte le chemin de son destin. C'est le cas des femmes persécutées et/ou sous pressions sociales et religieuses. Souvent, celles-ci, une fois leur quête enclenchée, elles n'ont aucun soutien, car leur comportement « marginal » est considéré provocateur, subversif et antisocial. Par conséquent, toute assistance concourant à leur faciliter un parcours libérateur peut paraître contrevenante et violatrice. Nos héroïnes se trouvent souvent dans l'obligation de poursuivre toutes seules leur processus de transformation ou de mutation et cela au prix de toutes les souffrances imaginables.

Si Pougbila a bénéficié de l'aide du fou Elie et de l'apport d'une vieille amie de sa mère, tel n'est pas le cas pour Zouina qui se retrouve seule face aux défis que lui lance sa nouvelle situation d'immigration en plus des tortures que lui infligent un mari et une belle-mère acariâtre et criarde. Elle doit affronter les chocs que la nouvelle culture française lui présente. Toute seule, grâces aux nombreuses épreuves et difficultés qu'elle traverse, elle découvre un monde nouveau et acquiert de nouvelles expériences. Les nouvelles expériences de vie ainsi acquises concourent à une redécouverte de soi. Ni le mari ni la belle-mère ne

---

[113] Mircea Eliade. *Naissances mystiques: essai sur quelques types d'initiation*. Paris : Gallimard 1959, p.137.

sont là pour lui faciliter cette transition culturelle que Simone Vierne qualifie d'une sorte de voyage initiatique. Elle ne bénéficiera pas non plus du soutien de sa propre mère ou de la chaleur humaine de sa terre natale dont elle s'est éloignée. Ce qui offre à son voyage à la fois physique et spirituel une dimension personnelle, culturelle et formatrice. Il est bien question d'une vocation didactique, car c'est dorénavant un nouveau processus d'apprentissage qu'elle entame seule. En témoignent des symboles comme son écoute des émissions radio et le contact avec la culture française. Avec ces moyens didactiques, elle parvient à comprendre que son corps est sa propriété. Il n'est nullement la propriété de son mari comme le laissent comprendre les scènes de la belle-mère rapportant la nudité de Zouina exposée à la suite d'une bagarre avec la voisine. Ainsi, progressivement, l'initiée va se détacher de son monde profane, c'est-à-dire de son ignorance, de l'obscurantisme, pour entamer ses premiers pas vers le 'sacré'[114] ou encore le monde de la lumière, de la connaissance, d'où sa renaissance, en un mot sa plénitude. Ces nouvelles connaissances lui permettent de comprendre certaines valeurs humaines, la nature humaine, l'adversité, le sens de la liberté, de distinguer le bien du mal, de se comprendre lui-même, ses valeurs et ses capacités en rapport avec celles des autres membres de la société. Cet apprentissage conduit à une meilleure appréciation de soi. Martine Abdallah-Pretceille explique la fonction du voyage:

> Le voyage peut être considéré comme un mode d'apprentissage expérientiel, une voie à explorer, pour trouver un sens à son existence, pour apprendre à mieux se connaître, à mieux appréhender les diversités culturelles, humaines et de la nature. C'est par l'expérience de la rencontre concrète avec l'Autre et avec un Ailleurs que le voyageur vit des chocs culturels, émotionnels et cognitifs. Les rencontres avec autrui, avec un univers inconnu ou étrange, seraient ainsi, en tant qu'épreuves et moments éprouvés, le support nécessaire à la formation du voyageur. À ce titre, les préjugés et stéréotypes de ce dernier se confrontent à la réalité telle qu'elle se présente ; il apprend à 'voir autrement', à percevoir autrui dans une perspective différente, à prendre une distance par rapport à son univers culturel et symbolique d'origine. Dès lors, la rencontre d'autrui nécessite d'apprendre à jeter sur soi un regard

[114] Le sacré: dans le sens de la finalité de l'expérience initiatique

extérieur et distancé, de nourrir une aptitude à la décentration et à l'intégration de l'Autre.[115]

Ainsi Zouina, comme les autres héroïnes Sultana, Pougbila, Collé, va poursuive son voyage menant au personnage que les spectateurs voient. A partir de l'Autre, de la diversité et de l'adversité, Zouina apprend à s'aliéner de sa culture, de son statut initial pour progressivement incorporer l'Autre en elle, l'intérioriser. Sa culture initiale et ses traditions ne lui seront plus un fardeau comme au début du film. Le changement transparaît déjà dans les séquences de sa « violation » de l'espace public. La réaction positive du mari à son égard vers la fin du film constitue une évidence. Quand comme d'habitude la belle-mère s'en prend à sa belle-fille pour ses sorties sans permission, celui-ci prend sa défense. Cette attitude du mari s'avère être toute différente de celle qu'elle était au début. Faisant d'habitude front commun avec sa mère contre sa femme, il accueille favorablement sa 'violation' de l'espace public quand le bus la dépose avec les enfants. Elle impose le changement et en devient le seul agent.

Tout comme ce parcours de Zouina ou celui de Pougbila que nous qualifions d'allégorique, nous verrons des similitudes dans les quêtes initiatiques de Sultana, Leila, Sankelé, libérées à la fin des œuvres romanesques, et Collé, Kiné dans les films. Ainsi, nous nous proposons de traiter quelques aspects du voyage initiatique de certaines de ces héroïnes. Il convient, par ce voyage initiatique que nous percevons, de démontrer la façon dont celles-ci parviennent malgré les pressions sociales à se libérer et à se redéfinir. Cet accomplissement de soi, objet et finalité du parcours initiatique passe nécessairement par la symbolique initiatique. Les symboles revêtent une importance fondamentale dans la poursuite initiatique du néophyte. C'est par sa capacité à savoir et pourvoir correctement interpréter les symboles qu'il parviendra à progresser et à parfaire sa quête. Ces symboles varient selon la quête et leur acception aussi varie selon les contextes socioculturels et historiques. Les significations derrière les symboles favorisent et définissent le type de quête. Ils permettent au néophyte, qui doit les déchiffrer, de progresser vers l'accomplissement de celle-ci. D'où la nécessité pour nous d'analyser quelques symboles relatifs à la quête de chacune des héroïnes retenues.

[115] Martine Abdallah-Pretceille. "Pour une éducation à l'altérité." *Revue des sciences de l'éducation* 23.1, 1997, 123-132.

1. Symbolismes

La présence des symboles lors du parcours du néophyte pose la question de leur fonction dans la progression du récit initiatique ou dans l'accomplissement de la quête. En cela, ils sont nombreux et variés. Le symbole nous fait penser et appelle à la prospection de soi, de son entourage, ce qui évoque sa fonction cosmogonique dont parle Eliade. Ainsi, il permet à l'être d'intégrer le monde du sacré. Il est un support à l'imagination créatrice, car il donne lieu à la traduire pour élucider et interpréter des discours. Il appelle ainsi à l'intelligence et autres facultés humaines. De ce fait, la présence et l'intégration des symboles à toute initiation contribuent à la progression effective de celle-ci. Les symboles soumettent les néophytes à un exercice de réflexion, de créativité et d'imagination. Ils peuvent inclure mais ne se limitent pas à l'espace (la forêt dans *Delwende* et *Moolaadé*, la mer dans *Inch'Allah dimanche*), à des lieux (les ruines dans *L'Interdite*), des objets (la radio dans *Delwende*, *Moolaadé*, *Civilisation ma Mère…*), des personnages types (le fou Elie dans *Delwende*), à des manifestations (mort de Diarrha dans *Delwende* ; l'évanouissement de Sultana dans *L'Interdite*). De manière générale, l'initiation constitue une symbolique du moment où pour renaître, le néophyte passe nécessaire et symboliquement par la mort. Selon Ouédraogo, le principe initiatique s'articule comme suit : « A la fois naissance, renaissance, résurrection, transmutation ontologique, l'initiation établit et manifeste l'indispensable lien entre la vie et la mort, consécration d'une nouvelle vision de tout, l'initiation ne peut s'accomplir si elle ne comporte une phase où s'opère l'extinction ou l'anéantissement, disons la mort du néophyte. »[116] Ainsi, ce qui suivra va d'abord traiter des quelques éléments caractéristiques du symbolisme initiatique et ensuite de la mort symbolique des héroïnes.

2. Caractéristiques du symbolisme initiatique

a. De l'espace de la mort symbolique

Des symboles autres que ceux du rituel (Siongho, potion de vérité dans *Delwende*) dressés contre la femme survivent et concourent à leur initiation sous sa forme allégorique. Ils varient selon les cultures et les époques. Le passage d'un monde à l'autre (profane et sacré) induit à la mort ; une mort symbolique, c'est-à-dire que l'initié entreprend son

---

[116] Amadou Ouédraogo. *Rites et allégories de l'initiation: visions africaines et caribéennes*. Paris : L'Harmattan, 2009, p.112.

départ ou le voyage. Ce voyage mène le néophyte dans des espaces souvent symboliques, lieu de prédilection et d'épreuves où il entre en contact avec la nature ou le monde de l'invisible, c'est-à-dire le spirituel. C'est un monde qui, souvent, n'est déchiffrable que par les initiés ou disons par les expérimentés, mais aussi un monde où le néophyte doit faire ses preuves vers la maturité, son apprentissage ou sa renaissance. C'est le plus souvent un espace sacré, isolé et distinct des lieux profanes. C'est pourquoi, « partir, [donc voyager], c'est mourir. »[117] Donc, l'entrée dans ce milieu constitue à la fois l'entrée dans le domaine de la mort symbolique, c'est là que s'enclenche le processus initiatique. Ce lieu varie selon les circonstances de la quête, l'endroit et la culture. L'espace initiatique peut être la brousse, la forêt à l'exemple de celle où s'effectue le parcours de Pougbila dans *Delwende* ou encore les ruines dans le cas de Sultana dans *L'Interdite.* Il se caractérise aussi par l'eau, le bateau, la traversée comme chez Zouina. L'endroit, marqueur de la mort symbolique, est généralement un monde enclin au mystère et où l'initié doit faire usage de courage, de patience, et de sagesse acquise progressivement pour pouvoir avancer et accomplir sa quête.

b. La forêt dans les films *Delwende* et *Moolaadé*

La forêt est un endroit à la fois sombre, obscure, dense et couvrant de grandes étendues. L'homme religieux perçoit la forêt comme un endroit abritant des forces invisibles et s'y refugie des fois lors des cérémonies d'offrandes aux dieux vénérés et aux ancêtres. Cela lui confère une dimension mystérieuse qui inspire la crainte aux humains. Le plus souvent, c'est le lieu par excellence où sont effectuées les pratiques initiatiques.

Dans *Delwende*, la brousse établit un lien entre le monde des humains et celui de l'invisible, c'est-à-dire les génies ou encore les esprits. Dans les différents récits examinés, la forêt sert d'espace d'épreuves, d'aventures et d'obstacles auxquels est confrontée une personne en voyage. Pougbila est obligée de se servir de cet espace pour atteindre les villages environnants à la recherche de sa mère. Elle représente de ce fait, l'espace initiatique que le néophyte doit pouvoir braver et traverser pour parvenir au bout de sa quête. La forêt, espace initiatique traversé par l'héroïne, est le lieu de rencontres magiques, des animaux et autres forces nocturnes souvent très dangereuses et

[117] Ibid.

malveillantes. Un exemple dans le film *Delwende*, c'est la rencontre de Pougbila avec le Moussoumourgou[118]. Celui-ci constitue un blocage au passage de la jeune fille. Elle a dû le confronter physiquement pour que sa quête continue ; épreuve qu'elle a pu surmonter grâce à la ruse (une autre vertu en plus de son humilité, de son courage et de sa patience). Pour poursuivre sa traversée de la forêt ou disons la quête, il lui faut sortir vainqueur de l'épreuve qui l'affronte à l'être monstrueux. Sans quoi, son parcours prendrait fin. Pour Pougbila, cette forêt constitue aussi le lieu de la rencontre avec elle-même, là où elle découvre ses potentialités. Elle a dû surmonter et braver toute sa peur, abandonner son être passif et vulnérable qu'elle avait au début du film. La reconstruction de Pougbila commence dans la forêt par cette marque de courage et de détermination à braver les défis que lui lance ce lieu. Elle accède de ce fait à un autre statut, celui d'une femme capable de se défendre seule ; celui d'un être grandi. Ainsi, l'initiation ne se vit que par une expérience. Pour atteindre ce degré de plénitude, c'est seul dans cette forêt que le néophyte affronte les épreuves qui contribueront à sa résurrection, aux vraies potentialités de son être.

Dans *Moolaadé*, la forêt sert d'espace rituel pour l'excision. Au niveau de l'initiation de type rituel, l'espace initiatique consiste en un lieu aménagé pour la circonstance dans la forêt. Selon Ouédraogo, l'espace demeure une constance qui caractérise et rapproche les divers actes de l'initiation rituelle. Les espaces initiatiques diffèrent des espaces communs par leurs caractères sacrés. L'initiation se voulant sacrée, cet espace marque la rupture d'avec la sphère profane.[119] C'est ainsi que la forêt constitue pour les filles à exciser cette rupture d'avec le monde des communs, c'est-à-dire ceux qui ne sont pas appelés à subir l'excision, donc les hommes. C'est un lieu sacré occupé et contrôlé par les praticiennes du Salindé (purification par excision). Les prêtresses-exciseuses sont des initiées organisées en hiérarchie avec la reine en tête. Les prêtresses-exciseuses dans ce film tiennent leurs offices dans les profondeurs de la forêt où se trouvent une hutte et leur autel. Les deux emplacements sont bien aménagés et entourés de grands arbres touffus.

---

[118] Moussoumourgou: être mythique, redoutable et errant qui serait charge de maléfices dont il ne peut se débarrasser qu'à travers les relations sexuelles avec toute femme sur son chemin.

[119] Amadou Ouédraogo. *Rites et allégories de l'initiation: visions africaines et caribéennes*. Paris : L'Harmattan, 2009, p.77.

La hutte, endroit abritant les petites filles excisées, est bien entourée de feuillages qui en font un espace clos, invisible au monde extérieur à la pratique. A côté de la hutte, se dresse l'autel avec son aspect mystique. C'est un endroit aménagé sous forme d'estrade accessible par des escaliers ; le tout sous un grand arbre. Tout autour sont étalés des objets servant au rituel. Une marmite en argile sur un foyer à trois briques d'argile aussi bouillonne et fume pour la cuisson des potions destinées au traitement des excisées. C'est aussi le lieu de regroupement des exciseuses. Sous forme de rituel, les autres femmes s'assoient avant leur chef qui, son bâton de commande en main, attend que ses disciples se mettent en bas en signe de soumission. Sa stature debout domine l'assemblée et la rend imposante au reste du groupe. C'est alors qu'elle s'assied et ouvre l'assemblée en évoquant les conflits et défis. Les exciseuses rencontrent des défis, entre autres celui que leur lance Collé, l'héroïne qui a refusé l'excision des filles du village et celle de sa propre fille sept ans au paravent. La congrégation représente une hiérarchie à l'image des notables du village. Chacune est appelée à assurer son rôle comme celui joué par la gardienne et matrone des excisées. On remarque que l'assemblée des exciseuses est tout aussi hiérarchisée comme l'est la cour des notables du village. Cependant, la cour des exciseuses est totalement à l'écart du village et confinée hors de vue dans la forêt. C'est endroit sacré représente une sorte de pouvoir que la chef exerce sur ses apôtres, sur les femmes du village qui craignent ses sortilèges et même sur les hommes, car elle assure et tient le secret de leurs intérêts ; celui de leur assurer que toutes les femmes du village sont excisées.

L'emplacement de l'endroit, ses caractéristiques, les objets et potions mystiques, l'ordre hiérarchique et la gouverne de cette congrégation donnent tout son aspect sacré à la pratique aussi bien qu'à l'espace initiatique. Cet espace, la forêt, valorisé est hors de portée des hommes et de toute autre personne étrangère à la pratique de l'excision. Il se trouve bien enfoui sous les grands arbres de la forêt. Tout cela caractérise et justifie l'aspect pieux accordé à cet espace ainsi sacralisé. La réclusion le limite uniquement aux initiées mettant ainsi les néophytes à l'abri du monde extérieur, c'est-à-dire d'abord des hommes et ensuite de tout autre profane qui ne sont nullement acceptés aux séances des cérémonies rituelles. Les objets sacrés et indispensables pour les épreuves qu'endurent les filles ajoutent au milieu son aspect mystique. Vierne explique que toute représentation sacrée est rattachée à l'histoire ou à l'expérience de vie d'un peuple qui lui octroie une valeur significative. En ce sens, elle déduit que : « L'espace sacré comporte, dans tous les cas, parmi les symboles dont il est orné, au moins une représentation qui le rattache à la cosmogonie du peuple qui l'a dressé. C'est en cela aussi qu'il est sacré, car il est pour l'expérience courante un point précis et délimité du monde, il est au regard du sacré, le raccourci du monde, ou bien un point privilégié du monde. »[120]. L'espace ainsi délimité n'a de sens que selon la culture et la croyance d'un peuple. Il représente et assume une fonction fondamentale pour ce peuple. Sacré, il est le point de référence pour toute valeur culturelle et religieuse à laquelle ce peuple croit profondément. La particularité de l'espace initiatique est ainsi basée sur la culture et la croyance. Ainsi, comme l'histoire d'un peuple, la culture intervient dans le mode de pensée et de croyance. De ce fait, un même élément ou symbole peut avoir différente conception et interprétation selon la diversité culturelle et historique du peuple. L'homme accorde à la nature une valeur culturelle. C'est ce qui explique la portée symbolique et initiatique de la forêt comme espace initiatique dans *Moolaadé*, la brousse dans *Delwende*, la mer, le bateau, la traversée dans *Inch'Allah dimanche* et les ruines dans *L'Interdite*. Tous ces espaces symboliques représentent des « réalités » qui sont en rapport avec la mémoire collective du peuple. Ainsi, ces éléments assurent, chacun selon le contexte socioculturel et historique, des fonctions variées. L'interprétation de ces symboles va aussi dépendre des types de quêtes poursuivies par nos héroïnes. Dans *Moolaadé*, le cérémonial de purification ou l'excision relève d'une initiation rituelle. Le parcours de Collé peut être perçu sous l'angle allégorique. Cela démontre la conformité dans les motifs des parcours initiatiques religieux et allégorique, ainsi que dans la valeur exhaustive des symboles. Si par l'espace de la forêt il est question d'initiation religieuse, les autres cas de figure, à savoir la traversée de la brousse par Pougbila dans *Delwende*, la traversée de la mer par Zouina dans *Inch'Allah dimanche*, l'évanouissement dans les ruines de Sultana dans *L'Interdite*, peuvent avoir une portée allégorique. Ainsi, les symboles sont sujets à diverses interprétations ou analyses.

c. Les ruines dans *L'Interdite*

De retour en Algérie, Sultana visite où elle est réellement née, son origine transformée en ruines. Les ruines sont celles de Ksar son village, de sa maison, là où sa mère l'a mise au monde. Ce retour crée

---

[120] Simone Vierne. "Le voyage initiatique." *Romantisme* 2.4, 1972, p.16.

un trouble de mémoire, d'où son évanouissement. La narratrice nous décrit ces ruines sous deux aspects principaux, à savoir les ruines sous leur aspect archéologique où elle présente les moindres détails de sa maison au milieu des décombres. Ensuite, elle révèle à travers ces ruines leur mise en parallèle avec la société et, plus particulièrement, son état d'esprit, ses émotions, ses sensations dans un état de réminiscence totale.

Le retour de Sultana dans les ruines est à plus d'un titre symbolique, en ce sens que : d'abord, il amorce une étape de son processus initiatique en vue de sa reconstruction identitaire. Cette étape qui symbolise la mort se matérialise par la perte de conscience de Sultana. Plus, ce retour explique le séjour dans le ventre de la mère, la matrice génitrice. Elle se retrouve dans ces ruines qui symbolisent des mémoires. Plongée dans ses souvenirs, elle explique:

> Derrière ce quartier, les ruines du ksar, éboulis de mémoires. Tout à coup-là, sous mes yeux, le seuil d'une maison… cette main de Fatma en bois, teinte au henné, au-dessus de la porte ; cette haute marche, du même ciment gris que la cour, percée d'une évacuation qui se déverse dans la rue, je connais. L'étage, qu'on devine au fond, possède une terrasse, je le sais. Seuil bas, accablé par le temps, pris en tenaille par deux grandes façades barbares, fidélité accroupie à m'attendre dans le chambardement du présent. […]; le crépi refait et défait au gré des fortunes et des rares pluies qui ne tombent ici que pour dévaster davantage. L'émotion me revient, me redessine un corps tout en frissons et oppresse mes poumons. (*L'Interdite*, 119)

Les ruines telles que présentées assurent les fonctions identitaires et de mémoire. Les reliques dont Sultana parle évoquent son passé. Elles entrent dans la constitution de son quartier, son origine, là où elle est née, donc son identité originaire. Dans un effort de mémoire, Sultana décrit ces ruines telles qu'elles apparaissent, concrètes et comme des objets là présents devant elle.

La narratrice décrit le 'Seuil bas, accablé par le temps' de sa maison pour montrer la force dévastatrice et destructrice du temps. Elle associe ainsi cette destruction à la déchirure identitaire qu'elle vit. Les ruines évoquent la mémoire, la destruction, la décadence et la mort. En évoquant son émotion, elle fait un parallèle entre l'état des ruines et celui de son être. Sultana est un être injustement détruit dans son passé et forcé à l'exil par les autochtones. Elle vit cette déchirure d'abord par l'identité étrangère de son père et elle par ricochet. Cette étrangeté s'inscrit comme sa première sensation de non-appartenance, car elle va plus tard expérimenter le même ressentiment par son déchirement entre la France et l'Algérie. Ensuite, de retour au terroir après quinze années de vie passées en France, elle est persécutée par les intégristes et les garants des traditions archaïques. Ces multiples persécutions justifient en elle les troubles de mémoire qui la hantent et pour lesquels elle a besoin d'une guérison. André Habib explique la portée des ruines pour Mertens et Bruckner : « Il s'agira avant tout de les [ruines] envisager comme des objets de mémoire et de temps paradoxaux qui s'inscrivent au cœur de la mutation, non seulement de l'imaginaire de la ruine au XXe siècle, mais plus fondamentalement du cinéma lui-même. »[121] Les ruines rappellent des moments douloureux dans le présent. Cette fonction des ruines explique et entre dans le processus de la reconstruction identitaire de Sultana. A son retour, elle avait une ambition de justice afin de se refaire une personnalité émancipée d'un passé douloureux.

Cependant, au fil des épreuves et avec le cours de certains événements en l'occurrence les apports positifs de ses amis qui la soutiennent et à qui elle a apporté son aide médicale, la visite de Sultana dans les ruines met fin à ce tourment. Le retour de Sultana dans les ruines révèle ainsi une association avec son état mental détruit et confus, en même temps sa mort spirituelle. De ce fait, ces ruines qu'elle mentionne apparaissent sous forme de métaphore. L'obsession des ruines n'est que subordonnée à celle du chaos qu'elle vit et qu'elle a expérimentée avant son départ pour la France. Après sa reprise de conscience, c'est une nouvelle Sultana, mieux éclairée sur qui elle veut devenir, sur l'acceptation de son hybridité ; elle n'entretient plus ce discours diviseur et confus de sa personnalité. Autre que Sultana, la France est aussi le pays hôte de Zouina dans le cadre du regroupement familial des Algériens. Avec sa belle-mère et ses enfants, elle doit, par la mer, rejoindre son mari Ahmed, un ouvrier en France.

d. La mer, le bateau, la traversée

La symbolique de la mer, de l'eau, apparaît surtout dans les œuvres magrébines, principalement dans *Inch'Allah dimanche*. Elle évoque le voyage et dans le cas précis, celui du Maghrébin ; elle relie son pays à l'Europe. Elle implique donc ce lien, le pont de traversée, le

---

[121] André Habib. "Ruines, décombres, chantiers, archives: l'évolution d'une figure dans le cinéma en Allemagne (1946-1993)." *Cinémas: revue d'études cinématographiques/Cinémas: Journal of Film Studies* 18.1, 2007, pp.29-52.

rattachement entre le Maghreb et l'Europe, surtout la France. L'étendue d'eau comme la mer ou l'océan incarne donc tout le rapport qui relie l'Afrique à la France. En témoignent le voyage de Ma dans *La Civilisation ma Mère* de Driss Chraïbi, de Zouina dans *Inch'Allah dimanche*, de Salie dans *Le ventre de l'Atlantique* en plus de tous les jeunes de son village qui ont tenté la traversée. Dans cette œuvre de Diome, la narratrice Salie décrit l'Atlantique comme le monstre qui engloutit tous ceux qui manquent leurs traversées vers l'Europe. Plus, *Celles qui attendent*, Diome établit aussi le rapport de pouvoir entre ces deux entités, l'Afrique et la France, qui nécessairement passe par cette traversée.

Si d'une part, l'immense étendue d'eau, la mer ou l'océan, a symbolisé un passé ou passage douloureux pour les Africains suite aux multiples conquêtes coloniales et pour des raisons d'immigration, elle apparaît sous une autre image dans le monde contemporain. Ce qui confirme sa dualité identitaire, négative et positive à la fois. Il n'en demeure pas moins qu'après cette traversée contrainte, elle apparaît comme le pivot d'un mariage interculturel et de reconstruction identitaire par les nouvelles contextualisations et terminologies, l'immigration ou l'exil, toutes différentes de ce que fut la déportation ou la traite négrière. Des auteurs issus de l'immigration ou de l'exil ont choisi de représenter ce brassage culturel à travers le parcours des personnages comme Salie, Sultana, Zouina, etc. Lacoste-Dujardin pose la question de savoir s'il est possible après cette traversée 'volontaire ou même involontaire' des immigrés d'incarner son identité originaire, initiale.[122] Question à laquelle beaucoup de travaux ont prouvé la force d'un tel type de voyage, de cheminement, comme étant à l'origine d'un processus initiatique ; donc un processus conduisant au changement ou disons à la métamorphose du voyageur ; le néophyte.

Zouina entame son parcours par ce qui constitue une suite aux effets engendrés par la colonisation française en Algérie. Comme effet secondaire de la colonisation, la loi sur le regroupement familial va produire un autre tournant dans la vie de nombreuses Algériennes, à l'instar de Zouina. Cette rencontre entre la France et l'Afrique aura un impact sur la culture africaine, en l'occurrence la culture maghrébine et plus précisément ici, la culture algérienne. Il ne s'agira pas cette fois de l'infiltration de la culture occidentale en Afrique, mais plutôt des

---

[122]Camille Lacoste-Dujardin : « Des femmes au Maghreb : regards d'une ethnologue sur cinquante ans d'études et de recherches. » *Hérodote* 1, 2010, pp.76-99.

Africains qui seront eux-mêmes amenés avec leurs bagages culturels à élire domicile au sein de la culture française. C'est le cas des personnages dans *Le Ventre de l'Atlantique*, *L'Interdite* et *Inch'Allah dimanche*. Dans ce contexte, la mer n'a servi que de pont vers l'interculturalité et à la quête dans la reconstruction identitaire des femmes comme Zouina. Ceux-là sont dès lors appelés à survivre le brassage entre la culture française et la leur. Mais avant, la mer a constitué le point de rupture d'avec les origines pour celle-ci. Yamina Benguigui, lors d'une entrevue, confie que «Le déracinement est une catastrophe : on ne retourne jamais sur sa terre comme on est parti.»[123] Zouina, sentant ce déchirement en elle, a de toutes ses forces tenté ce retour d'une façon spirituelle. Elle tente de reconstituer et de maintenir son identité maghrébine en France. Plus le temps passe, plus elle se fait une raison de la réalité qu'elle vit, de l'impossibilité à pleinement se définir comme purement Maghrébine sur un sol français. Cette désillusion s'explique par ses moments d'extase et de transe dans une des scènes, où accrochée au séchoir, les images qui défilent dans son esprit sont celles de la séparation d'avec sa mère en Algérie.

Ainsi commence une reconstruction identitaire que nous percevons selon deux perspectives dans le cas de Zouina. D'une part, comme tous les Algériens pris dans le piège de ce regroupement familial, ou disons de l'exil, elle va inévitablement œuvrer à se forger une image de l'entre-deux ; algérienne française. D'autre part, par son propre parcours en tant que femme, elle œuvre à son émancipation. Celle-ci ne se fait pas sans heurts, d'où les épreuves auxquelles elle doit faire face lors de son processus initiatique, un changement presque radical que le spectateur va constater vers la fin du film, et ce en rapport avec la Zouina qu'il rencontre au début. L'on peut définir la traversée de la mer, l'arrivée et le séjour en France, comme étant un séjour plein d'épreuves. Elle va renaître quand vers la fin du film, elle a pu reconquérir sa liberté vis-à-vis de sa belle-mère. Plus encore, elle parvient à édifier sa personnalité et développer son esprit critique. Elle s'instruit sur sa sexualité, tabou, tout comme le personnage de Ma dans *La Civilisation ma Mère*. Dans cette œuvre comme dans *Inch'Allah dimanche* et bien d'autres sub-sahariennes comme aux maghrébines, un autre outil formateur, la radio, est symbolique à la quête des héroïnes.

---

[123] Yamina Benguigui and Les Femmes. "Entretien avec Yamina Benguigui." *Africultures No 2*, Novembre 2001.

e. La radio

La radio est présente dans les films subsahariens et maghrébins. Sa représentation comme symbole est présente dans les films *Inch'Allah dimanche*, *Delwende* et *Moolaadé*. Elle assure une fonction sociale et sert plus précisément d'outil de sensibilisation et de révolte pour les femmes. C'est par elle que Zouina s'édifie sur la sexualité féminine à travers l'émission de 'Grégoire'. Dans *Delwende*, elle est associée au personnage du fou qui vit à l'écart de la société tout comme la femme. Dans *Moolaadé*, la radio est un moyen pour l'instruction des femmes. Elles s'en servent pour s'instruire sur la pratique de l'excision et c'est elle qui permet à Collé d'apporter des preuves à ses arguments devant toute l'assemblée des notables. Le symbolisme derrière la radio est d'incarner chez les personnages féminins la culture de l'esprit critique, l'éveil de conscience, la modernité et l'ouverture sur le monde. Il démontre la nécessité pour la société de s'éloigner de l'obscurantisme dans lequel elle est noyée.

En effet, cette référence à la radio implique le besoin de sensibilisation, d'éveil, d'éducation et d'émancipation. Elle joue le rôle de catalyseur qui pousse la femme à se libérer de son habitus. Dans *Moolaadé*, les femmes, face au besoin de s'instruire sur le monde autour d'elles, de se cultiver et parfois de sortir de l'enfermement socio-culturel et traditionnel, sont représentées constamment attachées à leurs postes radios. La radio est la source du conflit qui oppose les femmes du village à l'autorité patriarcale, à savoir les chefs (les maris) de familles, les notables et le chef du village. Le pouvoir patriarcal impose la destruction de toutes les radios détenues par les femmes. Ces radios, selon eux, seraient à l'origine de l'instigation de la lutte contre l'excision. Suffisamment instruite sur l'excision à travers la radio, Collé s'est effectivement basée sur ce savoir pour défier les patriarches : « vous avez peur des radios. La peur vous a aussi fait assassiner Mercenaires [...] la purification n'est pas une exigence de l'Islam. C'est le grand Imam qui l'a dit à la radio. Chaque année, des milliers de femmes vont en pèlerinage au lieu saint de la Mecque. Toutes ne sont pas coupées. » (*Moolaadé*) Puis au tour de sa fille Amsatou d'accentuer la résistance en martelant devant son fiancé : « je suis et je resterai bilakoro. » (*Moolaadé*) Elle accepte être une bilakoro et l'assume publiquement sans complexe, car l'excision constitue un facteur identitaire. Ce qui constituait une crainte pour Amsatou au début, ne l'est plus à présent. Elle assume son état de bilakoro pour son bien-être. Amsatou incarne la nouvelle et future génération de femmes après celle de sa mère Collé. Le combat de celle-ci, loin d'être uniquement une entreprise individuelle, est édifiant pour toutes les victimes de l'excision.

De même, dans *Inch'Allah dimanche*, la radio contribue à l'émancipation de Zouina. Mais tout comme les femmes dans *Moolaadé*, elle doit faire face au pouvoir patriarcal soutenu cette fois par une femme, la mère de son mari. Nous avons étudié dans le chapitre précèdent la symbolique de la belle-mère. Aicha, en belle-mère, s'est opposée à l'instruction médiatique de Zouina. Ainsi, la radio est le symbole de l'éveil de conscience féminine, avons-nous dit. C'est conscient de ce fait et dans le souci de proscrire cette prise de conscience grandissante et libératrice, mais menaçante pour le patriarcat, que les hommes ont ordonné la destruction de tous les postes radio. La radio dans *Delwende*, en tant que symbole d'éveil et de conscientisation, constitue aussi le lien qui rapproche le personnage du fou Elie à Pougbila, car celle-ci a besoin de lui comme guide pour débuter sa quête. Ainsi, grâce à sa radio, Elie incarne cette nouvelle connaissance et la vérité qui manque au peuple et dont ce peuple a grandement besoin pour amorcer toute évolution. C'est-à-dire qu'il lui est impératif de lever les voiles sur les valeurs et coutumes ancestrales et néfastes. Dans le film, en plus de sa radio, le personnage du fou en lui-même constitue un symbole.

f. Le personnage du fou

Le personnage du fou dans les œuvres littéraires et filmiques africaines, le plus souvent, symbolise la marginalité. Sa représentation en marge de la société explique la désocialisation de sa parole. Sa marginalisation est confirmée d'abord par sa réclusion et aussi par son symbolisme, la vision claire, la lumière qu'il détient mais qui fait défaut aux restes de la population. Ses qualités, visions et perceptions des faits s'opposent aux principes de sa société. Ainsi, à travers lui, c'est la lumière qui est marginalisée, et qui manque à ce peuple. Une lumière qui en somme contribuerait au bannissement de la répression féminine et à l'émancipation de la femme. Dans le film, seule Pougbila semble l'écouter et le croire. Les paroles, le témoignage, le sens élevé d'observation et l'esprit critique de ce personnage énigmatique du fou seront d'une importance capitale pour la quête de Pougbila.

Pour commencer son parcours, Pougbila a besoin d'un guide, d'un maître pour la mettre sur le chemin de cette quête. Il s'agit généralement d'un guide spirituel. C'est là qu'intervient le personnage du fou Elie, une sorte de prophète. Un personnage dont la portée narrative et actantielle représente un symbole fondamental pour le parcours de Pougbila. Grâce à sa radio, il sert de référence et de source de renseignement pour Pougbila. La conversation qui suit est la première qui a lieu entre les deux personnages, et révèle des informations utiles qui avance Pougbila dans son parcours.

> **Pougbila**: Elie, toi qui sait tout ce qui se passe dans ce village, dis-moi comment s'est passé le Siongho.
> **Elie** : Je ne sais pas tout. Ce que j'ai vu je te le dirai. As-tu vu ton père ?
> **Pougbila** : Oui !
> **Elie** : Et les vieux du village ?
> **Pougbila** : Oui !
> **Elie** : Quand ils ont porté le Siongho, ils sont arrivés à ce niveau. Tiga est tombé. Ton père a pris la relève. Quand ils sont partis, ils sont allés cogner ta mère. Cela ne te paraît pas étrange ? Va voir Tiga, il doit être chez lui.

Cette conversation marque l'étape transitoire entre le départ, c'est-à-dire la mort de l'initiée et son entrée dans la matrice du monde de l'invisible. En disant : « Elie, toi qui sais tout », Pougbila lui confère une dimension suprême, au-delà de celle des humains, malgré sa marginalisation ; il ne peut pas être en un seul lieu, exclu de la société, et tout savoir. Il est doté d'une personnalité suprême (dimension surhumaine), celle associée à la divinité tout comme l'implique son nom Elie, « le prophète de la vérité et de l'ordre » dans les religions des Abrahamiques. Malgré cette grandeur, il accepte humblement sa dimension humaine par, « je ne sais pas tout. Ce que j'ai vu, je te le dirai. » (*Delwende*)

Alors, c'est un personnage qui en lui-même marque cette frontière entre les humains et les forces invisibles, la divinité, le monde réel et le monde mystique, la limite entre les sphères du visible et de l'invisible, entre la mort et l'entrée dans la matrice dans laquelle l'initiée se prépare à entamer son voyage. Elie sert de transition à Pougbila pour le chemin qu'elle doit emprunter pour sa quête. Ces questions, « As-tu vu ton père ? Et les vieux du village ? », qu'Elie pose à Pougbila remettent en cause de l'intégrité de ces personnages clés de la tradition. Le père, le chef et notables du village sont censés détenir la clé et la réponse aux interrogations ou aux soucis de l'initiée Pougbila. Le novice est de nature sensé trouver la réponse aux questions qui assaillent son esprit au cours de sa quête. Cependant, ces patriarches manifestent l'ignorance et l'obscurantisme. Ces éléments constituent en fait les maux clés qui assaillent et aliènent la femme de son environnement social. Ce sont les maux dont elle souffre qui freinent son épanouissement. Ainsi, la vérité a changé de camp. Au lieu des notables, elle est détenue par le marginalisé (Elie).

Elie symbolise en même temps la vérité et la référence pour l'initiée Pougbila. Elle a besoin de cette information ou ce début de clarté dans sa recherche de la vérité par rapport aux faits ayant engendré le départ de sa mère (accusée de sorcellerie et pourchassée) pour qu'elle se lance sur le bon chemin de la quête. Pour mener à bien cette quête, elle ne doit pas se perdre ou emprunter la mauvaise voie. D'où l'importance de la présence du personnage d'Elie à ses côtés. Avec lui, elle trouve le repère et la direction qu'il faut emprunter. L'esprit critique dont il fait preuve est important pour l'initiée. En maître, il doit être à la hauteur de la tâche suprême qui lui est dévolue, celle de mettre l'initiée en route vers son aspiration. Il semble être un maître averti, c'est-à-dire instruit. Il demande : « cela ne te paraît pas étrange ? » ; une question du maître qui appelle l'ingéniosité de son élève et en même temps, qui lui enseigne l'esprit critique et le sens de l'analyse dont elle a besoin en tant que novice pour mener à bien sa quête. Il suscite en elle l'éveil de tous les sens dans un élan spirituel, bien au-delà de son être physique.

Elie l'invite à la réflexion. Elle a besoin de ce genre de sens critiques et de réflexion pour franchir les obstacles du chemin périlleux de la quête, car c'est un chemin parsemé d'embuches où l'initié doit faire montre de sa capacité spirituelle pour survivre aux diverses épreuves. Ce passage le confirme : « Une fois dans le contexte de l'initiation, le néophyte est abandonné à lui-même et doit par lui-même conquérir sa liberté. La seule aide dont il peut bénéficier consiste à lui montrer la direction. Seul, il fait l'expérience de la lassitude, du découragement et de toutes les épreuves qui lui feront face. » (*L'Edifice*, 2010) L'apprenant doit faire preuve d'une volonté personnelle de progression sur son parcours. C'est une démarche qui doit avant tout être interne au néophyte doté de persévérance. A ce stade l'initié traverse l'univers macroscopique et découvre progressivement le secret du monde de l'invisible et de l'indicible. C'est le moment où il doit faire appel à toutes ses facultés physique, psychique et morale. Ainsi se présente l'expérience vécue par Pougbila. Guidée d'abord par Elie, elle s'est mise sur le chemin. Une fois dans la forêt, grâce à une vieille amie de sa mère, elle a su la direction à prendre pour retrouver le centre où sont internées les vieilles accusées de sorcellerie. Donc, c'est en initiée préparée et avertie que Pougbila entame son parcours.

Ces femmes (Pougbila, Collé, Zouina, ...) décident d'emprunter la voie menant à l'émancipation. *Delwende*, comme les autres films, célèbrent la femme. Ils sont informateurs et dénonciateurs du système patriarcal en Afrique. Ils invitent à une révolution des femmes. Les réalisateurs interpellent les femmes à prendre leurs destinées en main. Tout comme Sembène Ousmane, le cinéaste Pierre Yaméogo préconise que la solution aux problèmes de l'Afrique vienne d'abord de l'intérieur, d'où aussi la pertinence de la forêt comme espace sacré et étape nécessaire dans le processus de reconstruction identitaire de la femme. Ces auteurs maintiennent cette vision dans leur représentation des problèmes se rapportant à la femme. Ces lieux vraisemblablement sacrés impliquent pour le néophyte la rupture avec son monde profane, c'est-à-dire son état initial avant le début du processus. Il amorce une nouvelle phase de sa vie, où plus rien ne serait comme avant. La période d'avant est perçue comme celle de l'ignorance, de l'innocence ou de l'inconscience ; une période qui est ainsi associée à l'enfance. Le lieu sacré implique aussi le détachement d'avec la mère, qu'elle soit la mère génitrice ou la mère patrie comme dans le cas de Zouina, d'où le fait que cette séparation constitue en quelque sorte une mort symbolique.

3. De la mort symbolique

a. Aperçu sur la mort symbolique

Pour Mircea Eliade, « Dans les contextes initiatiques, la mort signifie le dépassement de la condition profane, non-sanctifiée, la condition de 'l'homme naturel', ignorant du sacré, aveugle à l'esprit. Le mystère de l'initiation découvre peu à peu au néophyte les vraies dimensions de l'existence : en l'introduisant au sacré, l'initiation l'oblige d'assumer la responsabilité d'homme. »[124] La mort est un rite de passage d'un état initial d'être à un autre ou entre les deux mondes (profane et sacré). Eliade poursuit, « la mort du néophyte signifie une régression à l'état embryonnaire. Cette régression n'est pas d'ordre purement physiologique, elle est foncièrement cosmologique. Ce n'est pas la répétition de la gestation maternelle et de la renaissance charnelle, mais une régression provisoire du monde virtuel, precosmique. »[125] Ainsi, il associe la mort du néophyte à une étape du

---

[124] Mircea Eliade. *Le sacré et le profane*. Paris: Gallimard, 1965, p.162.

[125] Mircea Eliade. *Initiation, rites, sociétés secrètes*. Paris: Gallimard, 1959, p.89.

cycle de vie, l'état embryonnaire qui signifie aussi le point de départ de la cosmogonie. En attribuant à cette étape une ampleur cosmique, il s'agit bien pour le néophyte de dépasser son aspect physique pour percevoir sa grandeur cosmique, c'est-à-dire allégorique ou encore abstraite. La mort symbolique est différemment représentée, soit par la traversée de la forêt, soit par d'autres expériences que Simone Vierne décrit en ces termes : « [Le novice est entrainé] vers la brousse, monde de l'informel, du chaos, des morts, dans la tombe, le ventre de la mère, du monstre, de la terre, dans le labyrinthe, dans les enfers et/ou au ciel. »[126] Ces lieux incarnent tous le symbolisme de la mort.

L'entrée et la traversée du monde mortel marquent cette étape de la séparation du novice d'avec son état initial. Notons la remarque d'Eliade dans *Naissances mystiques* sur l'existence de scénarios communs ou celle d'une solidarité au niveau de la structure entre l'initiation religieuse et l'initiation allégorique. Ainsi, pour toutes les deux, la mort est inéluctable et nécessaire. Vierne explique que cette séparation est nécessaire pour que « le néophyte [soit] dépouillé de sa condition première, de mourir pour naître autre. »[127] L'entrée dans le domaine de la mort marquant la séparation regorge d'innombrables symboles et épreuves. Dans l'évolution de sa quête, le néophyte doit parvenir à déchiffrer les symboles et à les comprendre. Cela cumulé à d'autres valeurs morales comme l'humilité et le courage l'aideront à surmonter les épreuves. La traversée du royaume de la mort paraît de loin l'étape la plus cruciale, car c'est en ce moment que le myste est le plus souvent abandonné à lui-même. Son courage et son ardeur doivent prévaloir. Face aux épreuves douloureuses, il doit être en mesure d'user de son bon sens pour surmonter les obstacles afin d'avancer dans sa quête. C'est l'exemple de Pougbila qui, dans *Delwende,* a su déjouer le piège du Moussoumourgou avant même d'être informée que cette épreuve pouvait constituer le péril à sa quête. Le bon sens dont elle a fait preuve ici est de loin l'étape la plus critique et constructive à ménager délicatement, car l'erreur peut être fatale ou destructrice. A partir de là, le retour à l'état profane pour elle devient presqu'impossible. Dans nos œuvres, la traversée du domaine de la mort est souvent marquée par la traversée d'une forêt comme dans le cas de Pougbila, le séjour dans la forêt des jeunes filles excisées. Aussi,

---

[126] Simone Vierne. "Le voyage initiatique." *Romantisme* 2.4, 1972, p.37.
[127] Simone Vierne. *Rite, roman, initiation.* Presses universitaires de Grenoble, 1987, p.19.

le temps que Sultana est restée évanouie dans les ruines et son incapacité à raisonner caractérise sa mort symbolique. Cette étape d'insécurité requiert la détermination du néophyte.

Vu que ces personnages féminins ont différemment subi ce passage, nous envisageons examiner le déroulement de quelques motifs initiatiques propres à chacune d'elles. Il s'agit principalement de faire ressortir et analyser les caractéristiques qui nous permettent de déduire qu'il est bel et bien question de parcours initiatique chez Zouina, Sultana, Sankele, comme c'était le cas avec Collé et Pougbila. Nous entendons suivre la progression de leurs parcours selon les trois principales étapes indispensables dans tout processus initiatique, à savoir le départ, la mort symbolique et la renaissance. Il convient de voir la vie de ces néophytes au sein du royaume de la mort et la façon dont celle-ci contribue pleinement à la renaissance de celles-ci.

b. La mort symbolique des personnages

Les épreuves auxquelles font face les héroïnes commencent déjà lors de la séparation d'avec le monde profane. Ainsi, le novice entame l'étape de sa mort symbolique où il végète dans l'inconscience et l'innocence. C'est une sorte de séjour dans la matrice, de phase prénatale. Ce symbolisme chez Zouina intervient avec le départ d'Algérie marqué par l'embarcation dans le bateau. En quittant son pays, elle franchit symboliquement une autre étape, à savoir celle de l'entrée et la traversée du domaine de la mort. L'entrée ici est marquée par la rupture, le bateau qui l'embarque vers un nouvel horizon. La mer est d'un symbolisme profond. Elle engloutit, chavire et entraîne tout par ses vagues. Ce départ, tout comme le bateau et la mer, implique la rupture. La mer dans ce contexte symbolise le point de rupture, rupture d'avec la mère, la racine, les origines, la culture algérienne.

Le départ de Zouina est à la fois physique et symbolique. Elle quitte pour retrouver son mari, mais c'est aussi vers une formation spirituelle que ce voyage l'entraîne. Elle va grandir en s'ouvrant à un nouveau monde plus vaste qui l'attend et dont elle ignore toutes les vicissitudes. Cela implique de même une ouverture d'esprit pour elle, contraire à son enfermement qui lui bloque toute vision spatiale hors de sa maison. Donc, avec son départ physique, c'est une mort symbolique et spirituelle qui se déclenche. Elle meurt à sa culture pour pouvoir revivre dans une autre culture, la culture d'accueil, la culture française. Dans le film, il est perceptible que les tentatives de Zouina de renouer avec ses origines purement algériennes se sont avérées vaines. Sa recherche d'une famille algérienne avec qui partager les gâteaux de la fête d'Aïd El Kabîr, la célébration de la fête elle-même dans un contexte différent, n'atteignent pas le seuil de ses attentes. Ce sont des tentatives qui décrivent la nostalgie du pays et de la culture. La seule famille algérienne qu'elle a pu enfin joindre, celle de Malika, ne lui réserve que déception. Tous ces aspects démontrent un retour physique impossible aux sources. Le maintien du cordon ombilical avec les origines et tout ce que le pays natal comporte comme valeurs ne seront plus qu'illusion pour elle. Avec ce départ, la Zouina du début est symboliquement morte, morte à sa culture. Il va lui falloir revivre une autre réalité. Sa traversée vers la renaissance est parsemée d'embûches. Ce manque est pareil chez Sultana de *L'Interdite.*

Rappelons que Sultana cherche à guérir d'un passé troublant pour enfin se reconstruire. Revisiter ce passé pour Sultana devient indispensable. C'est une démarche spirituelle en ce sens que le voyage qu'elle entreprend est plus symbolique que physique. Nous l'avons dit, le retour de Sultana au pays en fait annonce une redécouverte d'un 'moi' qui n'a cessé de la hanter malgré son séjour en France, et un 'moi' dont elle cherche à se libérer. Ce 'moi' relève d'une identité collective construite d'oppression, de tourment, de torture et de frustration. Par son souci de vengeance, elle entend s'en débarrasser pour enfin se libérer et renaître autre, pour avoir une tranquillité d'esprit au fond d'elle-même et ne plus revivre ce déchirement en elle, vivre pleinement et libérée des tourments. Visiblement, elle veut passer d'un monde obscur à un monde lumineux. Au fond de son âme règne l'obscurité. Obscurité que même la fuite et l'exil en France n'ont pu purifier. Elle clarifie ce tourment qui la hante dans une conversation avec son ami Salah :

> - Tu n'aurais jamais dû revenir ici ! Tu n'aurais jamais dû !
> - Si, je le devais. Depuis quelques années, il ne me reste de mes parents que des silhouettes, des fantômes sans visages. Je n'ai aucune photo ni de l'un, ni de l'autre. Encore un autre morceau de moi qui renie et m'abandonne. Et puis des gens d'ici, je ne me rappelais plus que des ricanements, des insinuations et des insultes dans mon dos. Etre revenue exercer ici, me permet de refaire provision de leurs douleurs, de leurs plaintes et de leurs gémissements, des abimes de leurs tristesses, de leurs regards – blessures ; de leur redonner une chair de réalité ; de les appréhender dans leur globalité, ni totalement bonne, ni tout à fait mauvaise, mais conservatrice et arriérée. Cela me sauve des jugements manichéens, m'exorcise des perversions de la rancune, même si je

> me rends compte que mes souvenirs pèsent encore et toujours plus que les fardeaux de leur mémoire (*L'Interdite*, 225).

C'est là une sorte d'aveu de la part de Sultana. Elle explique d'abord la motivation de ce voyage qui somme toute ressemble à une quête. Ensuite, elle exprime sa volonté de guérir par un retour qui 'l'exorcise des perversions de la rancune', quand bien même elle est consciente des épreuves ou obstacles à franchir. Aussi, c'est clairement un désir de renaître que Sultana exprime dans ce passage. Pour se guérir d'un passé assaillant, hallucinant et lancinant, elle revient confronter les réalités laissées derrière elle, réalités que l'exil n'a fait qu'empirer. Comme pour dire que la fuite ne constitue pas l'antidote au venin qui lui est inoculé depuis son enfance par ce qu'elle appelle « leur globalité, ni totalement bonne, ni tout à fait mauvaise, mais conservatrice et arriérée. » (225) En passant, rappelons que cette vision de Sultana, de revenir chercher le remède à son problème, répond à celle de certains écrivains africains qui pensent que la solution aux problèmes internes à l'Afrique se trouve sur place. Ainsi, Sultana décide de confronter son passé troublant pour entamer un pas en avant.

Cependant, une fois qu'elle entame proprement ce parcours vers sa guérison, ce passage d'un monde à l'autre (France - Algérie) pour Sultana est marqué d'une mort symbolique. Ainsi, elle meurt symboliquement. Chez elle, cette mort est marquée par sa visite dans les ruines du Ksar, son village natal. Les ruines et son évanouissement dans cet endroit peuvent être associés à sa mort symbolique. Une fois arrivée dans ces ruines, Sultana elle-même explique cette régression dans une conversation avec son ami et amoureux Vincent :

> **Vincent** : pourquoi es-tu allée au Ksar, de nuit ? Lui demandais-je.
> **Sultana** : je suis sortie d'Aïn Nekhla en voiture. Ensuite, j'ai quitté la route et j'ai roulé vers le vent du sable. J'ai stoppé la voiture en l'atteignant. Il y avait deux phares devant moi, ceux de la grosse cylindrée. Après… Elle me regarde avec une mine inquiète avant de conclure :
> **Sultana** : Après, je ne me souviens plus très bien.
> **Vincent** : Sultana, il n'y a pas eu de vent de sable aujourd'hui, lui dis-je doucement.
> **Sultana** : Alors je débloque totalement ?
> **Vincent** : tu es trop fatiguée, trop remuée par tout ça. N'importe qui le serait pour beaucoup moins. La panique s'empare de ses yeux. Elle nous regarde alternativement, Salah et moi.

Ce dialogue explique et instruit le lecteur sur les circonstances de cette mort symbolique. L'évanouissement dans les ruines exprime l'exténuation de Sultana face à ses tourments que ni son état mental ni sa condition physique ne plus supporter. Cet évanouissement marqueur de la mort survient avec l'obsession d'un passé douloureux, plein de crises et de persécutions intégristes à la base. Morte, elle revisite le passé, ce qui explique ses hallucinations après que ses deux amis Vincent et Salah l'ont repérée. Une fois revenue à elle-même et les yeux ouverts, toujours mi-consciente, elle raconte tout son passé à ses amis. Elle leur évoque la mort de sa mère, le départ précipité de son père, son départ du Ksar, les menaces physiques, morales et psychologiques contre elle et sa famille. Ainsi se présentent les épreuves vécues par Sultana. Au lieu qu'il soit purement physique, ce parcours de Sultana renvoie tout aussi à l'allégorie. L'entrée et la traversée du domaine de la mort ressemble à ce retour dans la matrice d'où après une série d'épreuves, elle va parvenir à mettre ces mauvais souvenirs derrière elle et prendre de l'avant.

Par ailleurs, cette étape entamée dès le début de sa marche, est spirituelle chez Pougbila. Elle meurt, car elle refuse de subir ou de se taire, afin de chercher le fondement de l'accusation portée contre sa mère. Ainsi, il lui faut partir, quitter le lieu de l'ignorance pour s'élancer dans une quête pour la vérité et la justice au nom de sa mère et des femmes en général. Le savoir qu'elle cherche ne peut résider dans l'obscurantisme, son milieu d'origine, son village. D'où la nécessité de le quitter. En partant, elle quitte le noir, l'obscurité, l'ignorance et va à la recherche de la lumière, de la clarté, du savoir. Ce départ est marqué dans le film par la scène de face à face entre la fille et son père. Elle dit à celui-ci : « je pars mais je reviendrai ». Cette phrase sur l'angle initiatique allégorique signifierait, « je meurs pour renaître », c'est-à-dire, qu'elle commence à se débarrasser de sa naïveté et de son ignorance pour s'enquérir de nouvelles connaissances, de renaître autre.

Cette renaissance ne sera possible qu'après avoir parcouru des épreuves. Par cette mort, elle quitte le monde matériel pour embrasser les adversités d'un monde jusque-là méconnu d'elle, donc un monde qui lui est invisible, un monde dont elle ignore les secrets, les difficultés. C'est dans cette découverte qu'elle va enfin se lancer. L'entrée dans la matrice correspond à son introduction dans la forêt. Sa traversée de la forêt dont nous avons étudié plus haut le symbolisme constitue en elle-même un rituel initiatique. C'est le lieu du début de son changement. Ainsi, sitôt partie du village, elle meurt de la Pougbila vulnérable, victime, et passive pour emprunter la voie de l'héroïne et de la renaissance. L'héroïne doit franchir la forêt pour parvenir à l'autre extrémité, le centre où sont hébergées les vieilles femmes accusées de sorcellerie et rejetées par la société. Le retour de sa mère, tout comme celui de la fille Pougbila en communauté, est rendu possible par leur séjour au sein de l'espace symbolique. Aidée par sa fille, Napoko regagne sa communauté en une sorte d'héroïne, car victime d'une injustice sociale, injustice dont la société est visiblement rendue coupable. Ainsi, elle en ressort grandie tout comme sa fille Pougbila. Napoko n'est plus la sorcière pourchassée qui fait son entrée au village, mais plutôt la femme abusée, à qui la culpabilité des garants de la tradition confère une image plus valorisante. Symboliquement, son identité change et elle émerge en victorieuse par rapport à ses bourreaux. Sa victoire constitue la défaite de son mari qui meurt à la fin du film. Son émergence symbolise le triomphe de la vérité sur les injustices.

IV. Voyage initiatique

1. Définition

Le voyage initiatique est en même temps le moment, l'expérience et le résultat. Il est à la fois le départ du néophyte, la mort symbolique de celui-ci et son retour, l'étape finale, où il devient une autre personne. Dans le même ordre d'idée, Michel Fabre, reliant le voyage à la formation de l'individu, définit le voyage initiatique comme étant « Un déplacement dans un espace symbolique muni d'une loi martiale : perte de quelque chose et recouvrement avec supplément après retard… Rien, un instant, tout. »[128] Le voyage, c'est donc partir et revenir physiquement ou sous la forme imaginaire. Il implique la séparation d'avec son milieu, les épreuves que le voyageur doit surpasser par son courage et les expériences acquises. C'est aussi refuser la peur afin de pouvoir avancer. Il implique la rencontre avec l'Autre qui est étranger, embrasser les mœurs et cultures de l'Autre quand soi-même on devient aliéné à sa propre culture et à ses mœurs. Parfois, il est le brassage des deux mondes, du connu et de l'inconnu. Ce brassage suscite la peur, mais une peur que l'on doit surmonter pour pouvoir avancer. Cette progression peut être perçue comme le passage dans une matrice où s'acquièrent de nouvelles expériences, une sagesse à partir de laquelle le novice amorce sa transformation qui le mène de la vie profane au sacré, de sa naissance, c'est-à-dire de son ignorance à

---

[128] Michel Fabre. *Le problème et l'épreuve*. Harmattan, 2003, p.37.

sa renaissance. Ainsi s'annonce le voyage initiatique qui relève de l'imagination symbolique. Selon Vierne,

> Tout voyage est une quête du Graal, une aventure non pas humaine, mais sacrée. Il n'est pas seulement dépaysement, recherche d'exotisme, comparaison des mœurs et des cultures, il est passage dans une matrice, aux formes symboliques diverses, qui permet au voyageur d'acquérir non pas une sagesse - elle est donnée de surcroit – mais de changer totalement son statut ontologique, de renaître 'autre' il rejoint ainsi, ou mieux renouvelle, ce qui était un rite fondamental dans la mentalité archaïque, l'initiation.[129]

En somme, le voyage initiatique est à la fois départ, perte de soi initial, défis, obstacles, rencontre avec l'Autre, symbolisme, sagesse, et renaissance. C'est un processus soumis à diverses phases susceptibles de transformer le voyageur. Il explique bien le processus d'engagement et d'émancipation de la femme africaine.

2. De sa forme physique au symbolisme

Le voyage n'est pas que physique, il est aussi imaginaire et philosophique. Ouédraogo nous instruit plus sur la portée dualiste du voyage en ces termes :

> Expression à la fois de la recherche de la connaissance et de la sagesse, de la quête identitaire et de l'accomplissement de soi, le voyage, qu'il soit physique, rêvé ou imaginaire, a toujours constitué l'un des motifs initiatiques les plus diserts, les plus expansifs. Allégorie initiatique par excellence, le voyage se veut processus d'introspection [une quête au fond de soi-même] et de découverte de soi, conquête de soi-même et conquête du monde, épreuve d'apprentissage et de partage. Il donne à l'homme le moyen de se hisser au-dessus de la réalité temporelle et spatiale, pour accéder à la réalité Totale.[130]

Cette définition démontre la profondeur du voyage initiatique dans son sens allégorique. C'est un processus au cours duquel le néophyte, en même temps qu'il se remet en cause et se questionne, entame sa plus grande expérience de vie. Une expérience pendant laquelle il est confronté à toutes sortes d'épreuves et au cours de laquelle il partage et reçoit de l'Autre. Grâce à ce qu'il apprend de l'Autre, il apprend à s'apprécier, à mieux se connaître et se reconstruire. Ce faisant, il arrive

---

129 Simone Vierne. "Le voyage initiatique." *Romantisme* 2.4, 1972, p.37.

130 Amadou Ouédraogo. *Rites et allégories de l'initiation: visions africaines et caribéennes*. Paris : L'Harmattan, 2009, pp.216-17.

à dépasser son statut premier. Ce qui fait qu'un voyage initiatique n'est jamais un échec.

Nos héroïnes dans leurs processus de transformation entreprennent un voyage tant à l'intérieur de l'Afrique comme en l'Europe. Les personnages féminins maghrébins à savoir, Sultana et Zouina, se déplacent toutes de l'Algérie vers la France. Quant à Salie et Pougbila dans les œuvres sub-sahariennes, elles effectuent aussi le déplacement vers des horizons divers. Pendant que la première (Salie) trouve refuge vers la France, la deuxième (Pougbila), elle, effectue le déplacement à l'intérieur de sa propre région, d'une contrée à une autre. Toutes quatre effectuent le mouvement vers et pour un changement. Leur déplacement physique revêt tout aussi une portée allégorique. Par exemple, le sous-titre du film *Delwende*, 'lève-toi et marche' implique cette notion de déplacement. La marche décrit ce voyage, un voyage qui est physique et allégorique à la fois. Le voyage physique la conduit à la recherche de sa mère chassée du village. Ce voyage n'est pas que physique, car en Pougbila, un être nouveau va renaître après plusieurs péripéties. Elle surmonte des épreuves, car elle va émerger de sa lutte contre l'obscurantisme dans lequel se noie sa société. Donc, son voyage s'inscrit dans la quête de vérité, de savoir et d'affirmation de soi en tant qu'être ; une femme qui a droit à l'épanouissement, à la justice, à l'équité, à l'intégralité. A savoir, un être qui se définit par soi-même et par ses droits et devoirs et non pas par ce que la société veut faire d'elle ; un être qui a une voix pour s'exprimer et se défendre.

3. Les épreuves

Le plus souvent, on remarque que les épreuves auxquelles nos héroïnes se confrontent lors de leur parcours sont subversives. Prise dans son contexte allégorique, l'initiation féminine fait paraître des renversements de certaines pratiques, normes et ordres sociaux de la part de la femme. Toutes nos héroïnes, sans exception, ont dû souffrir pour parvenir à leur métamorphose. Ce sont en fait ces souffrances qui, la plupart du temps, constituent les épreuves qu'elles doivent surmonter lors de leurs quêtes initiatiques. Elles se heurtent aux forces misogynes de l'ordres patriarcal. Dans les œuvres étudiées, cette perception est évidente. Que ce soit dans les œuvres littéraires ou filmiques, les chemins qui mènent les héroïnes à la liberté et à la reconstruction identitaire sont pleins d'adversités. Ces obstacles sont souvent dressés par les pouvoirs dominants.

En rappel, l'épanouissement de Sultana a pour ennemi Bakkar, le maire, et Ali Merbah, deux hommes puissants de la région. Zouina, quant à elle, est étouffée par son mari et sa belle-mère ; bras solide armé du patriarcat dans la société maghrébine. Aussi, dans *Faat Kiné*, tout le long du film, il a été reproché au personnage-titre de Kiné d'envahir l'espace masculin, qu'il s'agisse de sa situation familiale, de son statut matrimonial, ou de la fonction sociale qu'elle occupe. Pourtant, son attitude sociale est la résultante des souffrances qu'elle a endurées des mains des hommes pères de ses enfants. Sankele, dans *Le Ventre de l'Atlantique*, a dû fuir N'Dior par suite de la persécution et des répressions sociales orchestrées par son père. Avec *Moolaadé*, Collé a d'abord souffert de l'excision. Par la suite, pour s'être interposée contre la pérennité de cette pratique, elle subit des sanctions physiques et morales des mains des patriarches du village. Elle questionne la tradition en remettant en cause l'excision et défie les notables. Dans *Delwende*, Pougbila est victime des injustices de son père violeur et acariâtre.

4. Les combats des héroïnes

a. Pougbila

Les défis surmontés par Pougbila font appel à des caractéristiques comme le courage. Le courage, dans ce contexte social, apparaît comme le seul axe qui mène l'héroïne du film vers la voie du salut. Il lui est indispensable au risque de voir sa quête s'arrêter. Elle doit franchir le pas vers le mouvement libérateur. Le chemin la menant au centre de Napoko où sa mère est détenue fut long et pénible. Pour ce parcours, préalablement analysé, Pougbila a dû faire preuve de courage et de détermination. Il est à remarquer que le courage, dans nombre de contextes africains, est généralement perçu comme une caractéristique masculine.

Cependant, Pougbila est dotée de cet attribut masculin, ce qui du coup sort le récit filmique de son contexte structurel et social. Il tend vers une subversion des réalités locales au regard du statut de la femme. Le personnage de Pougbila est ainsi peint avec des caractéristiques d'homme dans un corps de femme ; ce qui décrit un autre niveau de subversion de la part du réalisateur. Pougbila s'inscrit par son courage en opposition au garçon de la petite histoire du prologue. Le récit historique du prologue aussi explique la subversion, car le père sermonne son fils pour sa paresse, une caractéristique plutôt attendue chez la femme. L'inversion se trouve au niveau des attributs alloués au garçon Ouiraogo et à la fille Pougbila. On voit dans la scène, juste après l'histoire dans le prologue, que Pougbila s'excuse pour rentrer à la maison. L'histoire est racontée par un jeune du clan à la veillé des jeunes :

> Lorsque nous sommes arrivés chez l'homme de Koudougou, il était à couteaux tirés avec son paresseux de fils, Ouiraogo, tu n'es qu'un bon à rien. Il y a beaucoup de tâches à accomplir et tu n'es pas capable d'en exécuter une seule. Tiens, les charognes attendent d'être déplumées, les voyageurs du train ne demandent qu'à être dépouillés. Tu n'es qu'un bon a rien ! (*Delwende*)

Le prologue situe en fait le personnage de Pougbila en contraste à ce garçon. Il nous indique déjà ce qu'elle sera dans cette œuvre par les actions qu'elle va entreprendre, tout sauf ce qu'est le garçon paresseux de l'histoire. Il est incapable d'attraper ou de dépouiller des charognards ; un animal qui de nature est paresseux, parce qu'il ne vit que de charognes. Ainsi, des caractéristiques reconnues à l'homme sont attribuées à la femme, car dans le déroulement du film, c'est elle qui posera des actions antagoniques à celle du garçon du prologue. Elle matérialise cela par le courage, la détermination, les obstacles bravés sans crainte aucune, ses prises de paroles devant les notables du village, etc. Donc, à l'opposé de Ouiraogo, plus rien n'inquiète ou n'arrête Pougbila dans son entreprise. Elle décide de changer son état initial d'être socialement tu. Opprimée et impuissante face aux exactions de son père, elle avoue : « je n'ai rien à lui dire, je veux quitter le village. » (*Delwende*) A son silence s'ajoute l'aveu d'impuissance de sa mère, « Pougbila, comme tu le constates, je n'y peux rien. Il faut que tu partes, ton père t'a donnée en mariage… Tu sais que les femmes n'ont aucun pouvoir de décision. » (*Delwende*) Donc, de cet état d'impuissance totale face au viol et au mariage forcé dont elle est victime, Pougbila passe au statut de justicière et de combattante pour les droits féminins, la voix et l'expression féminines. Elle restore la vérité et la justice en déconstruisant l'ordre socialement établi par le patriarcat.

Par la suite, Pougbila appelle à la reconstruction de cet ordre social par la réinsertion de sa mère au sein de cette même société. L'attitude subversive et héroïque du personnage incarne de ce fait le renouveau et la renaissance féminine. Pougbila incarne toutes ces femmes qui luttent pour la réintégration et la reconnaissance des droits de la femme dans les œuvres ouest africaines comme maghrébines. Elle s'engage pour le changement en vue de l'émancipation de la femme, car elle est convaincue que, « le monde change et les coutumes doivent changer. » (*Delwende*) Elle exprime ce changement en rapport aux coutumes qui pèsent de tous leurs poids sur la femme et l'annexent. Cette phrase de Pougbila annonce à la fois l'engagement féminin et la nécessité d'un changement du statut et de l'image traditionnelle de l'Africaine.

Quand Pougbila répond à sa mère par « les hommes ont fait les coutumes, les hommes peuvent les changer », elle n'exprime pas que la prise de conscience féminine pour les atrocités et injustices, mais aussi la voix féminine défiant les structures rigides et dénonçant les abus perpétrés sous le couvert des croyances religieuses. Elle comprend que les normes sociales, souvent confondues aux préceptes religieux, ne sont en fait que le produit des constructions sociales et humaines. En même temps, elle répond aux supplices de sa mère, « tant que les mânes ne l'autorisent pas, les anciens ne vont pas changer les coutumes. » (*Delwende*) La pensée de Pougbila concourt aussi à désillusionner un père abusif qui, malgré tout, implore ses dieux. En voyant ses ordres défiés et son autorité familiale bafouée, il doit faire face aux réactions des femmes (fille et mère) qui, jusque-là, étaient sous son contrôle. En fait, la conscience des jadis marginalisées s'active et bouleverse l'ordre social qui les a tant martyrisées.

Cependant, il ne comprend plus ce renversement de position sociale avec l'avènement de la prise de parole et de décision de ces femmes dans sa vie. Par le recours au divin, le père entend valider sa position sociale comme émanant de Dieu. D'où la recherche de solutions aux questions qu'il pose en direction du ciel dans la scène de son retrait sur les dunes. Pour lui l'ordre social dont il jouit est irréprochable. Ainsi, à son entendement, le changement que clame Pougbila, « les hommes ont fait les coutumes, les hommes peuvent les changer » n'a pas sa raison d'être. La nécessité d'un changement des coutumes constitue ainsi une sorte de réponse à la requête du père auprès des dieux. Il est l'image d'une société traditionnelle africaine archaïque qui confond l'idéologie et la volonté humaines au sacré. Une société qui associe le pouvoir humain à celui d'un dieu. Ainsi, en répliquant à sa mère, Pougbila dissocie le sacré du profane et atteint cette portée 'cosmogonique' dont parle Eliade en termes de quête initiatique, c'est-à-dire celle de dissocier le sacré du profane. Elle prouve ainsi 'l'état profane' d'un père et en même temps celui d'une société encore en manque d'évolution. Dans une certaine mesure, le profane est l'état premier de l'être avant d'atteindre la plénitude, la maturité ou encore le stade du sacré. Si pour le père l'attribution et l'inversion des rôles sont associées à dieu, pour sa fille Pougbila, cela ne relève que de la pure perception, vision, et interprétation des humains et du pouvoir de domination imposé aux femmes, d'où la possibilité de revoir cet ordre social.

Pougbila attribue la pertinence et l'influence des coutumes à la seule construction sociale. Elle vient à dénoncer certaines croyances qui, pour elle, ne doivent pas toujours être le fondement ou la source de résolution de certains conflits et pratiques sociaux. Donc, elle associe l'enfermement et l'oppression de la femme à l'ignorance et à l'obscurantisme de ceux qu'on peut qualifier de 'profanes' ; ceux qui refusent encore le changement, l'ouverture et la culture d'esprit. C'est ainsi pour elle la fin d'un obscurantisme duquel elle s'obstine à débarrasser et libérer les garants d'une tradition vétuste. « Nous sommes revenues (fille et mère) afin que la vérité éclate » (*Delwende*) dit-elle. Elle poursuit : « Il y a beaucoup de choses que vous ignorez. » (*Delwende*) Elle leur affirme en même temps qu'elle les accuse des maux dont souffre la société. « Ignorer » dans ce cas de figure c'est être aveugle, ne pas être en mesure de voir les réalités des faits, la lumière qui peut sauver la société de l'obscurantisme ensevelissant. Pougbila est ainsi le symbole de la lumière, tout comme le personnage du fou, Elie. Elle est son double. Les deux mènent les villageois et surtout les notables vers la lumière, la recherche du savoir et de la vérité, en éveillant leur esprit critique par des questionnements. Comme Elie, elle est d'abord interdite de parler, elle n'a pas de parole. La vérité est ainsi tue. Comme lui, elle vit la marginalisation à l'instar des autres femmes du village. Néanmoins, contrairement à Elie et aux autres femmes, elle force sa voie vers l'expression, vers l'auto-identification et l'affirmation de soi. Cela, pour que vive la justice au nom de toutes les femmes opprimées et accusées à tort.

La fin de la trame narrative du film montre ainsi trois niveaux de l'inversion. Un premier se présente au sein du personnage lui-même par sa métamorphose observable le long du film. Le deuxième niveau apparaît dans le style du réalisateur. Le troisième niveau se rapporte à une subversion où la femme est celle qui en réalité rétablit la vérité. Elle est celle qui, en néophyte, entreprend cette quête du savoir la menant à la vérité. Elle n'attend plus que l'homme intercède en son nom. D'abord, elle prend elle-même l'initiative de cette quête. Ensuite, elle décide de prendre la parole en public, car dit-elle à un moment, « je refuse de parler sans la présence de mon père devant les notables. »

(*Delwende*) En même temps qu'elle retrouve la parole, elle décide de quand parler, s'insurgeant contre toute pression.

Du début de sa quête à la fin du film, elle refuse de subir la violence sous toutes ses formes, mais plutôt de la dénoncer. Dans cette entreprise, elle questionne les mânes auxquels toute la société attribue la prérogative des lois coutumières. Elle parvient à démontrer qu'en fait ces lois ne sont que l'œuvre d'une interprétation humaine à des fins manipulatoires. Le mariage forcé dont l'héroïne est victime n'est que la résultante d'une manipulation et un abus de l'autorité paternelle, car cet épisode vient masquer le viol. En plus, l'épreuve du rituel du Siongho est une évidence de cette manipulation. Le rituel, conformément au sacrifice du poulet supposé l'autoriser, ne devrait pas avoir lieu. La position du poulet mort n'indique pas la nécessité d'entreprendre la pratique, car cette position est l'expression de la volonté des mânes face aux suppliques de la communauté. D'ailleurs, le fou, dont le nom a une portée prophétique, ne disait-il pas, « Siongho, Siongho, le poulet n'a pas de réponse et vous vous entêtez à porter le Siongho ! Et si la sorcière est à cent kilomètres d'ici, est-ce que le Siongho ira là-bas ? » (*Delwende*) Le réalisateur fait un parallèle entre le nom du personnage clairvoyant du fou et ses paroles pour valider sa vision ; une vision qui met en évidence l'ignorance de toute une communauté attachée à ses traditions aveugles et obscurantistes. Le fou dénonce la manipulation du rituel par le chef sorcier faussant ainsi les bases de recherche du coupable. Plus encore, cet acte traduit une inquiétude et un doute sur la probité des tenants du mystère traditionnel. Pour ne pas faillir devant un mal inconnu et devant le commun du mortel qui le vénère, le chef sorcier décide de forcer la voie du sacré. Ce qui par conséquent fait des victimes, parce qu'il doit forcément trouver un coupable aux nombreuses morts survenant dans le village. Aussi, cette remarque du fou évoque le rapport distant entre les traditions africaines et la nécessité d'une ouverture vers le modernisme. La radio du fou est une illustration de ce modernisme, de l'ouverture d'esprit vers le monde extérieur.

b. Kiné

Pour ce qui est de la quête subversive chez Kiné, elle s'articule par l'envie de s'affirmer dans un contexte où les rôles sociaux sont bien définis selon les sexes. Son voyage allégorique est un parcours qui résume sa vie passée et présente, c'est-à-dire le passé d'une jeunesse abusée que le présent tente de guérir. En effet, le passé douloureux (comme c'est le cas chez Collé, Sultana…) que ce personnage-titre a vécu contribue entièrement à sa reconstruction identitaire. Cette reconstruction passe nécessairement par la subversion du rôle socialement attribué à la femme. Par le dur labeur, Kiné défie les obstacles et s'assure une autonomie financière, un cadre de vie éducatif à ses deux enfants abandonnés. Elle se retrouve ainsi dans la perspective de la philosophie féministe de Simone de Beauvoir qui perçoit l'émancipation de la femme à travers son éducation en plus de son indépendance économique. Elle se met ainsi à l'abri des abus. L'inversion se situe de même au niveau de ces deux hommes qui à présent revendiquent la paternité des enfants admis au baccalauréat. Au lieu d'être la femme faible à protéger, la situation s'inverse. Par ailleurs, Kiné refuse l'institution du mariage. Elle n'en fait pas une nécessité. Ce qui se rapporte au point de vue des féministes qui perçoivent le mariage comme une construction sociale. Cette vision des féministes rejoint celle de Pierre Bourdieu pour qui le mariage est une sorte de système de domination au sein duquel se perpétue l'habitus. De même, Sembène Ousmane affirme que, « Si une femme veut vivre seule et élever ses enfants, je suis d'accord ! [...] Une femme seule qui élève ses enfants a les mêmes inconvénients qu'un homme mais pas les mêmes avantages ! [...] Je suis contre le mariage, c'est personnel ! »[131] Le réalisateur s'en prend visiblement aux valeurs culturelles africaines qu'il trouve injustes et discriminatoires à l'égard de la femme.

Aussi dans ce film, la reconstruction identitaire de la femme est marquée par la libération du corps et de sa sexualité féminine. Cette subversion des normes ancestrales exprimée par la libéralisation du corps féminin et de la sexualité se trouve dans la scène où Kiné et ses amies se retrouvent entre femmes dans un restaurant (une sortie repoussée dans *Inch'Allah dimanche* par Zouina), mais plus encore chez le personnage d'Aby, fille de Kiné. Celle-ci, plus que sa mère et consciente de la misogynie, s'érige en féministe et reproche à sa mère le manque d'une éducation sexuelle en ces mots : « Je ne suis pas fille-mère et je ne suis plus vierge. » (*Moolaadé*) La fille revendique sa sexualité et le contrôle de son corps sans que l'homme en abuse comme c'est le cas de sa mère et de sa génération. La virginité qu'elle revendique constitue en effet un moyen de contrôle social. Plus virulente que sa mère dans leur lutte féministe, Aby défie le monde

---

[131] Sembène Ousmane. " Faat Kiné : Sembène s'explique." *Africultures*, 31 Octobre 2002.

masculin et les normes patriarcales. Toutes les deux affichent et assument une identité révolutionnaire. Cependant, il est à noter qu'en contraste à nos œuvres maghrébines, les œuvres subsahariennes ne mettent pas autant l'accent sur le thème de la scolarisation des femmes pour leur émancipation.

c. Sultana

La quête libératrice, analysée jusque-là dans les œuvres ouest africaines, reproduit un motif similaire chez les personnages de nos œuvres maghrébines. C'est ainsi que la quête de Sultana, libératrice et identitaire, s'inscrit dans les transgressions des interdits. Ces transgressions constituent des actes subversifs, car s'opposant à l'ordre séculaire. Sa volonté à s'opposer contre les lois sociales, politiques et religieuses constitue ses épreuves dans sa quête pour la liberté et la reconstruction identitaire. Dès son retour de France, elle s'illustre comme étant différente des autres femmes du terroir. Sachant bien que l'accès au cimetière est interdit aux femmes, elle s'érige en avançant : « on verra bien qui pourra m'en empêcher. » (*L'Interdite*, 27) Cette attitude de Sultana démontre non seulement une force de caractère ou de détermination en soi à être différente des autres, mais plus encore, une opposition aux lois en place et un défi aux autorités. A cet effet, la narratrice nous apprend que « Les femmes, alertées par des enfants, ont mis le feu à la mairie. » (*L'Interdite*, 263) Selon Marie-Agnès Souriceau, dans sa revue sur ce livre de Malika Mokeddem, « Il s'agit [...] d'accepter son identité « mêlée » et d'assumer son destin de femme libérée au nom des femmes algériennes et de tous les opprimés. »[132]

L'obstination de Sultana à participer aux funérailles de son ami Yacine énonce sa position subversive, car elle s'entête à aller à l'encontre des traditions séculaires et des tenants du pouvoir politique et religieux. Cette attitude est sciemment adoptée et préparée, car elle est consciente des réalités algériennes avant même son exil en France. En narratrice, elle admet, « peu à peu, les menaces et les interdits de l'Algérie me sont devenus une telle épouvante. Alors, j'ai tout fui. » (*L'Interdite*, 65) C'est donc un défi orchestré qu'elle lance aux autorités de son pays. Et comme nous l'avons tantôt évoqué dans les précédents chapitres, la position d'étrangère dévolue au personnage de Sultana la met dans une position un peu plus favorable à sa résistance,

---

[132] Marie-Agnès Sourieau. "Malika Mokeddem: envers et contre tout, edited by Yolande Aline Helm." *The French Review* 76.6, May 2003, pp.1233-1234.

contrairement aux autres femmes algériennes. C'est en toute liberté qu'elle adopte tout ce qui de nature bouleverse le fondement de la culture algérienne, entre autres fréquenter le bistrot en compagnie des hommes, dormir à l'hôtel, boire de l'alcool ; tous des actes œuvrant à violer l'espace public et s'attirer la fureur des intégristes. C'est là sa façon d'exprimer sa liberté, plus encore, sa différence en tant que femme. Cette forme d'expression de liberté perturbe la tranquillité de l'ordre social. A travers le personnage de Sultana, Mokeddem peint des caractéristiques subversives similaires à celles de Leila et Saadia dans *Les Hommes qui marchent.*

d. Zouina

Si les quêtes chez Sultana, Leila, et Saadia s'inscrivent en confrontation aux institutions traditionnelles, archaïques et tenaces dans un monde contemporain, les subversions chez Zouina figurent dans ses fugues à la recherche d'un retour vraisemblablement impossible aux sources ; sa culture algérienne. Dans cette des origines, elle tient à renouer avec les Algériens en France et veut célébrer l'Aïd El-Kabîr selon la tradition algérienne. Elle tient à ce lien, car lui seul peut la détacher un peu soit-il des contraintes patriarcales matérialisées par l'enfermement qu'elle subit des mains de sa belle-mère et de son mari. En même temps qu'elle devient nostalgique des valeurs sociales et culturelles algériennes, elle fait obstruction aux lois qui lui empêchent l'accès à l'espace public. La deuxième étape de sa subversion s'inscrit dans sa mort symbolique, c'est-à-dire, quand enfin elle réalise l'impossibilité d'être purement algérienne en France. Elle est obligée de composer avec la culture sur place, et ce, en s'aliénant un peu soit-il de sa culture d'origine. Elle accepte les enseignements de son amie française Nicole, veut se maquiller, lire, et écouter des émissions féministes. La belle-mère, garante de la tradition algérienne en France, veille au respect des mœurs par sa belle-fille. Elle est une sorte de camera vigilance prête à tout rapporter au mari de Zouina jusqu'à la nudité (péché) de celle-ci lors de sa dispute avec la voisine.

Le voyage initiatique chez nos héroïnes permet tout d'abord de s'éduquer face à l'ignorance, à l'inégalité, à la différence, à soi-même, à se redéfinir à travers une construction identitaire et à œuvrer pour une cohabitation culturelle. Ces particularités symboliques du voyage initiatique répondent exactement aux aspirations de nos héroïnes, à leurs quêtes. Ainsi, pour atteindre leurs objectifs, nombre d'elles entreprennent de voyager, de partir, de goûter à la séparation, de franchir les zones de passages ou zones ténébreuses comme le passage de la matrice, pour enfin renaître. Les fonctions relatives au voyage sont multiples et varient selon l'ambition derrière la quête de chacune de nos héroïnes. Cependant, une thématique est commune à leurs quêtes, celle de la subversion et leurs résistances contre toute institution réfractaire à leur émancipation.

V. Fonctions du voyage initiatique des personnages

1. Le voyage initiatique, une expérience formatrice

Voyager, c'est aussi aller à l'école de la vie, à l'aventure ; une aventure formatrice sans limite au cours de laquelle le voyageur est soumis à un ensemble d'apprentissages. Le voyage est un carrefour d'échange, de rencontre et de partage, d'épreuves qui concourent à façonner le voyageur. Eric Bourdeilh nous explique la portée didactique du voyage :

> Le voyage est le champ d'une expérience formatrice. Il constitue un moyen de partager et de récolter des connaissances, de se forger un esprit d'errance (ouvert et flexible), de développer une pensée dans l'action (la pensée nomade) et un esprit critique. En d'autres termes, oui, le voyage peut être considéré comme un mode d'apprentissage expérientiel, une voie à explorer, pour trouver un sens à son existence, pour apprendre à mieux se connaître, à mieux appréhender les diversités culturelles, humaines et de la nature. C'est par l'expérience de la rencontre concrète avec l'Autre et avec un Ailleurs que le voyageur vit des chocs culturels, émotionnels et cognitifs. Les rencontres avec autrui, avec un univers inconnu ou étrange, seraient ainsi, en tant qu'épreuves et moments éprouvés, le support nécessaire à la formation du voyageur. À ce titre, les préjugés et stéréotypes de ce dernier se confrontent à la réalité telle qu'elle se présente ; il apprend à « voir autrement », à percevoir autrui dans une perspective différente, à prendre une distance par rapport à son univers culturel et symbolique d'origine. Dès lors, la rencontre d'autrui nécessite d'apprendre à jeter sur soi un regard extérieur et distancé, de nourrir une aptitude à la décentration et à l'intégration de l'Autre.[133]

De même, cette fonction d'introspection de soi et de formation du voyage est une pédagogie initiatique qui se manifeste par principe et par définition sous une forme voilée, imagée, faisant sans cesse appel à la sagesse et à la hauteur d'esprit du néophyte. Ce qui vise en réalité à

---

[133] Eric Bourdeilh. « La symbolique sacrée du voyage initiatique. », Université du Québec, Décembre 2008, p.7.

établir une nette démarcation entre le domaine de la connaissance et celui de l'ignorance dans l'acception initiatique de ces termes.

Toutes les deux visions en référence à l'initiation allégorique évoquent une dimension pédagogique, en ce sens que le voyage constitue le carrefour de rencontre entre deux ou plusieurs personnes, cultures, savoirs, et à l'issue duquel un processus d'apprentissage et de transformation s'enclenche. Quand Pougbila dans *Delwende* et Sultana dans *L'Interdite* décident d'entamer leurs séjours initiatiques, cela avait pour intention première de se faire soi-même justice et se libérer des pressions sociales. Cependant, le voyage, dans sa dimension imaginaire et entrepris individuellement ou en groupe, contribue à l'édification de ces personnages. Il constitue en soi une entreprise pour la conscientisation féminine et pour l'éveil collectif. A l'intention des femmes qu'elle inspire, Sultana confie à son ami Khaled avant de quitter pour la France : « dis aux femmes que même loin, je suis avec elles. » (*L'Interdite*, 264) L'idée traduit sa solidarité à la cause féminine même de loin. Loin d'être uniquement individuelle, l'entreprise formatrice du voyage initiatique est aussi collective.

2. Le voyage, une entreprise individuelle et collective

Ainsi, le voyage initiatique, expérientiel et formateur, a une dimension à la fois individuelle et collective. En appliquant cette perception aux voyages entrepris par nos personnages (Pougbila, Kiné, Collé d'un côté et Sultana de l'autre), il apparaît que le voyage est à la fois entreprise individuelle et collective. En novice, chacune de ces personnages quitte sa société et entreprend seule le périple. Cependant, à la fin, elles reviennent toutes autres, pleines de savoir, de connaissance et d'expérience de vie. Ces filles, surtout dans le contexte de l'initiation africaine, entreprennent leurs quêtes dans l'optique d'une réforme, réforme pas uniquement en leurs noms propres, mais au nom de toute la collectivité avec laquelle elles partagent les mêmes soucis.

Dans *Moolaadé*, l'initiation de Collé est plus allégorique que physique. Elle est d'abord une héroïne individuelle par son omniprésence, sa ténacité et sa quête tout le long du film. Même dans les scènes où elle n'est pas physiquement présente, il est sans cesse fait référence à elle, à son attitude tenace contre l'excision. Sa présence domine celle des autres personnages féminins du film et sert de jonction au récit filmique. Si Collé entreprend la quête pour éradiquer la pratique de l'excision, cela n'est nullement en son nom propre. Elle s'est engagée pour les petites filles qui ont sollicité sa protection, mais plus encore au nom de toutes les femmes ou filles qui en sont des cibles potentielles. Elle s'est investie d'une mission : celle de lutter contre l'excision.

Cependant, cette cause commune a un caractère subversif, car allant contre la préservation d'une identité culturelle séculaire. L'identité culturelle féminine prend le dessus sur le conservatisme culturel. Contrairement aux films classiques où l'identité culturelle de la société prend le dessus sur l'héroïne qui d'ailleurs n'en est pas perçue comme une. Collé mène sa lutte au nom des potentielles victimes comme elle jusqu'au bout, cela au prix de divers sacrifices. Ce qui du coup fait d'elle une héroïne collective en lieu et place de l'héroïne individuelle perçue dans le déroulement du film. Shella Petty, à travers « la représentation de la femme dans le cinéma africain », explique que le personnage des films africains est la collectivité, elle incarne la conscience collective ou l'identité culturelle. Le personnage principal des films africains est toujours le groupe, la collectivité. »[134] C'est en effet au nom de la communauté féminine qu'aboutit la quête de Collé dans *Moolaadé*, de Pougbila dans *Delwende* et de Sultana dans *L'Interdite*. Sultana s'affirme par sa lutte et parvient à rassurer les femmes des idéaux se rattachant à sa quête. Elle est visiblement celle qui a souffert entre les mains des hommes politiques et religieux, mais elle s'est présentée en agneau sacrificiel au nom des femmes marginalisées et persécutées. Elle est la voix des femmes et des filles opprimées et tues. Saadia dans *Les Hommes qui marchent* fut l'inspiration de Leila. L'expérience de Zouina dans le film *Inch'Allah dimanche* est celle de toute Maghrébine ayant rompu un peu soit-il d'avec ses origines et fait son premier pas en France. En même temps qu'il est une expérience collective, ce parcours ne le nions pas lui a permis de se reconstruire une nouvelle identité.

3. Voyage initiatique et construction identitaire

Le concept identitaire est vaste, varié et de moins en moins statique. C'est-à-dire, il fait référence non seulement à l'individu, mais aussi à la relation que celui-ci entretient avec son entourage, avec son milieu et avec d'autres facteurs, géographique, historique et culturel. Ainsi, la mutation de l'individu peut être soumise à des facteurs géographique, culturel, en plus de ses propres caractéristiques ou de son

---

[134] Sheila Petty. "La Représentation des femmes dans le cinéma africain." *Films d'Afrique. Montréal, Guernica*, 1991, p.30.

rapport avec l'Autre. Par ailleurs, en relation avec le genre, Syntyche Assa étudie l'identité de la femme. Elle explique que « L'identité féminine apparaît dans ces textes comme une donnée instable, sans cesse en déplacement et en mutation selon le temps, l'expérience du sujet et le milieu dans lequel il se trouve. »[135] Assa, en partie, examine le concept identitaire selon la perspective maghrébine et au féminin, c'est-à-dire la (re)construction identitaire des personnages féminins. Au Maghreb tout comme en Afrique subsaharienne, la quête identitaire constitue l'une des préoccupations fondamentales des mouvements littéraires. Au lendemain de la période coloniale en Afrique, les écrivains subsahariens et maghrébins ont fait de la réappropriation identitaire un cheval de bataille, le Maghreb encore plus dans le cadre d'une littérature nationale. Cette reconstruction identitaire pour des personnages comme Sultana, Leila et Zouina passe par l'immigration, contrairement aux héroïnes des œuvres subsahariennes, à savoir Sankele, Kiné et Pougbila. Celles-ci, moins que les Maghrébines s'affirment à travers leurs quêtes sans passer par l'immigration.

L'identité, c'est aussi toutes les caractéristiques qui concourent à singulariser un individu, à le distinguer des autres membres de la communauté. Comme écrit par Amin Maalouf, « Mon identité, c'est ce qui fait que je ne suis identique à aucune autre personne. »[136] Cependant, du moment où c'est en rapport à d'autres personnes qu'on arrive par comparaison à se définir, l'identité implique l'Autre. De ce fait, un rapport relationnel s'établit entre le 'moi' et 'l'autre' qui conduit à des expériences de vie en communauté ; un système très complexe. Nous limitons cette expérience de nos personnages aux périples qu'elles entreprennent dans le cadre de leur libération en vue de leur émancipation. Les héroïnes que nous étudions se distinguent par leur démarcation de la communauté des femmes sans voix. Ainsi, en se distanciant des autres membres de leur communauté et par les expériences vécues, elles parviennent à se construire une identité personnelle. C'est-à-dire qu'à un certain moment et par suite des contraintes sociales, la femme va devoir se détacher de l'identité féminine collective qui lui est socialement reconnue pour se reconstruire. Selon Assa,

---

[135] Syntyche Assa Assa. *Migrations et quête de l'identité chez quatre romancières francophones : Malika Mokeddem, Fawzia Zouari, Gisèle Pineau et Maryse Conde.* Dissertation, Université Paul-Valéry Montpellier 3, 2014, p.20.

[136] Amin Maalouf. *Les identités meurtrières.* Grasset, 2014, p.18.

> L'identité féminine intègre une dimension capitale, personnelle ou individuelle et une dimension collective parmi toutes les modalités citées. Mais plus important encore, elle serait liée à la façon dont le sujet féminin se perçoit comme femme et se distingue des autres individus, et aux éléments lui permettant de se reconnaître. Au nombre de ces éléments figurent des données physiologiques comme le sexe et des caractéristiques sociales, morales et psychologiques.[137]

C'est de cette conception sociale de l'identité qui souvent pleine de clichés, de stéréotypes, de préjugés, d'interdits, d'injustices, et d'oppressions que nos personnages essaient à tout prix de se débarrasser. Le personnage de Collé dans *Moolaadé* est illustratif. Dans son combat, elle confronte et fragilise le patriarcat. Pour ce faire, elle a dû déconstruire son identité qui lui a été socialement attribuée, celle d'une femme tue, soumise et conformiste. Elle refuse de se taire sur cette pratique comme l'ont fait toutes les autres héroïnes. Ce qui fait aussi la particularité de Sultana, de Saadia et de Leila, personnages de Mokeddem, est que celles-ci refusent de se taire et de subir comme le font les autres femmes dans les romans *L'interdite* et *Les Hommes qui marchent*. Ainsi, d'une déconstruction identitaire, elles évoluent vers la reconstruction d'une autre plus flexible pour leur bien-être. De ce fait, l'identité intègre des notions telles que celles de l'évolution de l'expérience personnelle. L'expérience personnelle de nos personnages redéfinit chacune d'elle selon ses visions, celles qu'elle a voulu s'attribuer. Eric Bourdeilh explique l'impact du voyage sur l'identité du voyageur,

> Voyager, s'éloigner de son chez soi, découvrir et explorer un Ailleurs dans la perspective d'acquérir une connaissance plus large et plus universelle implique que celui ou celle qui éprouve l'expérience du voyage – jalonnée d'épreuves, de rencontres interculturelles – devienne altéré, cela implique qu'il ou elle devienne une nouvelle personne. Autrement dit, l'expérience du voyage est créatrice d'un désordre porteur d'un renouveau ; elle est riche d'apprentissages issus d'un vécu au-delà de ses frontières, au-delà du connu. En somme, le voyage donne sens à l'existence et participe à la construction d'une identité nouvelle. Par conséquent,

---

[137] Syntyche Assa Assa. *Migrations et quête de l'identité chez quatre romancières francophones : Malika Mokeddem, Fawzia Zouari, Gisèle Pineau et Maryse Conde.* Dissertation, Université Paul-Valéry Montpellier 3, 2014, p.10.

en tant qu'espace d'initiation, il est source d'évolution de la conscience, d'adaptations voire de transformations intérieures.[138]

Bien que l'apprentissage des connaissances soit au cœur du voyage initiatique, il n'en demeure pas moins qu'il invite aussi le néophyte à sa propre aliénation, car il faut bien mourir à un état pour renaître à un autre. Il lui faut se démarquer de son 'ignorance' pour intégrer le domaine de la 'connaissance', à l'image de la rupture et de la distance qui existent entre le profane et le sacré, s'ouvrir à la 'lumière' en s'éloignant des 'ténèbres'[139] Les quêtes de Pougbila, Collé, Zouina, Sultana, Leila, Sankele en sont des évidences. Cette reconstruction identitaire passe nécessairement par une lutte interne au novice. Il faut se faire une violence interne, parfois par des remises en cause des systèmes en place, des questionnements de soi, de ses capacités pour enfin parvenir à s'intégrer ou reprendre une nouvelle identité.

4. Reconstruction identitaire des héroïnes

Dans le contexte des héroïnes étudiées, il s'agit essentiellement de se demander la façon dont se fait leur reconstruction identitaire, le processus parcouru. Elles abandonnent leur identité initiale, l'identité d'origine (sans pour autant la renier), celle qu'elles incarnaient le plus souvent au début des œuvres. Vers la fin, c'est une autre identité qu'elles assument, une identité toute différente de celle qu'elles incarnaient au départ. Le plus souvent, cette identité initiale est collective, celle qu'elles héritent de leur groupe social. Cette appartenance fait qu'elles apprennent à se comporter en fonction des critères assignés par l'ordre social. Cependant, pour les répressions sociales jadis étudiées dans les chapitres précédents, la femme va se détacher des principes collectifs d'origine. A l'issue d'actes de révolte, de lassitude et d'ambition personnelle, elle débute son cheminement vers sa reconstruction. Elle va se définir par les points de vue qu'elle valorise, qu'elle adopte ou par les nouvelles valeurs sociales qu'elle idéalise.

Dans cette même lignée, Malika Mokeddem perçoit l'identité comme un concept mouvant et non figé. Elle dit que, « l'identité

---

[138] Eric Bourdeilh. « La symbolique sacrée du voyage initiatique. », Université du Québec, Décembre 2008.

[139] Amadou Ouédraogo. *Rites et allégories de l'initiation: visions africaines et caribéennes*. Paris : L'Harmattan, 2009, p.216.

réactivée se construit alors par ajouts, par enrichissement mutuel. »[140] Elle emprunte la conception rhizomique de l'identité des écrivains antillais Patrick Chamoiseau et Edouard Glissant selon laquelle, « Un peuple ou un individu peuvent être attentifs au mouvement de leur identité. Mais ne peuvent en décider par avance, au moyen de préceptes et de postulats. C'est que l'identité est d'abord un être dans le monde. »[141] En comparant l'identité à l'être, Mokeddem implique que l'identité évolue, qu'elle est mouvante au lieu d'être figée. On peut la reconstruire. Sa reconstruction vient de l'expérience de vie d'un peuple ou d'un individu. Ce qui confirme la conception et la fonction de toute initiation, celle qui vise à changer l'être. La reconstruction identitaire est à la fois physique et philosophique. On peut tendre physiquement vers ce changement ou philosophiquement, d'où la perception du voyage sous ses deux formes : physique et allégorique. Ainsi, l'identité d'origine peut être influencée par des facteurs inhérents à la vie d'un peuple ou d'un individu. Ces facteurs l'influencent, la modèlent et en fait tout une autre différente de la première héritée du groupe. Cette démarcation de l'identité d'origine de nos héroïnes est souvent perçue comme une révolte et un déracinement.

Les sociétés traditionnelles africaines acceptent difficilement cette émancipation féminine. Chez la femme africaine, comme perçue dans presque toutes nos œuvres, la reconstruction identitaire est motivée et encouragée par les adversités des parcours. Aux adversités de la vie, Mokeddem soutient que d'autres facteurs comme la religion, l'ethnie, et la race encouragent l'exclusion et induisent tous les ravages des crispations que nous connaissons. Dans nos œuvres maghrébines comme sub-sahariennes, la religion, l'appartenance à l'un ou l'autre des groupes ethniques, ont contribué à l'exclusion et à la répression des personnages comme Sultana dans *L'Interdite* et Salie dans *Le Ventre de l'Atlantique*. Selon leurs particularités socioculturelles et chacune à sa façon, nos personnages féminins poursuivent leur quête libératrice et identitaire. Cependant, quand bien même individuellement menée, cette quête identitaire va servir de cause commune au nom des femmes. Pour lier cette perception identitaire au contexte initiatique, la renaissance de ces héroïnes s'inscrit sous forme de reconstruction identitaire. Chacune d'elles renaît avec de nouvelles perceptions, des caractéristiques

---

[140] Malika Mokeddem. "L'Identité traversière." *The French Review* 83.6, 2010, p.1186.
[141] Ibid., p. 1189.

morales, psychologiques et sociales autres que celles qu'elles portaient initialement. Leur renaissance, c'est-à-dire leur transformation, survient après la mort symbolique de l'être ancien.

Pour revenir à Pougbila, après sa mort symbolique dans la forêt, la fille qui apparait à la fin du film n'est plus celle-là qui au début subit silencieusement le viol et le mariage forcé. L'étape de sa mort symbolique marque réellement le début de sa transformation identitaire. Une fille courageuse, expressive, défensive et révoltée surgit à la fin. A ses débuts, comme le lui instruit sa mère, « la femme n'a pas de décision », Pougbila se soumet. Sans omettre qu'un moi intérieur en elle se débattait pour rejeter toutes les injustices et abus causés par son père. On le comprend quand elle répond à sa mère : « je ne veux rien lui dire ». Ce 'moi' caché en elle se manifeste réellement, ouvertement, et pleinement avec l'accusation de sa mère. Les prémices de cette identité individuelle et réfractaire s'affirmaient déjà quand elle refuse son corps au mari qui lui est imposé. L'évidence se lit dans la phrase de sa belle-mère : « une femme ne refuse pas le lit à son mari. » En refusant son corps à son mari, elle fait obstruction aux lois sociales qui font du corps de la femme une propriété de l'homme. Sa personnalité s'affirme et s'impose ouvertement par sa prise de parole devant les chefs notables où seuls les hommes détiennent le privilège. Elle domine la parole en apportant la lumière sur un peuple aux pratiques obscures.

Quant à Kiné, sa reconstruction identitaire naît des frustrations et des injustices qu'elle-même a vécues des mains des hommes et des traditions figées. Des événements comme les grossesses illégitimes, les abandons, les abus et injustices façonnent et renouvellent la personnalité de Kiné. Tous ces maux ont, au fil du temps, contribué à la recréer. Le 'sexe faible' s'affirme. Elle comprend qu'elle ne peut compter que sur elle-même pour affronter les vicissitudes de la vie dans un monde machiste. Tout le long du film, c'est une femme célibataire et battante que Sembène Ousmane célèbre. Une femme qui, par la force des événements fâcheux de sa vie, évolue désormais contre la vague des stéréotypes sociaux qui stigmatise la fille-mère. Les abus sexuels et l'intolérance d'une société conservatrice dont elle était victime à son plus jeune âge constituent sa motivation et sont les motifs de sa renaissance.

Dans la scène au restaurant avec ses deux amies, elle dénonce des pratiques telles que la polygamie, le mariage forcé, le poids des traditions qui renforce l'autorité patriarcale. Sembène expose ses problématiques à travers les difficultés et pressions que vivent ces trois femmes. Une conversation et critique féministes s'engagent entre les trois femmes. A la base, l'une d'elles, femme de Mademba est forcée, remariée à son insu au même homme qui l'a divorcée il y a quinze ans. Kiné lui reproche son consentement. Elle lui rappelle qu'elle s'auto-suffit financièrement et qu'elle peut, par conséquent, se reconstruire la vie. Kiné lui dit, « matériellement, tu te suffis, tu as en charge ton père, ta mère, tes enfants, ton frère, sœur, et ton cousin. Abandonne le domicile paternel et tu alloues à tes parents de quoi vivre. » Mais la remarque de la soumise est pertinente, car elle manque de l'essentiel qu'est la force de caractère ou le courage. Elle répond : « j'y ai pensé, mais je n'ai pas cette force de caractère.» (*Faat Kiné*) Comme pour attirer l'attention de la femme africaine, le réalisateur fait comprendre que, pour se libérer de l'emprise des institutions sociales traditionnelles, celle-ci ne doit pas s'attendre à une liberté gratuitement offerte. Plutôt, celle-ci doit l'arracher. Elle doit cesser de se complaindre dans sa situation d'opprimée et agir.

Le rapport relationnel entre la femme africaine et les institutions traditionnelles dominantes reflète l'idée de Franz Fanon, dans *Peaux noir, masque blanc*, sur le rapport entre le colonisé et le colonisateur, à savoir la réaction du dominé face au dominant. Le dominé doit cesser d'accepter son infériorité. Il doit au contraire remettre en cause le système qui entretient ce rapport discriminatoire. Pour Fanon, c'est un engagement pour lequel la lutte doit être continuelle. Ainsi, la réaction de cette amie n'encourage en rien le combat auquel Kiné s'engage. Comme ces personnages féminins de ce film et toutes les œuvres au corpus, beaucoup de femmes africaines se trouvent dans cette idéologie. En même temps, le réalisateur dans ce film expose la force et la ténacité des traditions. Il condamne les traditions qui imposent plus de devoirs à la femme sans réellement mettre l'accent sur ses droits. Ce reproche se fait sentir dans l'intervention de la deuxième amie qui s'allie à Kiné pour le changement. Elle conclut en termes : « femme seule, travailleuse, chargée de famille, nous avons tous les inconvénients des hommes, mais aucun de leurs avantages. » Selon Kiné, « si seulement le travail libérait la femme, les paysannes seraient libérées. » (*Faat Kiné*) Kiné définit et célèbre l'importance de l'indépendance financière nécessaire à la libération de la femme. Les trois débattent de voies et moyens leur permettant de s'auto-suffire financièrement comme le commerce international, « privilégier l'agréable sans négliger l'utile. » (*Faat Kiné*) Le voyage leur ouvrira cette voie vers la liberté. Outre la promotion de l'indépendance financière pour la femme par le réalisateur, le pessimisme de l'amie soumise nous enseigne la nécessité d'une détermination féminine pour s'émanciper.

En plus, le mariage est pour Kiné une institution patriarcale qui contribue à l'assujettissement de la femme. Elle fait comprendre à son amie, Mme Mademba, que le mariage n'est plus une nécessité pour elle. Cette prise de position rejoint la condamnation des traditions, de la culture africaine, de l'institution du mariage et de la polygamie par Sembène dont le témoignage nous édifie encore plus sur sa position,

> Si Kiné se marie finalement, c'est que chez nous une femme célibataire a des problèmes. On accepte souvent mal le célibat de la femme. C'est un véritable commerce moral : une femme arrivée, avocate, architecte, etc. doit se marier pour arriver ! C'est un problème que la femme seule peut résoudre… Si une femme veut vivre seule et élever ses enfants, je suis d'accord !... L'Afrique passée ne reviendra plus ! Nous assistons à la fusion des cultures bambara, moré etc. : c'est ça la nouvelle culture africaine ! En ramassant les éléments positifs par-ci par-là, nous construisons une nouvelle Afrique !... Je suis contre le mariage forcé ! On voit des vieux épouser des filles de 12 ans. C'est de la pédophilie. Notre culture est criminelle ![142]

Ainsi, il est plus facile de comprendre l'identité incarnée par l'héroïne Kiné. Le réalisateur crée ce personnage à l'image de la femme africaine qu'il veut libre face à des traditions et des cultures africaines qu'il dénonce et qualifie de « criminelles et d'injustes ». Si elle refuse le mariage, cela n'est nullement un fait de hasard. Aux hommes qui lui propose le mariage, Kiné demeure sans sentiment ni considération. Elle s'émancipe et devient autosuffisante avec la gestion de sa station d'essence. Comme la plupart des héroïnes, Kiné force sa voix vers sa propre reconstruction. Blessée dans sa personnalité, elle décide de se construire un monde à elle, un monde dans lequel l'homme ne bénéficie que d'une minime considération. Un monde où en femme, elle n'attend pas grand-chose de l'homme, tout le contraire des idéaux de sa société. Elle se crée en un mot son « espace sacré » pour emprunter l'expression d'Eliade.

Contrairement à Kiné ou Pougbila, la reconstruction identitaire de Zouina est la résultante de deux facteurs majeurs : l'immigration et l'oppression familiale, sociale, religieuse. Donc, celle-ci va vivre sa métamorphose au regard de ces deux aspects. C'est ainsi qu'elle se

---

[142] Sembène Ousmane. " Faat Kiné : Sembène s'explique." *Africultures*, 31 Octobre 2002.

débat avec l'habitus qui la tient prisonnière des valeurs culturelles traditionnelles de son pays. Au fil du séjour en France, elle refuse et se détache peu à peu des normes sociales algériennes qui ont contribué à sa claustration. Par la suite, les scènes de sa visite chez sa compatriote Malika et bien d'autres scènes montrent son intériorisation de la nouvelle culture qui dès lors contribue à sa redéfinition. L'immigration pour Zouina, tout comme chez Sultana, sert de moyen de déconstruction et de reconstruction identitaire. Elles meurent à une culture (algérienne) pour renaître à une autre, la culture française.

La lecture des récits filmiques et littéraires renvoie aux parcours des héroïnes et à leur renaissance. Ces œuvres en elles-mêmes sont initiatiques. Les héroïnes dont nous avons étudié le processus de reconstruction identitaire se démarquent toutes par leur subversion des systèmes institutionnels en place. Cependant, il faut remarquer que les motivations derrière leurs quêtes et les obstacles varient dans leur nature. Dans les œuvres ouest africaines, le port du voile ne constitue pas un moyen de lutte dans la revendication de l'identité individuelle de la femme. Les auteurs n'en font pas un point focal contrairement à la pertinence de cette thématique dans les œuvres maghrébines, où le refus du port du voile est mis en relief. En témoignent les cas de Leila, de sa tante Saadia et de Sultana. Quand bien même les réalités socioculturelles et religieuses sont à la base des insuffisances dont souffrent les femmes, elles sont tout aussi relatives aux traditions et à l'histoire de chacune de ces deux régions. Néanmoins, cette particularité commune aux deux n'empêche pas la présence des spécificités à travers différentes pratiques culturelles.

De même, le refus de la maternité n'a pas été objet de discorde pour l'affirmation identitaire des personnages subsahariens à l'opposé de Cherifa dans *Les Enfants du nouveau monde* de Djebar ou de Leila et de Sultana dans les œuvres maghrébines. Sans doute, la cause peut être déterminée dans les acceptions de luttes féministes à travers la politique de la réappropriation du corps de la femme et de la sexualité. Pour d'aucuns, la maternité est un moyen de contrôle et de domination du corps de la femme. Alors que pour les personnages des œuvres ouest africaines, la maternité constitue une joie, une fierté par laquelle les femmes se surpassent dans la société, au niveau familial et dans leurs foyers. En témoigne l'étude précédente sur les discordes qui opposent Gnarelle à ses coépouses dans *Le Ventre de l'Atlantique*. Tandis que de son côté, Sultana ne fait ni du mariage ni de la maternité une priorité. Elle considère sa profession comme un refuge et un moyen de combat et de défense. Pour les tourments qu'elle vit, Sultana œuvre individuellement pour se faire une idée claire de l'identité qu'elle veut assumer. Elle décide de repartir vers d'autres horizons plus favorables à son esprit réactionnaire et libérateur.

VI. Conclusion

Dans sa quête pour la liberté, le parcours de la femme ressemble à une initiation sous sa forme allégorique. Le processus initiatique chez la femme peut tout aussi être traité en suivant la structure du schéma initiatique. Il est question d'un processus initiatique, car à l'issue de leurs expériences, c'est une transformation radicale de nos héroïnes que nous remarquons. Elles renaissent toutes de leur statut initial, c'est-à-dire de leur état profane. Pour leur renaissance, elles poursuivent la structure en ces différentes étapes : le départ, la mort symbolique. La présence des symboles et la sacralisation de leurs espaces opérationnels par celles-ci définissent encore plus l'allégorie initiatique.

Pour que ce parcours se valide, il faut bien qu'un manque soit exprimé au niveau du néophyte. Ce manque crée en lui la soif à étancher. La femme africaine a soif de sa liberté. Elle paraît libre, mais en réalité elle ne l'est pas vraiment. Des institutions traditionnelles, culturelles et religieuses la tiennent et espèrent d'elle le conformisme. Ainsi, cette soif la pousse sur le chemin de la quête. Ce qui de ce fait motive la quête des héroïnes. Des œuvres maghrébines comme sub-sahariennes, elles s'expriment et se débattent contre leur marginalité, oppression et la répression de la parole. La remarque qui découle de ce chapitre est que, pour s'auto-identifier, tous ces personnages féminins doivent arracher cette liberté et justice en forçant leur voie dans des sociétés où les traditions socioculturelles et religieuses constituent un obstacle.

Ainsi, pour leur émancipation, elles doivent surmonter des obstacles, d'où les épreuves de leur parcours initiatique. La plupart des temps, ces épreuves constituent le défi à relever par ces femmes dans des sociétés où elles sont contraintes au silence. Avant d'affronter ces épreuves, il leur faut quitter, partir, donc mourir symboliquement à leur état initial ou « profane ». Dès ce départ, la femme va physiquement faire face à des multiples défis, ou encore, comme dans le concept initiatique, les vivre symboliquement. Ces épreuves que les néophytes traversent contribuent à les remodeler grâce aux expériences vécues le long du parcours. Ces expériences ajoutent à leurs personnalités d'autres caractéristiques singulières ou encore différentes de ce qu'elles étaient au début, du statut qu'elles incarnaient. La particularité dans les épreuves qu'elles subissent réside à deux niveaux : les femmes se trouvent d'abord dans l'obligation de subvertir les normes traditionnelles. Ces normes constituent une entrave et elles représentent souvent le motif principal de leur quête.

Ensuite, lors de cette quête et à un niveau plutôt symbolique, elles sont appelées à franchir et à survivre aux épreuves. C'est-à-dire qu'elles parviennent à déchiffrer les signes ou symboles une fois dans la matrice pour pouvoir avancer vers la connaissance, la recherche de la vérité, d'où la renaissance. Ainsi, elles renaissent à un nouveau statut. Pour chacune des héroïnes, la renaissance varie du fait des « réalités culturelles et historiques propres à chacune. »[143] En exemple, le passé historique de la Maghrébine, c'est-à-dire la colonisation et la lutte pour l'indépendance surtout en Algérie, fait que l'ambition libératrice est plus ardente et agressive pour Sultana ou encore Leila en lieu et place de Sankele dans l'œuvre subsaharienne de Diome. Aussi, l'histoire coloniale en Algérie, par exemple, avec la participation de la femme à la guerre de libération, fonde chez celle-ci plus que la femme subsaharienne ce besoin de renaître, sortir de sa situation précaire de femme subjuguée. Pour la Maghrébine, il doit y avoir une contrepartie à son effort de guerre qui malheureusement n'a pas été totalement reconnu et récompensé. Un tel phénomène est encouragé par d'autres facteurs comme l'avènement des luttes nationalistes et des intégristes au pouvoir. La religion, quand bien même constituant un fardeau et une réalité vécue par la femme ouest africaine, l'est plus pour la Maghrébine, car elle est institutionnalisée à travers la politique. Du coup, nombreuses sont celles qui, inspirées par l'esprit de l'engagement, encouragent le mouvement politique et nationaliste après l'indépendance en Algérie. Le type de rapport colonial entre l'Algérie et la France diffère de ce qu'il fut avec les autres pays africains colonisés. Cela concourt, un peu soit-il, à la virulence de l'engagement des maghrébines. Outre l'aspect colonial et la contribution féminine à la lutte pour l'indépendance en Algérie, le facteur culturel est déterminant à leur quête libératrice.

De ce parcours et de la renaissance individuelle des héroïnes, il y a lieu de comprendre que dans le contexte du roman ou du cinéma africain, l'héroïne s'engage le plus souvent dans une reconstruction de

---

[143] Mircea Eliade. *Le sacré et le profane*. Paris: Gallimard, 1965, p.21.

l'identité individuelle, mais qui par la suite s'avère être un idéal poursuivi au nom de toutes les autres femmes. On assiste ainsi à une quête pour la femme, par la femme et au nom de toutes les femmes. Généralement, ce sont donc des œuvres à thématiques courantes, raison qui en plus justifie la quête initiatique dans l'espoir d'un changement de la condition de la femme, son émancipation au bout d'un certain nombre d'efforts.

CONCLUSION GENERALE

Ce travail, perçu de la perspective initiatique, est inspiré d'une expérience personnelle. Il est un processus qui conduit à la transformation de l'être dû aux nombreux acquis lors du processus de rédaction. Sans doute, nous osons espérer qu'il sera aussi d'une grande inspiration aux sœurs et frères africains et, de même, à toute personne étrangère aux cultures africaines. Nous exhortons à une meilleure compréhension et appréciation de l'Africaine, de son courage et au respect de ses valeurs culturelles. Dans cette étude, nous avons posé un œil sur certaines des normes et pratiques culturelles africaines pour le sort qu'elles réservent à la femme. L'apport de cette recherche se trouve dans l'émancipation de la femme africaine d'une perspective initiatique avec ce que ce concept inclue comme étapes et symbolisme.

Le travail qui s'articule autour de la femme africaine propose une analyse centrée sur l'examen de plusieurs œuvres de deux espaces géographiques : L'Afrique sub-saharienne et le Maghreb. Ce qui implique une diversité culturelle au sein même de l'Afrique. Cette inclusion géographique donnera un peu plus de crédibilité aux visions développées quant aux vécus des Africaines et de leurs processus d'engagement abordé dans ce travail. Cependant, nous reconnaissons la complexité qui caractérise un tel sujet. Plusieurs courants de pensées et visions se joignent et concourent à expliquer et à plaider pour la cause et l'émancipation de la femme en général et de l'Africaine en particulier. Pour cette analyse, compte tenu des diversités culturelles et géographiques, il y a lieu de se pencher sur des théories sociales, postcoloniales avec comme critiques Homi Bhabha, Gayatri Spivak, Edouard Saïd, etc. Leurs diverses opinions soutiennent les mutations et processus de transformations qui s'enclenchent dans les sociétés en général et au niveau individuel de nos personnages clés. Le sujet s'articule autour du processus d'émancipation de la femme africaine, un parcours perçu sous l'angle initiatique. Il traite aussi des stratégies de résistance féminine conduisant à leur métamorphose. Pour mieux cerner les tenants et aboutissants de l'engagement féminin, nous prenons en compte le cadre traditionnel initial de la femme comme point de départ du parcours. Pour cela, il nous a fallu d'abord analyser la représentation du personnage féminin africain dans les œuvres à l'étude.

Le défi inhérent à ce travail porte sur le traitement surabondant dont la thématique féminine fait l'objet et la pluralité culturelle. Plus laborieux était de parvenir à prospecter l'angle non encore scruté de ce domaine de recherche. La pléthore de recherches menées à ce sujet rend hardie notre ambition de prospecter ce champ et surtout de vouloir le circonscrire à l'aspect initiatique et stratégique. C'est ainsi que nous avons cherché à comprendre le processus émancipatoire de l'Africaine et les stratégies de combats féminins. Ces stratégies, aussi lieu du symbolisme initiatique, sont appréhendées et analysées comme étant les épreuves qui couronnent ce parcours. La symbolique initiatique, très pertinente dans ce projet, offre une vision féministe de l'initiation rituelle. Le thème de l'initiation a souvent été traité au masculin. Perçue sous l'angle féminin, elle renferme souvent des symbolismes péjoratifs et dépréciés. C'est ainsi qu'à travers le parcours émancipateur de la femme, nous sommes parvenus à ressortir des symbolismes porteurs de la voix féminine avec des personnages comme Colé, Pougbila, Sultana et Zouina. L'aboutissement d'un tel combat étant de parvenir à la promotion de la femme tout en tenant compte de ses réalités culturelles africaines, historiques et géographiques. Des réalités qui souvent exigent de celle-ci l'adoption des moyens de luttes qui lui sont propres et adéquats ; des moyens aussi susceptibles d'assurer au maximum la réussite de son projet tout en atténuant les risques vis-à-vis d'une société jusque-là conservatrice sur beaucoup d'aspects.

Vu que nous couvrons une diversité de cultures et de zones géographiques, il s'est avéré plus logique pour nous d'abord de percevoir les similarités culturelles entre les femmes de différents milieux sociaux. Ensuite, partant des aspects qu'elles ont en commun, voir leurs particularités et en quoi ces différences constituent une ressource, un potentiel à repenser et à intégrer. Aussi, les femmes africaines sont souvent considérées comme étant des opprimées, des discriminées confinées au second rang et souvent perçues comme étant d'une passivité volontaire comparativement à la femme occidentale. Cependant, rappelons la pensée de Michel Foucault sur son analyse de l'oppression :

> Power exists only as exercised by some on others... it is inscribed in a field of sparse available possibilities underpinned by permanent structures. This also means that power is not a matter of consent. In itself, it is not the renunciation of freedom, a transfer of rights, or of each and all delegated to a few (which does not prevent the possibility that consent may be a condition for the existence or the

> maintenance of a power relation) ... it is not by nature the manifestation of a consensus.[144]

Cette idée de Foucault résume le fait qu'une domination n'est pas acceptée par la victime, elle lui est souvent imposée par un processus de conditionnement. Tout comme démontré par la théorie de l'habitus, Bourdieu justifierait une telle passivité par la résignation née du processus de reproduction perpétuelle des normes et valeurs sociales. Les femmes, quelles que soient leurs espaces géographiques d'une manière ou d'une autre, sont victimes de comportements et d'idiologies phallocrates. L'amplitude de victimisation peut varier selon les espaces et les cultures ainsi que l'angle à partir duquel l'on se tient pour apporter une quelconque appréciation de soi ou de l'Autre. De ce fait, nous rejetons toute pensée ou vision purement occidentale comme solution au problème de l'Africaine, ce qui pour nous relève de l'idée 'orientaliste' telle que développée par Saïd. C'est-à-dire unilatéralement penser et percevoir les réalités africaines selon la perspective occidentale. Parvenir à une synchronisation des visions occidentales et africaines pour le bien de la femme est à encourager, car celle-ci de nos jours ne peut ignorer les apports de la mondialisation.

Partant de nos analyses, nous percevons le danger d'un enfermement total dans les traditions et valeurs purement africaines. Tout en tenant compte des phénomènes de mondialisation avec les impacts de l'immigration et des métamorphoses de nombre de nos personnages, nous pensons une solution centrée sur les valeurs culturelles africaines constructives. C'est pour ainsi ne pas entièrement nier l'apport culturel occidental. Ce faisant, les conceptions de l'hybridité et du 'Tiers espace' de Bhabha soutenues par Obioma à travers le négo-féminisme ont été d'un grand apport à ce projet. Ainsi, compte tenu des réalités sociales de l'Africaine et de la stagnation, de l'austérité, de l'inflexibilité et de l'insensibilité de certaines structures, institutions et lois sociales, il appartient à la femme elle-même de négocier sa stratégie de lutte afin de s'assurer une issue positive, d'où le négo-féminisme. En puisant dans ses traditions africaines, le silence choisi par exemple est une marque de sagesse et représente tout aussi une stratégie de résistance à l'instar de la ruse. La ruse, stratégie par excellence adoptée par nombre d'Africaines, permet à celles-ci d'atteindre leurs ambitions sans que le partenaire ne s'en rende compte. De la sorte, elle ne représente aucune menace pour l'ordre dominant qui

[144] Michel Foucault. "The subject and power." *Critical inquiry* 8.4, 1982, p.340.

de tout temps tient à asseoir, à justifier et à maintenir la légitimité de son autorité sur les dominés. En concluant ce chapitre, nous déduisons que l'Africaine se doit de se frayer la voie/voix de sa propre liberté par des moyens de lutte assortis principalement à son terroir. Elle est censée s'investir et pleinement engager sa responsabilité dans la résolution de ses conflits, tout en pensant aux facteurs multiples qui sont en mesure d'influencer son monde contemporain, d'où l'importance des théories postcoloniales dans cet enjeu.

Quelque part, les visions postcoloniales œuvrent dans le sens d'une évolution et à la recherche de réponses aux problèmes que posent les brassages culturels et les diversités multiples dans nos sociétés. Par ailleurs, pour une compréhension du comportement social de l'individu, Bourdieu explique l'habitus et les moyens de reproduction de cet habitus et de la violence symbolique. En conformité à la pensée de Bourdieu et à sa conception du capital, la femme africaine a besoin de se construire une assise économique tel que le préconise d'ailleurs Simone de Beauvoir ; de maximiser ses chances d'ouverture vers les mondes extérieurs, d'où l'influence externe dont parle Bourdieu, susceptible de rompre la reproduction de l'habitus. Il est ainsi question du capital économique et/ou relationnel qui souvent fait défaut à la femme africaine, à l'exemple de nombre de nos personnages. Ce manque met en péril sa condition sociale et ses capacités à promouvoir son évolution. Il contribue à perpétuer le cycle d'oppression et de discrimination. Pour parvenir à cette étape de son évolution, la femme emprunte une sorte de parcours initiatique sous la forme allégorique, ce qui implique une des étapes à savoir les stratégies de résistance dont elle se sert. Elle s'adonne de ce fait à une subversion des normes du pouvoir en place. Cependant, vu le contexte social et la rigidité des principes et normes culturels, elle se doit de passer par des moyens de lutte comportant moins de risques. D'où pour elle la nécessité et la primauté de recourir à la stratégie de négociation et autres astuces.

Cette recherche ne consiste pas à retracer les misères de la femme ou à abattre l'homme, perçu comme son bourreau par bon nombre de féministes. S'appuyant sur le féminisme africain, cette étude vise à dépasser ce stade de complaintes féminines et de victimes résignées pour que la femme s'affirme socialement. Ce fait est loin de justifier que l'oppression de la femme est utopique. Les exemples de résistance à la domination examinés dans ce travail restent édifiants.

Cependant, au regard des apports critiques à ce travail, nous concluons que la femme africaine ne peut plus continuer à se plaindre et pleurer perpétuellement sur son sort. Plutôt, elle se doit d'agir à l'exemple des personnages comme Kiné, Pougbila, Sultana, Zouina, etc. La résignation et le pessimisme ne font que renforcer la position de l'oppresseur et accroître la culpabilité de la victime comme le soutient la vision de Franz Kafka. Il appelle à la recherche d'alternatives nouvelles aux problèmes. Le pessimisme, ni le conformisme aveugle ne peuvent conduire à l'amélioration des conditions de vie de ces femmes ou à la résolution de leurs problèmes. Comme perçu et analysé dans le travail à travers les relations de pouvoir, de la domination, du code d'honneur, il n'est pas évident qu'une structure sociale avec tous ses attributs renonce facilement à la légitimité de son pouvoir. Etant donné que cette légitimité se base sur l'exercice du pouvoir. En lieu et place, l'activisme de la femme s'avère nécessaire, car sa liberté et son plein épanouissement ne s'acquerront qu'à l'issue d'un engagement. C'est un investissement qui s'énonce pour elle sous la forme d'une quête. La quête étant tout un ensemble d'entreprises grandioses, d'épreuves et d'exploration de la diversité. Par conséquent dans ce travail, il y a lieu de reconnaitre la présence et la véracité des défis auxquels les femmes font face. Ainsi se justifie le premier chapitre sur la représentation de la femme, où nous avons analysé les divers tableaux dépeints par les auteurs et réalisateurs des œuvres retenues.

Aussi, nous nous sommes rendu compte qu'au-delà de la représentation des défis, donc du réel féminin, ces auteurs ont dépassé le stade problématique. Dans *Les représentations sociales*, Denise Jodelet le soutient en ces termes : « Les représentations nous guident dans la façon de nommer et de définir ensemble les différents aspects de notre réalité de tous les jours ; dans la façon de les interpréter, de statuer sur eux et le cas échéant de prendre une position à leurs égards et de la défendre. »[145]. De cette représentation et interprétation des aspects de nos réalités quotidiennes, les auteurs africains posent les problèmes, mais ils prévoient aussi des solutions et visions adéquates par des exemples d'entreprises féminines. Ils envisagent des personnages femmes dans des cadres de vie flexible comparativement à leur contexte social traditionnel et les projettent au-devant de leur destinée. C'est une façon de révolutionner l'image de la femme africaine jadis victime passive de toutes sortes d'oppressions, en même temps qu'ils contestent l'image de l'Africaine dans son rapport avec les

[145] Denise Jodelet. "Représentations sociales : un domaine en expansion." *Le courier du CNRS 79*, 1992.

traditions socioculturelles en place. Cette représentation, telle qu'examinée dans le chapitre, constitue une réponse à l'idéologie et à la perception erronée de l'Africaine par certains critiques occidentaux. Des perceptions qui, selon les analyses faites par ces critiques, ne confortent que ces féministes occidentaux dans leur souci de se conforter dans/de leurs pensées impérialistes.

L'interpellation des traditions et la réponse au féminisme occidental quant à leur représentation 'orientalisée' de l'Africaine cherchent à dénoncer et à démontrer systématiquement l'engagement féminin africain. Celle-ci est en pleine mutation, mutation qui est essentiellement rendue possible grâce à la persévérance et à la résistance féminine. La résistance articule l'analyse du deuxième chapitre. Ici, il est question de déconstruire l'idéologie féministe occidentale qui, pas contentée de stéréotyper l'identité de la femme africaine parfois sur des bases erronées, s'arroge la possibilité de lui percevoir des stratégies de lutte émancipatrice souvent disproportionnées aux réalités africaines. Prenant en compte le principe fondamental du 'Standpoint theory', nous avons cherché à percevoir les types de stratégies de résistances adéquates à l'Africaine, c'est-à-dire, pour l'analyse, partir des perspectives de qui doit plaider pour qui et selon quel angle de vue. Pour s'y impliquer, il est essentiel que les critiques appréhendent d'abord le système opérationnel des cultures et réalités africaines et s'inspirent pleinement de ces réalités Autres. La vision unilatérale que d'aucuns qualifient de verticale fait repenser au système colonial et impérialiste alors que la femme africaine, de sa perspective culturelle, a su défendre ses idéaux à ses façons. Cette analyse sur le type de résistance conforme à l'Africaine s'affiche dans nos œuvres ouest africaines comme maghrébines où les auteurs représentent différents personnages féminins selon différentes stratégies de combat. En impliquant la notion du regard croisé, l'Africaine peut bien comprendre les idéaux derrière le féminisme occidental en même temps que les stratégies féministes à l'Africaine. Des féministes occidentaux, forts et confiants uniquement de leurs idéaux (vision orientalisée de Saïd) feignent d'ignorer la portée et les impacts culturels du système relationnel en Afrique. Cette confiance excessive en soi-même et la désinvolture vis-à-vis des particularités culturelles et connaissances superficielles de l'Autre faussent le calcul à la base de l'analyse portée sur la femme africaine et de ses préoccupations. La femme africaine, fuyant le totalitarisme traditionnel et influencée par la culture Autre, se place dans une position privilégiée qui l'autorise à mieux décider des types de stratégies utilisées à ses fins émancipatrices.

En général, de la victimisation des femmes, africaines comme occidentales, se dégagent des spécificités relatives à la Maghrébine d'un côté, et de l'autre celles qui s'associent à la femme subsaharienne. De notre analyse de ces diversités, nous découvrons différentes approches que les femmes adaptent à leurs desseins. Les démarches de l'Africaine, à des exceptions près, paraissent le plus souvent implicites surtout pour celle qui n'associe aucune hybridité dans sa recherche de solution au conflit social. Le personnage de Sultana, à l'opposé de la femme implicite, vit un déséquilibre parce qu'il lui manquait cette démarche implicite et la subtilité dans la recherche de solution. Elle n'a pas su instaurer cet équilibre entre sa culture d'origine et son identité occidentale qui prend le dessus. Contrairement aux stéréotypes occidentaux sur l'Africaine, celle-ci est un être engagé mais à sa façon. Par exemple, son silence n'est pas toujours le silence de l'oppression comme cette sorte de retenue semble le véhiculer aux yeux de ceux qui sont étrangers à la culture. Dans l'intention de réduire les risques, le silence, lorsqu'il est volontaire, a la capacité de tourner l'adversaire à la dérision et d'emmener la femme à se distinguer par sa grandeur et sa capacité à surpasser l'adversaire. Elle se mettra ainsi au-dessus de la mêlée. C'est un stratagème qui a pour objet de faire réfléchir l'adversaire. Le silence peut s'inscrire dans l'humilité et est susceptible de donner raison. Dans ce cas, le silence investit l'être de pouvoir et le préserve des hostilités, telle une démarche négo-féministe. De la similarité dans les approches de combats féminins, prenons par exemple le cas de Collé et Kiné ou encore de Pougbila et de sa mère, dans le cinéma subsaharien, que nous associons au personnage de Zouina dans le film maghrébin *Inch'Allah dimanche.* Toutes négocient subtilement leur émancipation qu'elles ont finalement pu conquérir. Dotées de finesse et d'ingéniosité, chacune d'elles, à sa manière, associe l'homme à son combat.

En somme, nous pensons la nécessité d'une hybridité culturelle et identitaire qui puisse couvrir les différentes visions. C'est-à-dire, pour l'Africaine, la nécessité de partir de son cadre culturel initial, s'élancer dans une sorte de voyage avec toutes les péripéties possibles pour qu'avec du sien et avec l'apport extérieur qu'elle parvienne à se recréer et à se renouveler ; d'où le principe de l'initiation et la perspective initiatique que nous avons analysée dans le dernier chapitre. C'est ainsi que des personnages féminins ont préféré trouver la solution à leurs problèmes par la jonction de stratégies féminines ; africaines d'une part et de l'autre les démarches occidentales. Les différences et particularités, loin d'être des facteurs négatifs, doivent de nos jours constituer un atout. En cela, la conception de l'hybridité par Homi Bhabha rime avec la créolisation d'Edouard Glissant et l'idée de 'Tiers espace' soutenue par Nnaemeka. L'Africaine doit doublement négocier ce troisième espace que constitue l'hybridité. C'est-à-dire que la négociation de son épanouissement culturel et identitaire s'effectue à deux niveaux. D'une part, la première a lieu à l'intérieur de son entité sociale où elle s'affirme dans des secteurs jadis reconnus pour l'homme. Elle embrasse la diversité dans la division des rôles sociaux qui ne constituent plus une barrière pour elle. D'autre part aussi, elle s'active vers le monde extérieur avec lequel elle doit dorénavant composer. Ce monde extérieur, par ailleurs pour ses valeurs, matérialise le conflit qui oppose la femme aux structures et institutions traditionnelles. Les facteurs historiques, géographiques, et culturels variés, les déterminants identitaires, ne doivent plus constituer un obstacle pour la femme africaine dans et pour sa recherche de solutions.

Cependant, comment y procéder paraît très crucial pour celle-ci compte tenu de son passé et des réalités socio-culturelles. De ces stratégies composites, l'on peut lire, ressentir et comprendre le poids des traditions ainsi que les valeurs culturelles qui, pendant longtemps, ont régi et guidé la vie sociale de l'Africaine. Cela appelle à la délicatesse dans ses démarches. Il s'agit de surpasser la pression des structures dominantes en place, voir comment procéder pour rompre avec le cycle reproductif de la violence symbolique sans pour autant qu'il n'y ait de grandes répercussions négatives sur la femme au niveau des institutions comme celles du mariage, de la maternité et bien d'autres. Refuser un mariage imposé, son corps à un mari non choisi ou encore le lévirat ; décider du choix de la maternité (Sankele, Pougbila, Cherifa, Zouina, Sultana, etc.), cela requiert de l'Africaine des stratégies liées à la culture du terroir. Dans de nombreuses sociétés africaines, le corps de la femme mariée relève de la propriété de son mari, car celle-ci ne peut le lui refuser ; parfois pour des raisons culturelles ou religieuses. La théorie de Bourdieu sur la reproduction s'avère très édifiante à ce niveau. Notre étude, en partie, basée sur cette théorie et d'autres travaux critiques comme ceux de James Scott qui tournent autour de 'hidden and public transcript' ont permis d'accorder ou de trouver une sorte de légitimité et de justification aux stratégies prônées par l'Africaine dans son combat.

Les femmes qui ont pu sortir des mailles de la tradition, l'on remarque, évoluent plus à l'extérieur du contexte traditionnel habituel ; une liberté acquise au sacrifice d'une vie marginalisée, tumultueuse, tourmentée et troublée souvent en raison du conservatisme religieux et socioculturel. Cependant, il reste à penser une vie en communauté pour celles-ci sans pour autant qu'elles ne s'éloignent de leurs origines. Salie, Sankele, Sultana, Samia la sœur de Dalila, etc. ont dû s'éloigner de leurs cadres de vie habituel pour évoluer à l'étranger. Cela interpelle une société qui devrait être plus encline à accepter la différence comme étant un apport positif. Des femmes comme ces personnages, désormais perçues comme Autres par les leurs pour les choix qu'elles ont opérés, trainent-elles toujours les séquelles des traditions dans leurs nouveaux milieux ? Quels types de relations vivent-elles avec leurs hommes qui sont pour la plupart tenus par le conservatisme africain ? *Inch'Allah dimanche* est édifiant à ce titre. Quelles sont les attentes de ces femmes vis-vis des hommes avec lesquels elles vivent ? Quel rôle joue leur nouvelle société dans l'édification culturelle et identitaire de ces femmes ? Ces femmes, ont-elles trouvé la solution définitive à leurs problèmes ? Sont-elles réellement libérées malgré cette lisière imaginaire d'incompréhension et de froideur qui les sépare de leurs origines ? En plus, comme nous l'avons remarqué lors des recherches, surtout dans le cas de celles qui ont immigré en France, d'autres problèmes les assaillent telles que la déchirure d'avec le pays, la nostalgie, la crise identitaire, culturelle, la situation de l'entre-deux, etc. il serait intéressant de poursuivre cette analyse des personnages féminins évoluant hors de leur contexte traditionnel d'origine afin de les percevoir dans une perspective transcontinentale par exemple. Là, un nouvel habitus entre en perspective !

En définitive, nous proposons ce travail à nos frères et sœurs africaines mais aussi étrangers à la culture africaine. Les sœurs africaines sauront retourner aux sources pour puiser dans leurs valeurs des moyens de combattre les barrières à leur évolution. Cette considération des valeurs sociales africaines leur évitera de copier totalement sur le modèle occidental (une aliénation totale) sans toutefois entièrement le rejeter. Le long de notre analyse, nous avons opté pour un féminisme inclusif de l'homme. En ce sens, les hommes africains et autres structures imposantes peuvent s'associer à la cause féminine. Il y existe des hommes féministes et des pro-féminismes. Ils convient pour eux de se faire une idée sur la façon dont l'injustice peut impacter la femme dans son être. Ils parviendraient à dépasser ce stade de compassion et comprendre à quel point ces maux réduisent l'homme dans sa plénitude. Aux critiques des conditions de la femme africaine, cette lecture offrira un autre point de vue par lequel, ils pourraient dorénavant percevoir l'Autre en tant que différence, l'approcher et mieux l'apprécier.

Bibliographie

Sources primaires:

Benguigui, Yamina. *Femmes d'Islam*, 1994.
Benguigui, Yamina. *Inch'Allah dimanche*, 2001.
Benguigui, Yamina. *Mémoires d'immigrés,* 1997.
Diome, Fatou. *Celles qui attendent*. Paris: Flammarion, 2010. Print.
Diome, Fatou. *Le Ventre de l'atlantique*. Paris: Ed. Anne Carrière, 2003. Print.
Mokeddem, Malika. *L'interdite*. Paris: France Loisirs, 1993. Print.
Mokeddem, Malika. *Les Hommes qui marchent: Roman*. Paris: B. Grasset, 1997. Print.
Sembène, Ousmane. *Faat Kiné*. Stuttgart: EZEF, 2000. Print.
Sembène, Ousmane, Dir., *Moolaadé*, 2004.
Yaméogo, Pierre, Dir., *Delwendé*, 2005.

Sources Secondaires

Abdallah-Pretceille, Martine. "Pour une éducation à l'altérité." *Revue des sciences de l'éducation* 23.1, 1997, 123-132.
Abdel-Jaouad, Hédi." Too Much in the Sun": Sons, Mothers, and Impossible Alliances in Francophone Maghrebian Writing." *Research in African Literatures* 27.3, 1996, pp.18-22.
Abu-Lughod, Lila. "3.10 The Romance of Resistance: tracing transformations of power through Bedouin women." *Women's Studies: Essential Readings*, 1993, p.42.
Acholonu CO. *Motherism: The Afrocentric Alternative to Feminism*, Lagos: NIIA. 1991.
Afkhami, Mahnaz. *Faith and Freedom: Women's human rights in the Muslim world.* Syracuse University Press, 1995, p.1.
Aidaa. « Un voyage de rêve envoûtant dans les rêves des femmes d'un harem Marocain », 27 décembre 2008.
Alia, Tabaï, "Femmes. La réforme de la Moudawana se fait désespérément attendre. Au bout de la crise des nerfs" in Jeune Afrique l'Intelligent, n° 2137-2138, du 25 Décembre 2001 au 7 Janvier 2002, p.92.

Angenot, Marc. "Théorie du discours social. Notions de topographie des discours et de coupures cognitives." Contextes. *Revue de sociologie de la littérature* 1, 2006, p.51.

Anthony, Appiah Kwame. *The honor code: How moral revolutions happen*. WW Norton & Company, 2011.

Assa, Syntyche. *Migrations et quête de l'identité chez quatre romancières francophones : Malika Mokeddem, Fawzia Zouari, Gisèle Pineau et Maryse Condé*. Dissertation, Université Paul-Valéry Montpellier 3, 2014, p.20.

August Bebel. *La femme dans le passé, le présent et l'avenir*. Vol. 58. Slatkine, 1979, pp.161, 593.

Balla Fall, Moussa. "Cinéma et identité chez Ousmane Sembène: Une réinvention de l'identité féminine dans *Faat Kiné* et *Moolaadé."* Paper delivered at the 2007 African Literature Association Conference, West Virginia University.

Barlet, Olivier. "La représentation de la femme dans les cinémas d'Afrique noire". *Africultures*, 2004.

Barlet, Olivier. "Femmes et hommes dans les cinémas d'Afrique noire". English version: Women and Men in Black African Film. *Africultures*, Janvier 2001.

Béatrice, Rangina Gallimore. *L'œuvre romanesque de Calixthe Beyala*. Paris: L'Harmattan, 1997.

Belkheir, Khaldia. "La quête d´une identité chez Malika Mokeddem: une revendication de différence et de ressemblance." *Synergies Algérie* 16, 2012, p.78.

Benguigui, Yamina and Les Femmes. "Entretien avec Yamina Benguigui." *Africultures No 2*, Novembre 2001.

Beyala, Calixthe. *C'est le soleil qui m'a brûlée*. Paris: Ed. J'ai lu,
1987. Print.

Beyala, Calixthe. *Lettre d'une Africaine à ses sœurs occidentales*. Spengler, 1995, p.7.

Bhabha, Homi K. *The location of culture*. routledge, 2012.

Bhabha, Homi K. "The other question…." *Screen* 24.6 (1983): 18-36.

Bourdeilh, Eric. « La symbolique sacrée du voyage initiatique. », Université du Québec, Décembre 2008, p.7.

Bourdieu, Pierre. *Esquisse d'une théorie de la pratique*. Précédé de trois études d'ethnologie kabyle. Le Seuil, 1972, p. 282.

Bourdieu, Pierre. *Masculine domination*. Stanford University Press, 2001, p.57.

Bourdieu, Pierre. " Les chemins de la connaissance." Entretien avec l'historien Roger Chartier, parties 1.2, 1988 :
Cazenave, Odile. « 40 ans d'écriture au féminin. » Notre librairie. No 172 janvier-mars 2009, p.11.
Chebel, Malek. *Le corps dans la tradition au Maghreb*. Paris. PUF. 1984.
Chellig-Tabet, Ainad. *L'espace féminin en Algérie*. Doctoral dissertation, Université de Provence Aix Marseille, 1981. Print.
Chraïbi, Driss. *La Civilisation, ma mère!...* Sarthe: La Fleche, 1999
Corcuff, Philippe. « Pierre Bourdieu et la pluralité des formes de domination », 2009, https://www.preavis.org/breche-numerique/Pierre-Bourdieu-et-la-pluralite-des-formes-de-domination
Cornwall, Andrea, ed. *Readings in gender in Africa*. Indiana University Press, 2005, p.34.
Dagenais-Pérusse, Michelle. "Figures de la parole et parcours d'individuation dans *Le ventre de l'Atlantique* de Fatou Diome." Mémoire de maitrise, Université Laval, 2010.
D'Almeida IA. Francophone *African Women Writers: Destroying the Emptiness of Silence*, Gainesville: UP of Florida. 1994.
De Beauvoir, Simone. *Le deuxième sexe*. Vintage, 1989, p.13.
De Rosny, Eric. *Justice et sorcellerie: colloque international de Yaoundé* (17-19 mars 2005). No. 8-10. Karthala Editions, 2005, p.40.
Déjeux, Jean. *La littérature féminine de langue française au Maghreb*. Paris: Khartala, 1994.
Djebar, Assia. *Les Enfants du nouveau monde*. Paris: R. Julliard, 1962.
Eliade, Mircea. *Le sacré et le profane*. Paris: Gallimard, 1965, pp. 26-164.
Eliade, Mircea. *Naissances mystiques: essai sur quelques types d'initiation*. Paris : Gallimard 1959, pp.10-137.
Eliade, Mircea. *Initiation, rites, sociétés secrètes*. Paris: Gallimard, 1959, p.89.
Ekine, Sokari. " Review Witches of Gambaga." *Feminist Africa Issue* 16, 2012, p 154.
Essaydi, Lalla, and Fatima Mernissi. *Les Femmes du Maroc*. Brooklyn, N.Y: PowerHouse Books, 2009. Internet resource.
Fabre, Michel. *Le problème et l'épreuve*. Harmattan, 2003, p.37.

Fanon, Frantz. « L'Algérie se dévoile ». *Sociologie d'une révolution.* Paris. Maspero. 1975.

Fiskesjö, Hanna. "Au-delà de la sororité–Le féminisme postcolonial dans trois romans contemporains d'expression française." 2015, p.10. https://gupea.ub.gu.se/handle/2077/38302

Fleury, Beatrice. « Mémoires d'immigrés. L'héritage maghrébin Dr. Yamina Benguigui. Del' ethos biographique aux hors sujets de la réception". *Université de Nancy* 3.3 (Automne 2008).

Folly, Anne-Laure. *Femmes aux yeux ouverts*, 1994.

Foucault, Michel. "The subject and power." *Critical inquiry* 8.4, 1982, p.340.

Foucault, Michel. *Histoire de la sexualité, tome I: La volonté de savoir.* Gallimard, 1994, p.125.

Foucault, Michel. *Discipline and Punish: The Birth of the Prison.* Alan Sheridan, tr. New York. Vintage. 1979.

Glissant, Edouard. *Tout-monde.* Vol. 2744. Editions Gallimard, 1995.

Habib, André. "Ruines, décombres, chantiers, archives: l'évolution d'une figure dans le cinéma en Allemagne (1946-1993)." *Cinémas: revue d'études cinématographiques/Cinémas: Journal of Film Studies* 18.1, 2007, pp.29-52.

Hanmer, Jalna. "Violence et contrôle social des femmes." *Questions féministes* 1, 1977, p.71.

Hartsock, Nancy. *The feminist standpoint revisited, and other essays.* Routledge, 2019, p.110.

Helm, Y. *Malika Mokeddem: Envers et contre tout.* L'Harmattan, Paris. 2000.

Ingold, Tim. The perception of the environment: essays on livelihood, dwelling and skill. Psychology Press, 2000, p.146.

Jodelet, Denise. "Représentations sociales : un domaine en expansion." *Le courier du CNRS 79*, 1992.

Kouyaté, Dani, Dir., *Sia, le rêve du python*, 2002.

Kuizenga, Donna. « Ce rusé d'amour: les ruses des Annales galantes », *Écriture de la ruse.* Vol. 13. Rodopi, 2000, p.321.

Lacoste-Dujardin, Camille: « Des femmes au Maghreb : regards d'une ethnologue sur cinquante ans d'études et de recherches. » *Hérodote* 1, 2010, pp.76-99.

Lacoste-Dujardin, Camille. *Des mères contre les femmes : maternité et patriarcat au Maghreb.* La découverte, 2013, p.131.

"La femme et le langage", in Femme et Pouvoirs : Approches, Collection dirigé par Fatima Mernissi, Casablanca, Editions le Fennec, 1990, p.15.

Le Clezio, Marguerite. *Le harem politique: Le prophète et les femmes*. Paris. Albin Michel. 1987.

Lévi-Strauss, Claude. *La pensée sauvage*. Vol. 289. Paris: Plon, 1962.

Maalouf, Amin. *Les identités meurtrières*. Grasset, 2014, p.18.

Maiga Touré, Zalia. "L'Excision à travers la littérature et le cinéma francophones d'Afrique de l'Ouest". Paper delivered at the 2010 African Literature Association Meeting, University of Arizona, Tucson, 2010.

Mbembe, Achille. *Critique de la raison nègre*. La découverte, 2015.

Mendy, Renee. Interview with Mariama Hima, Niger-Director/Ambassador to France as of 1997. *Amina*, no. 328, August 1997, p. 15.

Mernissi, Fatima. *Beyond the Veil: Male-Female Dynamics in Modern Muslim Society*. Bloomington. Indiana UP. 1987.

Mernissi, Fatima. *L'amour dans les pays musulmans*. Paris: Albin Michel, 2009. Internet resource.

Mernissi, Fatima, Claudine Richetin, and Ruth Ward. *Rêves de femmes: Contes d'enfance au harem*. Casablanca: Le Fennec, 1997. Print.

Mernissi, Fatima. *Le Harem Et L'occident*. Paris: Albin Michel, 2001. Print.

Mernissi, Fatima. *Le Harem Politique: Le Prophète et les femmes*. Paris: Albin Michel, 2010. Print.

Mernissi, Fatima. "Palace Fundamentalism and Liberal Democracy: Oil, Arms and Irrationality." *Development and Change*. 272 (1996): 251-265. Print.

Mernissi, Fatima. *Islam et Démocratie*. Paris: Albin Michel, 2010. Print.

Mernissi, Fatima, and Torrell L. Fernandez. *L'harem Occidental*. Barcelona: Ed. 62, 2001. Print.

Mernissi, Fatima. *The Veil and the Male Elite: A Feminist Interpretation of Women's Right in Islam*. 1987. Trans. Mary Jo Lakeland. Reading, MA: Addison-Wesley, 1991.

Mokeddem, Malika. "L'Identité traversière." *The French Review* 83.6, 2010, p.1186.

Morris, Pam. Literature and Feminism: An Introduction. Oxford: Blackwell Publishers, 1994.

Mortimer, Mildred. "Entretien avec Assia Djebar, écrivain algérien." Research in African Literatures, 19:2 (Summer 1988), 197-205.

Mortimer, Mildred. "Nouveau regard, nouvelle parole: le cinéma d'Assia Djebar." *Women with Open Eyes, Women and African Cinema*, ed., Kenneth W. Harrow. *Matatu* 19, 1997, pp. 93-110.

Mortimer, Mildred. "Reappropriating the Gaze in Assia Djebar's Fiction and Film." *World Literature Today* 70, no. 4. Autumn 1996, pp. 859-66.

Nancy Schmidt. "Sub-Saharan African Women Filmmakers: Agendas for Research." *Women with Open Eyes, Women and African Cinema*, ed., Kenneth W. Harrow. *Matatu* 19, 1997, 163-190.

Ndinda, Joseph. *Révolutions et femmes en révolution: dans le roman africain francophone au sud du Sahara*. Paris: L'Harmattan, 2002. Print.

Ngo-Nguidjol, Emile. "Focusing on Women in African Cinema: An Annotated Bibliography." *Women with Open Eyes, Women and African Cinema*, ed., Kenneth W. Harrow. *Matatu* 19, 1997, 191-218.

Niang, Sada. *Littérature et cinéma en Afrique francophone: Ousmane Sembène et Assia Djebar*. Paris: L'Harmattan, 1996

Nnaemeka, Obioma. "Nego-feminism: Theorizing, practicing, and pruning Africa's way." *Journal of Women in Culture and Society* 29.2, 2004, pp.364-82.

Nnaemeka, O (Ed). *The Politics of (M)othering: Womanhood, Identity, and Resistance in African Literature*, London: Routledge. 1997.

Nnaemeka, O (Ed). *Sisterhood, Feminisms, and Power: From Africa to the Diaspora*, Trenton, NJ: Africa World Press. 1998.

Ogundipe-Leslie. *Re-creating Ourselves: African Women and Critical Transformations*, Trenton, NJ: Africa World Press. 1994.

Oldfield, Elizabeth F. and Christine Eyene. "Réelle et imaginaire, la quête des femmes pour l'indépendance et l'autonomie." *Africultures* 3, 2008, pp.98-102.

Orlando, Valerie. "The Afrocentric Paradigm and Womanist Agendas in Ousmane Sembène's Faat Kiné (2001)". *Comparative Studies of South Asia, Africa and the Middle East* 26(2), 2006, 213-224.

Ouallet, Yves. « Le silence, l'écrit. *Vie secrète, les silences* de Pascal Quignard », Loxias 32, mis en ligne le 28 février 2011, http://revel.unice.fr/loxias/index.html?id=6577

Ouédraogo, Amadou. *Rites et allégories de l'initiation: visions africaines et caribéennes*. Paris : L'Harmattan, 2009, pp.216-219.

Ousmane, Sembène. " Faat Kiné : Sembène s'explique." *Africultures*, 31 Octobre 2002.

Oyewumi O (Ed). *African Women and Feminism: Reflecting on the Politics of Sisterhood*, Trenton: African World Press. 1993.

Oyewumi O. *The Invention of Women: Making an African Sense of Western Gender Discourses*, Minneapolis: University of Minnesota Press. 1997.

Petty, Sheila. "Aesthetic and narrative strategies in the films of selected African women directors." *Journal of African Cinemas* 4: 2, 2012, 144-155.

Petty, Sheila. "Black African Feminist Film-Making?" *African Experiences of Cinema,* ed., Imruh Bakari and Mbye Cham. London: British Film Institute, 1996, 185-193.

Petty, Sheila. "'How an African Woman Can Be': African Women Filmmakers Construct Women." *Discourse*, Spring 1996, 72-88.

Petty, Sheila. "*Miseria*: Towards an African Feminist Framework of Analysis." *Iris* (New Discourses of African Cinema/Nouveaux discours du cinéma africain), special editor, N. Frank Ukadike, no. 18, spring 1995, 137-145.

Petty, Sheila. "(Re) Presenting the Self: Identity and Consciousness in the Feature Films of Safi Faye". *International Women's Writing: New Landscapes of Identity*, eds. Anne E. Brown and Marjanne E. Gooze. Westport, CT: Greenwood Press, 1995.

Petty, Sheila. "La représentation des femmes dans le cinéma africain." *Films d'Afrique*, ed., Michel Larouche. Montréal: Guernica, 1991, p. 30.

Petty, Sheila. "Images of Women and Oppression in 'Francophone' West African Film." *Canadian Journal of Communication,* 14.3, 1989.

Petty, Sheila. "La femme dans le cinéma d'Afrique noire." Université de Paris IV, 1988. Ph.D. dissertation on the woman in the cinema of black Africa.

Reed-Danahay, Deborah. *Locating Bourdieu*. Indiana University Press, 2005, p.22.

Risi, Christine. "Lacoste-Dujardin, Camille (1985) *Des mères contre les femmes: maternité et patriarcat au Maghreb*. Paris, La

Découverte, 267 p." *Cahiers de géographie du Québec* 31.83, 1987, p. 317.
Said, Edward. "Orientalism reconsidered." *Postcolonial criticism* (1997): 126-144.
Sartre, Jean-Paul. "L'Existentialisme est un humanisme." Paris: Nagel, 1966, p.2.
Scott, James C. *Domination and the arts of resistance: Hidden transcripts*. Yale University Press, 1990, p.36-37.
S. Larangé, Daniel. « La Francophonie aux leurres de la mondialisation Similarités et dissemblances pour un discours altermondialiste », Erudit, Volume 8, numéro 1, novembre 2012, p.264.
Sellin, Eric, and Hedi Abdel-Jaouad. "An Introduction to Maghrebian Literature-North Africa: Literary Croassroads. *The Literary Review* 1 January 1998.
Sembène, Ousmane. «Ainsi Parle Sembène…». *Notre Librairie* 149 (2002): 44- 45.
Sharabi, Hisham. Neopatriarchy: A Theory of Distorted Change in Arab Society. New York: Oxford University Press, 1988.
Sidikou, Aissata. "The Heroism of Death in Moolaade", U.S. Naval Academy. 36th Annual African Literature Association Conference. The University of Arizona Tucson, 2010.
Sissoko, Cheick O. *Finzan*, 1990.
Sourieau, Marie-Agnès. "Malika Mokeddem: envers et contre tout, edited by Yolande Aline Helm." *The French Review* 76.6, May 2003, pp.1233-1234.
Sow, Moussa. "Building the Rebel: The Female Body in Sembène's Cinema". Paper delivered at the 2008 African Literature Association Conference, Western Illinois University.
Sow, Moussa. "La dimension féminine de la filmographie de Sembène Ousmane". Paper delivered at the 2007 African Literature Association Conference, West Virginia University.
Spivak, Gayatri Chakravorty. "Subaltern talk: Interview with the editors" *The Spivak Readers*. London: Routledge, 1993.
Steady, Filomina Chioma (Ed). The Black Woman Cross- Culturally, Cambridge, Mass: Schenkman. 1981.
Steady, Filomina Chioma. "African Feminism: A Worldwide Perspective" *Women in Africa and African Diaspora*. R. Ed. Terborg-Penn. 1987.
Vierne, Simone. "Le voyage initiatique." *Romantisme* 2.4, 1972, pp.16-37.

Vierne, Simone. *Rite, roman, initiation.* Presses universitaires de Grenoble, 1987, p.19.

Vincent, Frédéric. "La structure initiatique du manga." *Sociétés 4*, 2009, p.60.

Vinthagen, Stellan and Anna Johansson. "Everyday resistance: Exploration of a concept and its theories." *Resistance Studies Magazine* 1.1, 2013, p.5.

Walker, B. G. *The woman's Encyclopedia of Myths and Secrets.* New York: Harper- Collins. 1983.

Woodhull, Winifred. Transfigurations of the Maghreb: Feminism, Decolonization, and Literatures. Minneapolis: University of Minnesota Press, 1993.

Zerari, Hayat. "Femmes du Maroc entre hier et aujourd'hui : quels changements." *Recherches Internationales* 3.77, 2006.

Table de matières

Structures éditoriales du groupe L'Harmattan

L'Harmattan Italie
Via degli Artisti, 15
10124 Torino
harmattan.italia@gmail.com

L'Harmattan Hongrie
Kossuth l. u. 14-16.
1053 Budapest
harmattan@harmattan.hu

L'Harmattan Sénégal
10 VDN en face Mermoz
BP 45034 Dakar-Fann
senharmattan@gmail.com

L'Harmattan Cameroun
TSINGA/FECAFOOT
BP 11486 Yaoundé
inkoukam@gmail.com

L'Harmattan Burkina Faso
Achille Somé – tengnule@hotmail.fr

L'Harmattan Guinée
Almamya, rue KA 028 OKB Agency
BP 3470 Conakry
harmattanguinee@yahoo.fr

L'Harmattan RDC
185, avenue Nyangwe
Commune de Lingwala – Kinshasa
matangilamusadila@yahoo.fr

L'Harmattan Congo
67, boulevard Denis-Sassou-N'Guesso
BP 2874 Brazzaville
harmattan.congo@yahoo.fr

L'Harmattan Mali
ACI 2000 - Immeuble Mgr Jean Marie Cisse
Bureau 10
BP 145 Bamako-Mali
mali@harmattan.fr

L'Harmattan Togo
Djidjole – Lomé
Maison Amela
face EPP BATOME
ddamela@aol.com

L'Harmattan Côte d'Ivoire
Résidence Karl – Cité des Arts
Abidjan-Cocody
03 BP 1588 Abidjan
espace_harmattan.ci@hotmail.fr

Nos librairies en France

Librairie internationale
16, rue des Écoles
75005 Paris
librairie.internationale@harmattan.fr
01 40 46 79 11
www.librairieharmattan.com

Librairie des savoirs
21, rue des Écoles
75005 Paris
librairie.sh@harmattan.fr
01 46 34 13 71
www.librairieharmattansh.com

Librairie Le Lucernaire
53, rue Notre-Dame-des-Champs
75006 Paris
librairie@lucernaire.fr
01 42 22 67 13

Structures éditoriales du groupe L'Harmattan

L'Harmattan Italie
Via degli Artisti, 15
10124 Torino
harmattan.italia@gmail.com

L'Harmattan Hongrie
Kossuth l. u. 14-16.
1053 Budapest
harmattan@harmattan.hu

L'Harmattan Sénégal
10 VDN en face Mermoz
BP 45034 Dakar-Fann
senharmattan@gmail.com

L'Harmattan Cameroun
TSINGA/FECAFOOT
BP 11486 Yaoundé
inkoukam@gmail.com

L'Harmattan Burkina Faso
Achille Somé – tengnule@hotmail.fr

L'Harmattan Guinée
Almamya, rue KA 028 OKB Agency
BP 3470 Conakry
harmattanguinee@yahoo.fr

L'Harmattan RDC
185, avenue Nyangwe
Commune de Lingwala – Kinshasa
matangilamusadila@yahoo.fr

L'Harmattan Congo
67, boulevard Denis-Sassou-N'Guesso
BP 2874 Brazzaville
harmattan.congo@yahoo.fr

L'Harmattan Mali
ACI 2000 - Immeuble Mgr Jean Marie Cisse
Bureau 10
BP 145 Bamako-Mali
mali@harmattan.fr

L'Harmattan Togo
Djidjole – Lomé
Maison Amela
face EPP BATOME
ddamela@aol.com

L'Harmattan Côte d'Ivoire
Résidence Karl – Cité des Arts
Abidjan-Cocody
03 BP 1588 Abidjan
espace_harmattan.ci@hotmail.fr

Nos librairies en France

Librairie internationale
16, rue des Écoles
75005 Paris
librairie.internationale@harmattan.fr
01 40 46 79 11
www.librairieharmattan.com

Librairie des savoirs
21, rue des Écoles
75005 Paris
librairie.sh@harmattan.fr
01 46 34 13 71
www.librairieharmattansh.com

Librairie Le Lucernaire
53, rue Notre-Dame-des-Champs
75006 Paris
librairie@lucernaire.fr
01 42 22 67 13

Made in the USA
Las Vegas, NV
08 November 2024

11382498R00138